Philosophie der Menschenrechte zur Einführung

Christoph Menke / Arnd Pollmann

Philosophie der Menschenrechte zur Einführung

JUNIUS

Wissenschaftlicher Beirat
Michael Hagner, Zürich
Dieter Thomä, St. Gallen
Cornelia Vismann, Frankfurt a.M.

Junius Verlag GmbH
Stresemannstraße 375
22761 Hamburg
Im Internet: www.junius-verlag.de

© 2007 by Junius Verlag GmbH
Alle Rechte vorbehalten
Umschlaggestaltung: Florian Zietz
Titelbild: United Nations
Satz: Junius Verlag GmbH
Printed in the EU 2012
ISBN 978-3-88506-639-2
3. Aufl. Februar 2012
(zur Einführung; 339)

Bibliografische Information der Deutschen Nationalbibliothek
Die Deutsche Nationalbibliothek verzeichnet diese Publikation in der
Deutschen Nationalbibliografie; detaillierte bibliografische Daten
sind im Internet über <http://dnb.d-nb.de> abrufbar

Zur Einführung ...

... hat diese Taschenbuchreihe seit ihrer Gründung 1978 gedient. Zunächst als sozialistische Initiative gestartet, die philosophisches Wissen allgemein zugänglich machen und so den Marsch durch die Institutionen theoretisch ausrüsten sollte, wurden die Bände in den achtziger Jahren zu einem verlässlichen Leitfaden durch das Labyrinth der neuen Unübersichtlichkeit. Mit der Kombination von Wissensvermittlung und kritischer Analyse haben die Junius-Bände stilbildend gewirkt.

Von Zeit zu Zeit müssen im ausufernden Gebiet der Wissenschaften neue Wegweiser aufgestellt werden. Teile der Geisteswissenschaften haben sich als Kulturwissenschaften reformiert und neue Fächer und Schwerpunkte wie Medienwissenschaften, Wissenschaftsgeschichte oder Bildwissenschaften hervorgebracht; auch im Verhältnis zu den Naturwissenschaften sind die traditionellen Kernfächer der Geistes- und Sozialwissenschaften neuen Herausforderungen ausgesetzt. Diese Veränderungen sind nicht bloß Rochaden auf dem Schachbrett der akademischen Disziplinen. Sie tragen vielmehr grundlegenden Transformationen in der Genealogie, Anordnung und Geltung des Wissens Rechnung. Angesichts dieser Prozesse besteht die Aufgabe der Einführungsreihe darin, regelmäßig, kompetent und anschaulich Inventur zu halten.

Zur Einführung ist für Leute geschrieben, denen daran gelegen ist, sich über bekannte und manchmal weniger bekannte Autor(inn)en und Themen zu orientieren. Sie wollen klassische

Fragen in neuem Licht und neue Forschungsfelder in gültiger Form dargestellt sehen.

Zur Einführung ist von Leuten geschrieben, die nicht nur einen souveränen Überblick geben, sondern ihren eigenen Standpunkt markieren. Vermittlung heißt nicht Verwässerung, Repräsentativität nicht Vollständigkeit. Die Autorinnen und Autoren der Reihe haben eine eigene Perspektive auf ihren Gegenstand, und ihre Handschrift ist in den einzelnen Bänden deutlich erkennbar.

Zur Einführung ist in verstärktem Maß ein Ort für Themen, die unter dem weiten Mantel der Kulturwissenschaften Platz haben und exemplarisch zeigen, was das Denken heute jenseits der Naturwissenschaften zu leisten vermag.

Zur Einführung bleibt seinem ursprünglichen Konzept treu, indem es die Zirkulation von Ideen, Erkenntnissen und Wissen befördert.

Michael Hagner
Dieter Thomä
Cornelia Vismann

Inhalt

Einleitung: Die Gegenwart der Menschenrechte – nach der Katastrophe 9

I. Grundbestimmungen 23
1. Begriffe der Menschenrechte: Recht, Moral, Politik 25
(a) Zwischen Recht und Moral – (b) Eine politische Konzeption – (c) Eine Verpflichtung aller gegenüber allen?

2. Begründungen der Menschenrechte: Vertrag, Vernunft, Anerkennung 42
(a) Zwei Gegner: Totalitarismus und Relativismus – (b) Die Erfahrung des Gattungsbruchs – (c) Drei Modelle

Kontroverse I: Zwischen einer moralischen und einer politischen Konzeption der Menschenrechte 68

II. Reichweite 71
3. Eine Kultur der Universalisierung 74
(a) Die Partei der Relativisten – (b) Universalisierung, nicht Universalismus – (c) Eine Haltung der Selbstkritik – (d) Dialog der Kulturen?

4. Eine Geschichte der Ausdehnung 98
(a) Vier theoriegeschichtliche Stränge – (b) Der erweiterte Kreis der Rechtsträger – (c) Klassen von Menschenrechten – (d) Unteilbar und gleichgewichtig?

Kontroverse II: Zwischen einem minimalistischen und einem maximalistischen Universalismus 125

III. Menschenwürde 129
5. Der Inhalt der Würde 132
(a) Vier Grundpositionen – (b) Verkörperte Selbstachtung – (c) Würdebesitz und Würdeschutz

6. Das Recht der Würde 147
(a) Zwei Seiten einer Medaille – (b) Ideengeschichtlicher Rückblick – (c) Moderne Subjektivität

Kontroverse III: Zwischen einem gelingens- und einem freiheitstheoretischen Würdebegriff 164

IV. Politik 167
7. Menschenrechte und Demokratie 170
(a) Drei Arten der Verknüpfung – (b) Die menschenrechtliche Kritik der Demokratie – (c) Die demokratische Begründung der Menschenrechte

8. Auf dem Wege zur Weltrepublik? 186
(a) Demokratieexport – (b) Fünf Modelle einer politischen Weltordnung – (c) Aufgaben des Menschenrechtsregimes

Kontroverse IV: Zwischen einem Staats- und einem Demokratiekonzept des Weltbürgerrechts 208

Exkurse
(1) Terrorismus und Folter 53
(2) Armut und globale Gerechtigkeit 107
(3) Tierethik und Tierrechte 140
(4) ›Schurkenstaaten‹ und ›failed states‹ 201

Anhang
Anmerkungen 218
Kommentierte Auswahlbibliographie 245
Über die Autoren 256

Einleitung
Die Gegenwart der Menschenrechte – nach der Katastrophe

Die Menschenrechte, so kann man ohne Übertreibung sagen, sind in der Gegenwart zu der schlechthin grundlegenden und weltweit gültigen politischen Idee geworden. »Schlechthin grundlegend« ist die Idee der Menschenrechte, weil sie nach geläufigem Verständnis die Mindeststandards dafür angibt, dass die rechtliche, politische, soziale oder ökonomische Lage von Menschen als akzeptabel angesehen oder doch zumindest hingenommen werden kann. Eine Institution, eine Handlungsweise, eine soziale Situation, die Menschenrechte verletzt, *ist* damit bereits delegitimiert. In diesem Sinn ist die Idee der Menschenrechte gegenwärtig bereits »weltweit gültig«: offenkundig nicht, weil sie überall und von allen tatsächlich respektiert und durchgesetzt würden, sondern weil kaum ein Regierungsvertreter oder Staat in der sich herausbildenden Weltöffentlichkeit es noch wagt, die Menschenrechtsidee als solche fundamental in Frage zu stellen. Anders gesagt: Wer zugibt, dass eine Institution, eine Handlungsweise, eine soziale Situation die Menschenrechte der Beteiligten verletzt, *und* zugleich behauptet, dass diese Institution, Handlungsweise oder Situation richtig ist, verwickelt sich in einen unerträglichen Widerspruch.

Diese Tendenz zur weltweiten Anerkennung der Menschenrechte als schlechthin grundlegende politische Idee beschreibt die neue politische Lage, mit der wir es spätestens seit dem Ende des Ost-West-Gegensatzes zu tun haben. Für sie ist damit ein Umstand kennzeichnend, den der amerikanische Politikwissenschaftler Francis Fukuyama im Anschluss an Hegel und dessen französischen Interpreten Alexandre Kojève als »Ende der Geschichte« beschrieben hat.[1] Mit dieser Diagnose, die offensichtlich leicht misszuverstehen ist, wollte Fukuyama nicht behaupten, dass sich im Leben der Menschen fortan nichts mehr ändern wird. Er wollte vielmehr auf die neue Situation aufmerksam machen, dass sich nach dem Ende des Staatssozialismus auf der Ebene der fundamentalen politischen Ideen keine Position mehr findet, die sich als ein grundsätzlicher, in die Zukunft weisender Gegenentwurf zum menschenrechtlichen Modell liberaler Demokratien versteht. Zumindest auf dieser Ebene findet der »Kampf der Kulturen«, den Samuel Huntington entgegen Fukuyamas Diagnose prophezeit hat, nicht statt: Er ist nicht ein Kampf um die grundlegendsten Werte und Normen, sondern allenfalls um deren richtiges Verständnis.[2] Seit 1989 müssen selbst die erbittertsten ideologischen Feinde ihre einander entgegengesetzten Positionen als unterschiedliche Deutungen der einen Idee der Menschenrechte präsentieren: etwa als eine gegenüber der dominierenden »westlichen« Interpretation andersartige »asiatische« Deutung, die weniger individualistisch sei, oder als eine nochmals anderslautende »islamische« Auslegung, die eine Begründung der Menschenrechte in der Scharia für unumgänglich hält.

Nun ist aber der demokratische Umbruch von 1989 bereits selbst schon als das Ergebnis eines langen politischen Prozesses zu deuten, in dem die Idee der Menschenrechte eine entscheidende Rolle gespielt hat. Denn erst die Idee der Menschenrechte hat der eher heterogenen Opposition gegen den Staatssozialismus eine gemeinsame Sprache gegeben, die es ihr erlaubte, die tiefen ideologischen Unterschiede, welche ihre Fraktionen trennte, zu überbrücken und sich zugleich mit der von außen, aus dem Westen kommenden Kritik zu verbünden.[3] Der demokratische Umbruch Osteuropas reiht sich damit in eine Folge politischer Bewegungen seit den 1950er und 1960er Jahren ein, die im Rückblick, bei allen Unterschieden, das Bild *eines* Feldes der Menschenrechtspolitik ergeben – eines Feldes von politischen Bewegungen, die ihre lokalen Forderungen nach umstürzender politischer Veränderung im Namen der ausdrücklich als global verstandenen Idee der Rechte aller Menschen vorgetragen haben. Dies gilt z.B. für wichtige, wenn auch nicht für alle Fraktionen im Kampf für die Entkolonialisierung Afrikas und Asiens in den 1950er Jahren, dessen Berechtigung die Generalversammlung der Vereinten Nationen (UN) mit ihrer Erklärung zur Gewährung der Unabhängigkeit kolonialer Völker vom 14. Dezember 1960 ausdrücklich im Namen der Menschenrechte anerkannt hat.[4] Und es gilt für wichtige, wenn auch wiederum nicht für alle Parteien im Kampf für mehr Bürgerrechte und Demokratisierung, die in der zweiten Hälfte des letzten Jahrhunderts *innerhalb* der westlichen Demokratien – teilweise erbittert – geführt worden sind; man denke hier nur an die mit dem Namen Martin Luther King verbundene amerikanische Bürgerrechtsbewegung.[5]

Mit anderen Worten: Politische Kämpfe um Befreiung so zu führen und zu verstehen, dass sie Kämpfe für Menschenrechte sind, ist zwar erst in der Gegenwart nach 1989 zum global bestimmenden politischen Emanzipationsmodell geworden. Es prägt aber bereits viele der erfolgreichen politischen Bewegungen seit dem Ende des Zweiten Weltkriegs. Weiter zurück lässt sich dieser Zusammenhang jedoch nicht verfolgen. Eine der grundlegenden Thesen der vorliegenden Einführung wird sein: In der Geschichte der Politik der Menschenrechte markieren der Totalitarismus und der Zweite Weltkrieg sowie die politisch-rechtlichen Reaktionen auf beide die entscheidende Wende, ja einen historischen Bruch. Mit dem Jahr 1945, so unsere Überzeugung, beginnt die politische *Gegenwart* der Menschenrechte, und zwar unter gänzlich veränderten philosophischen, politischen und rechtlichen Vorzeichen.

Aber waren die Menschenrechte nicht schon viel früher behauptet und auch proklamiert worden? Tatsächlich sind die Menschenrechte von Philosophen, Juristen und Theologen bereits seit dem späten 17. Jahrhundert als Kern eines genuin neuzeitlichen »Naturrechts« formuliert und von den bürgerlichen Revolutionen des späten 18. Jahrhunderts feierlich proklamiert worden.[6] Doch im »langen« 19. Jahrhundert spielten sie in der Praxis politischer und sozialer Kämpfe kaum eine Rolle. Nicht nur werden fundamentale Grundrechte im Verlauf des 19. Jahrhunderts in den Verfassungen der europäischen Nationalstaaten erneut »nationalisiert« – statt von den Rechten der »Menschen« ist dort nur noch von denen der »Belgier«, der »Deutschen« usw. die Rede.[7] Selbst wo die bürgerlichen Politiker ausdrücklich die Menschenrechte zu schützen behaupten oder die kommunistische Internationale »das Menschenrecht« zu erkämpfen verspricht, gewinnt die *Idee* der Menschenrechte keine für ihre Ziele und ihr Verständnis der Politik prägende Kraft.

Wie genau ist dann also der behauptete historische »Bruch« zu verstehen und zu beurteilen; die Annahme also, dass die Idee der Menschenrechte eine wahrhaft zwingende politische Bedeutung erst nach dem Zweiten Weltkrieg gewinnt? Es gibt eine Deutung dieses Umbruchs, die so verbreitet ist, dass man sie als die Standarderzählung der Menschenrechtsgeschichte bezeichnen kann.[8] Nach dieser Deutung muss die Geschichte der Idee der Menschenrechte in drei dialektisch aufeinanderfolgenden Etappen erzählt werden:

(1) Die erste Etappe bildet das bereits erwähnte philosophische Naturrecht des 17. und 18. Jahrhunderts. Dessen Kernthese lautet, dass im »Naturzustand«, also unter Absehung von den zufällig entstandenen gesellschaftlichen und kulturellen Verhältnissen, alle Menschen gleichermaßen bestimmte grundlegende Rechte haben. In dieser ersten Etappe werden die Menschenrechte also als »universelle« Rechte verstanden: Jeder Mensch hat sie, und zwar von Natur aus sowie gleichermaßen. Zugleich aber lässt das Naturrechtsdenken die Frage weitgehend offen, wie die Natur- oder Menschenrechte *verwirklicht* werden können. Denn der Naturzustand, in dem sie gelten, ist eben nicht schon der gesellschaftliche Rechtszustand. Die Menschenrechte bleiben hier bloße Ideen, bloße Forderungen ohne Wirklichkeit.

(2) Dieses Defizit wird in der zweiten Etappe behoben: Ab Mitte des 18. Jahrhunderts werden die zunächst nur von Philosophen *gedachten* Menschenrechte durch die bürgerlichen Revolutionen, vor allem in den sich konstituierenden Vereinigten Staaten von Amerika und durch den sich erhebenden Dritten Stand in Frankreich, in politisch-rechtliche *Wirklichkeit* umgesetzt. Die amerikanische Unabhängigkeitsbewegung und die Französische Revolution »erklären« die Menschen- und Bürgerrechte. Das heißt auch: Sie erklären die Menschenrechte *als* oder zu Bürgerrechten, zu geltendem Recht, auf das sich die Bürger dieser Staaten berufen können. Damit gewinnen die Menschenrechte erstmals jene rechtliche Positivität, die ihnen in der ersten Etappe noch fehlte, büßen auf diese Weise jedoch zugleich ihre Universalität ein: Die sich erhebenden Siedler Neuenglands und die Bürger Frankreichs erklären zwar die Rechte *aller* Menschen, aber sie verwirklichen doch nur ihre jeweils *eigenen*. Ja, sie verweigern diese Rechte selbst einem großen Teil der Einwohner ihres eigenen Landes; in unterschiedlichem Ausmaß Frauen, Juden, Schwarzen, dem Proletariat.

(3) Mit der folgenden dritten Etappe gelangt die Standardgeschichte der Menschenrechte dann in der Gegenwart, der Zeit nach dem Zweiten Weltkrieg an. Diese Zeit ist dadurch geprägt, dass die Menschenrechte einen grundlegend anderen rechtlichen Status erhalten: Wurden sie in der ersten Etappe im Rahmen eines Naturrechts philosophisch postuliert und in der zweiten Etappe jeweils innerhalb der revolutionär veränderten Staaten rechtlich positiviert, so werden die Menschenrechte nun, nach 1945, zum Gegenstand eines international gültigen Rechtssystems, mit den Vereinten Nationen als seinem wesentlichen institutionellen Gerüst. Den Keim dieses Rechtssystems bildet die Allgemeine Erklärung der Menschenrechte vom 10. Dezember 1948, die, zunächst als eine zwischenstaatliche Absichtserklärung beschlossen, in den folgenden Jahrzehnten in einer Serie von völkerrechtlich verbindlichen Pakten entfaltet wird, in deren Konsequenz die einzelnen Staaten nicht mehr die alleinigen Instanzen sind, die für die Verwirklichung der Menschenrechte sorgen müssen.[9] Das neue globale Menschenrechtsregime, das sich nach dem Zweiten Weltkrieg nach und nach entwickelt, etabliert nun vielmehr völkerrechtliche Instanzen und Mechanismen außer- oder besser *oberhalb* der einzelnen Staaten, die die Menschenrechtslage *innerhalb* der jeweiligen Staaten kontrollieren sollen. Jetzt erst, so die Standarderzählung, beginnt für die Menschenrechte beides zuzutreffen: Sie sind universell gültig und sie sind zugleich rechtlich positiviert.

Vieles an diesem Standardbild der Geschichte der Menschenrechte sollte stutzig machen: Ist es nicht ein reichlich verstiegener Idealismus, den historischen Kampf um die Menschenrechte als eine bloße Umsetzung bereits ausformulierter philosophischer Ideen zu verstehen? Und ist nicht in einer Fülle historischer Detailstudien ausführlich dargelegt worden, dass es falsch ist, die ursprüngliche Entwicklung der Idee der Menschenrechte im 17.

und 18. Jahrhundert allein als eine Sache des philosophischen Naturrechts zu begreifen?[10] Verdankt sich das Menschenrechtsdenken nicht vielmehr einer äußerst komplexen Verknüpfung von juridischen, theologischen, moralischen, politischen und philosophischen Motiven, und haben sich Menschenrechtsideen nicht gleichzeitig und auf jeweils sehr spezifische Weise in recht unterschiedlichen Kontexten entwickelt, so dass eine homogenisierende Erzählung zu kurz greift.[11] Das sind Fragen an die erste Etappe der menschenrechtlichen Standarderzählung.

Andere Einwände richten sich gegen die zweite Etappe: Ist das Verhältnis von Bürger- und Menschenrechten angemessen begriffen, wenn man die Bürgerrechte als eine bloß lokale, daher begrenzte Umsetzung vorweg akzeptierter Menschenrechte versteht? Haben die Bürgerrechte nicht vielmehr in der Idee demokratischer Selbstbestimmung eine eigene Quelle der Legitimation – und wie verhält sich diese zur Idee der Menschenrechte? Und was die Rolle des Staates angeht: Die Standarderzählung der Menschenrechte beschreibt den Rechtsstaat als eher neutrales Instrument zur Umsetzung menschenrechtlicher Ideen. Hat sich aber nicht gerade der Staat, dem in den bürgerlichen Revolutionen des späten 18. Jahrhunderts die Umsetzung der Menschenrechte anvertraut wurde, als deren größte Bedrohung erwiesen; zunächst bereits im Absolutismus und später dann im Verlauf des 19. und insbesondere im 20. Jahrhundert? So dass, wie Jacques Derrida in Anspielung auf die heute verbreitete Redeweise von den sogenanten »Schurkenstaaten« geschrieben hat, vielleicht nicht bloß einige Staaten, sondern *der* Staat schurkenhaft ist?[12]

Das entscheidende Problem der Standarderzählung liegt aber nicht darin, dass sie die Vorgeschichte des globalen Menschenrechtsregimes, sondern dass sie eben deshalb auch seine Gegenwart falsch versteht. Folgendes Bild wird darin gezeichnet: Im

Verlauf der Geschichte der Menschenrechtsidee seien zunächst zwei grundlegende Gedanken entwickelt worden – universelle natürliche Rechte einerseits, rechtsstaatliche Positivierung andererseits. Im weiteren Verlauf der Geschichte der Menschenrechtsidee habe sich zudem gezeigt, dass beide Gedanken, wenn sie getrennt voneinander verfolgt werden, in Probleme führen: bloß philosophisch postulierte natürliche Rechte sind zu schwach, bloß nationalstaatlich positivierte Rechte begrenzt. Daher, so die zentrale Einsicht, sind beide Grundgedanken so miteinander zu verknüpfen, dass die als universal verstandenen natürlichen Rechte mit einem globalen, quasi *welt*staatlichen Mechanismus ihrer Positivierung versehen werden. Eben diese Verknüpfung finde in dem globalen Menschenrechtsregime der Gegenwart ihren ersten, wenn auch noch unvollkommenen Ausdruck. Die Tendenz der weiteren Entwicklung gehe aber dahin, beide Elemente – ideale Universalität und staatliche Positivierung – immer enger zu verknüpfen.

Diese Standardauffassung von der gegenwärtigen Menschenrechtspolitik ist falsch – philosophisch, aber auch empirisch. Die Menschenrechtspolitik, die sich nach dem Zweiten Weltkrieg herausgebildet hat, darf nicht so verstanden werden, dass sie die beiden genannten Grundgedanken bloß aufnimmt und zusammenführt. Eine zentrale Voraussetzung der gegenwärtigen Menschenrechtspolitik ist vielmehr die Erfahrung einer politisch-moralischen Katastrophe, die so fundamental ist, dass sie auch noch die Menschenrechtsgeschichte als solche bis in ihre Grundfesten erschüttert. Diese Katastrophe ist der politische Totalitarismus – vor allem der nationalsozialistische, aber auch der stalinistische –, dessen Sieg über die liberale Demokratie für einige Jahre eine unmittelbare, realpolitische Bedrohung war.

Auf diese global wahrgenommene Katastrophenerfahrung bezieht sich explizit dasjenige Dokument, das die Grundlage aller gegenwärtigen Menschenrechtspolitik ist: die Allgemeine Erklärung der Menschenrechte von 1948. In ihrer Präambel ist nicht mehr nur – wie es noch in der Charta der Vereinten Nationen von 1945 im Stil der Antikriegsbewegungen nach dem Ersten Weltkrieg heißt – von der »Geißel des Krieges« die Rede, »die zweimal zu unseren Lebzeiten unsagbares Leid über die Menschheit gebracht hat«. In der Präambel der Allgemeinen Erklärung der Menschenrechte wird nun vor allem an die »Akte der Barbarei« erinnert, »die das Gewissen der Menschheit mit Empörung erfüllen«. Es sind dies Akte der Barbarei, in deren Erfahrung und Bekämpfung sich das globale Menschenrechtsregime nach 1945 allererst *begründet*.

Charta der Vereinten Nationen vom 26. Juni 1945, Präambel

WIR, DIE VÖLKER DER VEREINTEN NATION –
FEST ENTSCHLOSSEN,

künftige Geschlechter vor der Geißel des Krieges zu bewahren, die zweimal zu unseren Lebzeiten unsagbares Leid über die Menschen gebracht hat, [...] haben beschlossen, in unserem Bemühen um die Erreichung dieser Ziele zusammenzuwirken.

Allgemeine Erklärung der Menschenrechte vom 10. Dezember 1948, Präambel

Da die Anerkennung der angeborenen Würde und der gleichen und unveräußerlichen Rechte aller Mitglieder der Gemeinschaft der Menschen die Grundlage von Freiheit, Gerechtigkeit und Frieden in der Welt bildet,

da die Nichtanerkennung und Verachtung der Menschenrechte zu Akten der Barbarei geführt haben, die das Gewissen der Menschheit mit Empörung erfüllen, [...] verkündigt die Generalversammlung diese Allgemeine Erklärung der Menschenrechte.

Man versteht also weder die Tatsache noch die Struktur und Dynamik der Ausbreitung der Menschenrechtsidee nach 1945, wenn man sie nicht ausdrücklich als Antwort auf die Erfahrung einer politisch-moralischen Katastrophe deutet.[13]

Diese These ist in einem starken, doppelten Sinn gemeint: Sie besagt nicht nur, dass die Erfahrung der totalitären »Barbarei« das entscheidende Motiv dafür war, sich erneut auf die Würde und Rechte des Menschen zu besinnen. Sie behauptet zugleich, dass auch die *Art und Weise*, in der sich diese erneute Besinnung auf die Menschenrechte nach 1945 vollzogen hat, durch das Bewusstsein des tiefen Einschnitts bestimmt ist, den die politisch-moralische Katastrophe des Totalitarismus für die Menschenrechte bedeutet hat. Diese Katastrophe muss so verstanden werden, dass sie unsere höchsten politisch-moralischen Ideale sowie unsere tiefsten politisch-moralischen Gewissheiten und damit am Ende auch die Menschenrechte *selbst* in Frage gestellt hat.[14]

Der grundlegende Irrtum des Standardbilds der Menschenrechtsgeschichte ist demnach, dass es diese Herausforderung einer fundamentalen *Neuformulierung* der Menschenrechtsidee ignoriert; dass es die gegenwärtige Menschenrechtspolitik als bloße Fortschreibung ihrer Geschichte versteht. Die gegenwärtige Politik der Menschenrechte jedoch muss so verstanden werden, dass sie die Katastrophe – nicht zuletzt auch der traditionellen Theorie und Praxis der Menschenrechte – zu ihrer *Voraussetzung* hat. Entgegen der Standarderzählung setzt also die Allgemeine Erklärung die Geschichte der Menschenrechte seit dem 17. oder 18. Jahrhundert nicht einfach fort. Man muss die Allgemeine Erklärung vielmehr im Lichte einer Einsicht lesen, die Hannah Arendt, etwa zur selben Zeit, als Einsicht in die »Aporien der Menschenrechte« formuliert hat.[15]

Eine Aporie ist eine Lage ohne Ausweg, eine Lage, in der kein Weg mehr offensteht. Und eben das ist Arendts These: dass mit der totalitären Form der Herrschaft die Menschenrechte selbst an ihr »Ende« gekommen seien, weil die totalitäre Herrschaftsform die Idee der Menschenrechte desavouiert habe, ja weil deutlich geworden sei, dass diese Idee mit so grundsätzlichen Unklarheiten und Schwierigkeiten behaftet ist, dass ihre erwiesene politische Ohnmacht aus mehr als nur ungünstigen, zufälligen, äußeren Umständen zu erklären sei. Die enge Verbindung von Nationalstaat und Menschenrechten, auf der die bürgerlichen Revolutionen seit dem 18. Jahrhundert beruhten, hat sich, so Arendt, bereits im Gefolge des Ersten Weltkriegs zunehmend aufgelöst: Die Nationalstaaten haben Minderheiten, dann auch, wie der nationalsozialistische Staat, beliebig definierte weitere Bevölkerungsgruppen aus dem Staat ausgeschlossen und deren Mitglieder damit zu Staaten- und Rechtlosen gemacht. Der Staat, so hat sich erwiesen, ist nicht etwa das neutrale Mittel zur Umsetzung von Menschenrechten. Er ist vielmehr selbst deren größte Bedrohung. Denn der Staat entscheidet über die Zugehörigkeit zur politischen Gemeinschaft und damit darüber, wer überhaupt in den Genuss staatlichen Rechtsschutzes kommt. Diesen Schutz kann der Staat entziehen und Menschen dadurch aller effektiven Rechte berauben. Das ist also die erste Aporie der Menschenrechte in der Folge des Totalitarismus: dass der Staat, dessen Machtmittel allein geeignet sind, die natürlichen Rechte des Menschen in der Gesellschaft zu verwirklichen, sich zugleich als die Hauptbedrohung der Menschenrechte erwiesen hat.

Im Zentrum von Arendts Diagnose steht jedoch ein anderes Problem. Es betrifft nicht erst die politische Umsetzung der Idee der Menschenrechte, sondern diese selbst. Wenn es sich als Hauptbedrohung für die Menschen erwiesen hat, von dem Staat, dem sie zugehören, ausgeschlossen und damit des Status des Bürgers sowie Rechtsträgers beraubt zu werden, dann müssen die

Menschenrechte gewissermaßen »zu spät« kommen. Denn dieser Bedrohung haben sie nichts entgegenzusetzen. Die Menschenrechte, so wie sie in den bürgerlichen Revolutionen seit dem 18. Jahrhundert verstanden worden sind, und zwar als Bürgerrechte, sagen lediglich, wie jeder Einzelne *innerhalb* einer politischen Gemeinschaft zu behandeln ist. Sie fordern aber an keiner Stelle, was einzig der beschriebenen Bedrohung hätte begegnen können: dass jeder Einzelne ein »Recht auf Rechte« hat, wie Arendts berühmt gewordene Formulierung lautet[16], d.h. ein Recht darauf, überhaupt Mitglied in (irgend-)einer politischen Gemeinschaft zu sein. Zur Lösung dieses Problems hilft es nach Arendt nicht, an die Menschenrechte als an diejenigen Rechte zu appellieren, die Menschen »von Natur« aus, d.h. ungeachtet ihrer Mitgliedschaft in einem gesellschaftlichen, politisch organisierten Verband haben. Denn gerade dass jeder Mensch als bloß natürlicher, herausgerissen aus allen politischen Gemeinschaften, Rechte hat, die jedem anderen Menschen ebenso von Natur aus unmittelbar evident sind – diese Selbstverständlichkeit, von der die Menschenrechtserklärungen des 18. Jahrhunderts ausgingen –, hat sich in den Lagern des 20. Jahrhunderts aufgelöst. Das ist, so Arendt, die zweite Aporie der Menschenrechte: dass all jene Gewissheiten verloren gegangen sind – Natur, Glaube, Vernunft –, durch die die Menschenrechte traditionell begründet wurden.

Amerikanische Unabhängigkeitserklärung vom 4. Juli 1776, Präambel

Wir halten diese Wahrheiten für ausgemacht (*We hold these truths to be self-evident*), daß alle Menschen gleich erschaffen worden, daß sie von ihrem Schöpfer mit gewissen unveräußerlichen Rechten begabt worden, worunter sind Leben, Freiheit und das Streben nach Glückseligkeit. Daß zur Versicherung dieser Rechte Regierungen unter den Menschen eingeführt worden sind, welche ihre gerechte Gewalt von der Einwilligung der Regierten herleiten.

Doch hat Arendt ihre These von den »Aporien der Menschenrechte« nicht so verstanden, dass deshalb die Idee der Menschenrechte preiszugeben sei. Obwohl Arendt stets skeptisch gegenüber der Tragfähigkeit der Menschenrechtsidee geblieben ist, hat sie eine Art Neuanfang in Aussicht gestellt: »Der Begriff der Menschenrechte kann wieder bedeutungsvoll werden, wenn er im Licht der gegenwärtigen Erfahrungen und Umstände neu bestimmt wird.«[17] Wie aber hätte eine solche Neubestimmung auszusehen? Sicherlich müsste sie weit mehr sein als nur eine kosmetische Korrektur an der Oberfläche der Menschenrechtsidee. Sie beträfe nicht weniger als die *Grundlage*, den *Gehalt* und die *Gestalt* der Menschenrechte.

Die Absicht einer Einführung in die Philosophie der Menschenrechte kann es gleichwohl nicht sein, eine solche grundlegende Neuformulierung der Menschenrechtsidee zu leisten. Doch ist dies auch nicht nötig, denn es gibt bereits vielfältige Ansätze und Theoriebausteine zu einer solchen Neuformulierung, von denen wir hier lediglich einige wichtige herausgreifen und zusammensetzen wollen. Daher ist diese Einführung so angelegt, dass sie vier zentrale philosophische Problemfelder behandelt, anhand derer sich die gegenwärtige Diskussion um die Menschenrechte strukturieren lässt: die Bestimmung von Begriff und Grund der Menschenrechte (I); die Frage nach ihrem Umfang und ihrer Reichweite (II); der Begriff der Menschenwürde (III); und die Frage nach einer Politik der Menschenrechte (IV).

Damit ist auch gesagt, worum es in dieser Einführung *nicht* gehen kann: Wir werden, erstens, nicht die *Geschichte* der Menschenrechte neu erzählen können. Zwar wäre eine solche Geschichte für die Frage, wie die Menschenrechtsidee im Lichte gegenwärtiger Erfahrungen reformuliert werden muss, von großer Bedeutung. Dafür aber hätte sie sich von der oben skizzierten »Standardgeschichte« so deutlich zu unterscheiden, dass dies nicht in einer Einführung, sondern wiederum nur in Form detaillierter Studien zu leisten wäre.[18] Dieser Einführung geht es aber, zweitens, ebenso wenig um eine detaillierte gesellschafts-, politik- oder rechtstheoretische Untersuchung des gegenwärtigen *Regimes* der Menschenrechte. Nachdem im Feld der zeitgenössischen Menschenrechtsforschung lange Zeit philosophie- und ideengeschichtliche Studien vorherrschten, haben in den letzten Jahren Untersuchungen der sozialstrukturellen Voraussetzungen, der institutionellen Realität und der rechtlichen Struktur der Menschenrechte zunehmend an Bedeutung gewonnen.[19] Demgegenüber ist die Perspektive, aus der diese Einführung geschrieben ist, eine systematisch-philosophische: Ihr Ziel ist es, zentrale begriffliche Grundprobleme der Menschenrechtsidee vorzuführen und zu erläutern. Freilich können diese Grundprobleme im Rahmen einer Einführung nicht schon allesamt geklärt werden. Stattdessen wird jeweils am Ende der vier Abschnitte die wichtigste derjenigen Fragen, die offenbleiben müssen, in Form einer kompakten Kontroverse nochmals zugespitzt. Schließlich geht es in dieser Einführung, drittens, auch nicht um die vielfältige und schwierige *Praxis* der gegenwärtigen Menschenrechtspolitik[20]; auch wenn einige wenige der derzeit wichtigsten politisch-praktischen Menschenrechtsprobleme in kleineren Exkursen, über den Band verteilt, angerissen werden.

Kurzum: Diese Einführung steht neben vielen anderen und will sie nicht ersetzen. Sie konzentriert sich vielmehr auf dezidiert *philosophische* Grundlagenfragen der Menschenrechte im Lichte *gegenwärtiger* politisch-moralischer Erfahrungen.

I. Grundbestimmungen

Hannah Arendt hat angesichts der totalitären Erfahrung eine Krisendiagnose formuliert, die – so die These am Ende der Einleitung – für das »neue« Menschenrechtsdenken nach 1945 grundlegend geworden ist. Diese Diagnose fußt auf der Überzeugung, dass die Menschenrechte bereits im Verlauf des 19. Jahrhunderts zu einer Idee ohne jede effektive Macht geworden waren. Auf sie beriefen sich entweder die Verzweifelten und Ausgeschlossenen, die jeder Durchsetzungsmacht beraubt waren, oder aber – am entgegengesetzten Pol – die Herrschenden, wenn sie schöne Worte ohne praktische Folgen machen wollten. Eben das hat sich nach dem Zweiten Weltkrieg grundlegend geändert: Beginnend mit der Allgemeinen Erklärung der Menschenrechte von 1948, dann vor allem mit den beiden Pakten über die bürgerlichen und politischen sowie über die wirtschaftlichen, sozialen und kulturellen Rechte von 1966 sind die Menschenrechte zum zentralen Bestandteil eines dadurch geradezu revolutionierten Völkerrechts geworden, das inzwischen von den allermeisten Staaten dieser Welt als verbindlich anerkannt wird. Darin verpflichten sich die einzelnen Staaten einander gegenüber darauf, auf jeweils ihrem Territorium die Menschenrechte zu respektieren.

Für die Philosophie stellt sich die Frage, auf welchen normativen Grundlagen, ja *Begründungen* dieses neue menschenrechtliche Völkerrecht beruht. Ist es nach der totalitären Katastrophe zu einer bloßen Wiederbelebung naturrechtlicher Auffassungen des 17. und 18. Jahrhunderts gekommen[1], oder sind nunmehr gänzlich neue Begründungsstrategien erkennbar und auch maßgeblich geworden? Woher also genau stammt die Verbindlichkeit der Menschenrechte, die in der neuen völkerrechtlichen Nachkriegsordnung zum Ausdruck kommt?

Diese Frage hat zwei wesentliche Gesichtspunkte, die in den beiden folgenden Kapiteln, zunächst getrennt voneinander, diskutiert werden sollen. Wenn die Menschenrechte Ansprüche und Verpflichtungen bezeichnen, die von allen Staaten als verbindlich anerkannt werden (oder doch zumindest: werden *sollen*), dann stellt sich, erstens, das Problem, von welcher *Art* diese Ansprüche und Verpflichtungen sind. Zwar sind die Menschenrechte nach dem Zweiten Weltkrieg zum Inhalt völkerrechtlicher Verträge geworden, aber als »Menschenrechte« bezeichnen wir gewöhnlich auch die normativen oder, wie es manchmal heißt, »vorstaatlichen« Grundlagen, auf die sich solche völkerrechtlichen Festlegungen berufen und die diesen gewissermaßen vorhergehen. Die Menschenrechte müssen Ansprüche und Verpflichtungen sein, die (noch) nicht positiv-rechtlicher Art sind. Von welcher Art sind sie aber dann? Das ist die Frage nach dem *Begriff* der Menschenrechte (Kapitel 1). Erst wenn diese Frage beantwortet ist, stellt sich die weitere, wie sich denn begründen lässt, dass die Menschenrechte das (moralisch oder politisch) Gebotene sind. Worauf kann sich berufen, wer die Menschenrechte gegenüber alternativen politischen Ideen – etwa autoritären Verständnissen staatlicher Herrschaft oder ihrer Begründung in religiöser Gemeinschaft – argumentativ rechtfertigen will? Und wie weit reicht die Kraft dieser Argumente? Das ist die Frage nach der *Begründung* der Menschenrechte (Kapitel 2).

1. Begriffe der Menschenrechte: Recht, Moral, Politik

Was ist damit gemeint, wenn von »Rechten« die Rede ist, die gleichermaßen allen Menschen zukommen, ja, die alle Menschen stets schon »haben«? Der Begriff des Rechts hat seinen ihm angestammten, klaren Anwendungsbereich zunächst im Juridischen, dem Bereich des positiven oder »gesatzten« Rechts. Im Zentrum stehen hier *Gesetze*, die innerhalb einzelner Staaten gelten, sofern sie durch den jeweiligen Staat ein- und durchgesetzt werden. Juridische Rechte sind demnach Rechte, die den Einzelnen durch Gesetze verliehen worden sind. Menschenrechte sollen aber von anderer Art sein. Denn wir reden von Menschenrechten auch, ja gerade in solchen Situationen, in denen in einem Staat keine entsprechenden Gesetze gelten; so etwa, wenn wir die fehlende Presse- oder Religionsfreiheit in einem autoritären Land als eine Verletzung der Menschenrechte anprangern. Nun könnte man aufgrund eines juridischen Verständnisses von Rechten folgern: Wenn Einzelne Rechte *nur* aufgrund geltender Gesetze haben, dann kann es so etwas wie Menschenrechte gar nicht geben. Der Begriff der Menschen*rechte* wäre somit eine begriffliche Verwirrung – »Unsinn auf Stelzen«, wie einst Jeremy Bentham behauptet hat[2], oder »weiße Magie«, wie heute Raymond Geuss sagt.[3]

a) Zwischen Recht und Moral: Das Argument von Benthams Kritik besagt, dass Rechte *allein* durch Gesetzgebung verliehen werden und die Menschenrechte deshalb keine Rechte sein können. Nun sind aber die Menschenrechte nach 1945 durchaus zum Inhalt von positiv-rechtlichen Regelungen geworden. Das gilt nicht nur für die Verfassungen all jener Staaten, in denen die Menschenrechte ausdrücklich als »Grundrechte« verbrieft sind; wie z.B. in dem 1949 verabschiedeten Grundgesetz (GG) der Bundesrepublik Deutschland. Auch auf überstaatlicher Ebene besitzen die Menschenrechte positiv-rechtliche Gesetzeskraft. So können sich etwa die Bürger jener Staaten, die im Europarat zusammengeschlossen sind, wenn sie sich in ihren Menschenrechten verletzt sehen, nicht nur an ihre jeweiligen nationalen Verfassungsgerichte wenden, sondern deren Urteile noch einmal durch den Europäischen Gerichtshof für Menschenrechte überprüfen lassen.[4] Und auch zahlreiche Menschenrechtspakte auf der Ebene der Vereinten Nationen sehen ein sogenanntes Individualbeschwerdeverfahren vor, das es einzelnen Bürgern ermöglichen soll, ihren menschenrechtlich relevanten Fall vor die UN zu bringen.[5]

Wie immer schwierig oder gar unrealistisch die Durchsetzung menschenrechtlicher Ansprüche im Einzelfall auch erscheinen mag: Die Menschenrechte sind von ihren »Stelzen« herabgestiegen, auf denen Fest- und Sonntagsredner sie gerne pathetisch herumspazieren ließen. Sie haben einen klaren und nicht zuletzt völkerrechtlichen Sinn gewonnen: Regelte das neuzeitliche Völkerrecht zu Anfang vor allem den äußeren, d.h. den *zwischenstaatlichen* Umgang der Einzelstaaten untereinander, etwa durch Regeln für Krieg und Frieden, so besteht die »stille Revolution«[6] des Völkerrechts nach dem Zweiten Weltkrieg darin, nunmehr auch *innerstaatliche* Angelegenheiten zu regulieren und unter Beobachtung durch die Staatengemeinschaft zu stellen. Anders gesagt: Die Art und Weise, wie der einzelne Staat nach innen mit all denen, die seiner Herrschaft unterworfen sind, umgeht, wird zum Bestandteil jener völkerrechtlichen Verpflichtungen, die er nach außen eingeht. Jeder Staat verpflichtet sich gegenüber allen anderen Staaten, auf jeweils seinem Hoheitsgebiet die Menschenrechte nicht zu verletzen.

Doch ist die Kritik am unklaren Charakter der Menschenrechte damit nicht schon erledigt. Denn auch wenn der Siegeszug der Menschenrechte nach dem Zweiten Weltkrieg vor allem darin zum Ausdruck kommt, dass sie zu einem integralen Bestandteil von Staatsrecht, regionalen Abkommen und Völkerrecht geworden sind, gehört es weiterhin zum *Begriff* der Menschenrechte, nicht in juridischen Rechten aufzugehen. Das zeigt sich etwa daran, dass der Begriff der Menschenrechte für gewöhnlich verwendet wird, um die normativen Gründe anzugeben, aus denen überhaupt solche positiv-rechtlichen Regelungen beschlossen werden sollen. Die Behauptung etwa, die Bürger eines bestimmten autoritären Staates besäßen ein Menschenrecht auf freie Meinungsäußerung, besagt nicht bloß, dass sich der betreffende Staat – gegebenenfalls durch seinen Beitritt zum Pakt über die bürgerlichen und politischen Rechte – auf die Achtung und Durchsetzung dieses Rechts völkerrechtlich verbindlich verpflichtet hat.[7] Diese Behauptung besagt vielmehr, dass auch *ohne* diese faktisch eingegangene Verpflichtung der betreffende Staat den Anspruch seiner Bürger auf freie Meinungsäußerung zu respektieren hätte. Der Begriff des Menschenrechts bezieht sich auf die berechtigten Ansprüche, die ein *jeder* Mensch an die Verhältnisse hat, in denen er lebt; und zwar unabhängig davon, ob der jeweilige Staat entsprechende (staats- oder völker-)rechtliche Verbindlichkeiten eingegangen ist. Damit bleibt trotz aller juridischen Kodifizierung der Menschenrechte die Frage offen, von welcher Art diese menschenrechtlichen Ansprüche sind.

Die unter Philosophen gängige Antwort auf diese Frage besagt, dass die Menschenrechte als »moralische« Ansprüche oder Rechte zu verstehen sind.[8] Moralische Rechte sind dabei als Rechte verstanden, die jeder Mensch gegenüber jedem anderen Menschen geltend machen kann; es sind diejenigen Ansprüche eines Menschen, die die Kraft haben, alle andere Menschen allein deshalb zu verpflichten, weil es sich um Ansprüche eines *Menschen*, eines Mitglieds der menschlichen Gemeinschaft handelt. Der Begriff der Moral bezeichnet in dieser Verwendung Regeln, die den wechselseitigen Umgang aller Menschen miteinander betreffen. Moral heißt hier: *Universal*moral. Und näherhin: eine universale Moral »gleicher Achtung«. Die Regeln der Moral besagen, dass jeder Mensch jeden anderen Menschen als *Gleichen* achten soll. Diesem Sollen, dieser moralischen »Pflicht« entspricht das moralische »Recht« eines jeden Menschen, von jedem anderen als Gleicher geachtet zu werden. Die moralische Pflicht zu gleicher Achtung eines jeden und das moralische Recht auf gleiche Achtung durch jeden sind nur zwei Seiten desselben moralischen Anerkennungsverhältnisses.

Dieses moralische Anerkennungsverhältnis besteht zwischen allen Menschen, und zwar unabhängig von allen anderen sozialen, ökonomischen, politischen Verhältnissen, in die sie sonst noch miteinander eintreten. Darin ist es vergleichbar mit demjenigen Verhältnis, das die Philosophen des 17. und 18. Jahrhunderts, die zur Ausbildung der Menschenrechtsidee beigetragen haben, für den »Naturzustand« behaupteten. Exemplarisch dafür ist John Lockes Bestimmung:

»Im *Naturzustand* herrscht ein natürliches Gesetz, das jeden verpflichtet. Und die Vernunft, der dieses Gesetz entspricht, lehrt die Menschheit, wenn sie sie nur befragen will, daß niemand einem anderen, da alle gleich und unabhängig sind, an seinem Leben und Besitz, seiner Gesundheit und Freiheit Schaden zufügen soll.«[9]

Diese »natürlichen« Rechte des Menschen gehen allen gesellschaftlichen Einrichtungen voraus oder liegen ihnen zugrunde. Sie sind demnach gesellschaftsunabhängige Maßstäbe und Beurteilungsgesichtspunkte für gesellschaftliche Verhältnisse. Die unter heutigen Philosophen gängige Bestimmung der Menschenrechte als »moralische« Rechte kann somit als der Versuch verstanden werden, an diese naturrechtliche Idee *vor-* oder *außer*gesellschaftlicher Rechte anzuschließen – ohne dabei jedoch den problematischen Gedanken fortzuschreiben, dass sie »natürlich« gegeben seien. So wie die Philosophen des 17. und 18. Jahrhunderts im Naturrecht, den Pflichten und Rechten der Menschen im Naturzustand, einen kritischen Bezugspunkt außerhalb der jeweiligen Gesellschaftsverfassung finden wollten, so soll dies in der gegenwärtigen Philosophie das Reich der moralischen Rechte und Pflichten leisten, die das menschliche Miteinander im Hier und Jetzt bestimmen.

Gegen diese moralische Bestimmung der Menschenrechte liegt jedoch ein gewichtiger Einwand nahe. Er besagt, dass Menschenrechte deshalb keine moralischen Rechte sind, weil die mit ihnen verknüpften Verpflichtungen offensichtlich einen anderen Adressaten, nicht dasselbe Gegenüber haben. Das zeigt ein Beispiel: Wenn ein Mensch einen anderen Menschen – im privaten Umgang – körperlich verletzt, auch wenn er ihn schwer und dauerhaft verletzt, so nennen wir das in der Regel nicht schon eine Verletzung von dessen Menschenrecht auf körperliche Unversehrtheit. Wir können hier entweder von einer Verletzung eines moralischen oder aber eines juridischen Rechts sprechen: von der Verletzung eines moralischen Rechts, wenn wir uns auf die Verpflichtungsverhältnisse beziehen, die alle Mitglieder der menschlichen Gemeinschaft verbinden; von der Verletzung eines juridischen Rechts, wenn wir auf die Gesetzeslage in einem bestehenden politischen Gemeinwesen Bezug nehmen. Nur ausnahmsweise, unter besonderen Umständen, kann es angemessen sein, hier auch von einer »Menschenrechtsverletzung« zu reden: und zwar ausschließlich dann, wenn ein direkter Zusammenhang zwischen dieser individuellen, *privaten* Verletzung und schwerwiegenden strukturellen Defiziten der herrschenden *öffentlichen* Ordnung besteht.

Auch das zeigen Beispiele. Sehen wir dabei zunächst ab von all jenen Fällen, in denen es sich offenkundig deshalb um Menschenrechtsverletzungen handelt, weil staatliche Funktionsträger *direkt* und *systematisch* in rechtswidrige Praktiken verwickelt sind: willkürliche Festnahmen, politische Verfolgung oder Folter in Militärgefängnissen. Weshalb aber sprechen wir in jenem oben genannten Fall der privaten Körperverletzung »nur« von einer Verletzung moralischer oder juridischer Rechte, im Fall jedoch der Massaker zwischen den ethnischen Gruppen der Hutu und Tutsi in Ruanda[10] oder der unmenschlichen Behandlung lokaler Bevölkerungsgruppen durch rücksichtslose Ölförderungspraktiken der Shell AG in Nigeria[11] von »Menschenrechtsverletzungen«? Der zentrale Unterschied liegt darin, dass hier nicht nur moralische oder juridische Rechtsverletzungen der verantwortlichen Akteure vorliegen. Sondern es handelt sich um Rechtsverletzungen, die ihren Grund in einem schwerwiegenden strukturellen Mangel der in Ruanda und in Nigeria herrschenden öffentlichen Ordnung haben. Dieser strukturelle Mangel der öffentlichen Ordnung und damit diejenigen, die ihn verursacht haben, das heißt: die in Ruanda und in Nigeria *Herrschenden*, sind für die zunächst »privaten« Rechtsverletzungen zumindest mitverantwortlich; indem sie etwa über Vertreibung, Ausbeutung und Ermordung aus Gleichgültigkeit wegsehen oder selbst davon profitieren oder gar aktiv in sie verwickelt sind. Deshalb verletzen Massaker zwischen ethnischen Bevölkerungsgruppen oder die Umsiedlungsaktionen der Shell AG nicht nur die moralischen und juridischen, sondern die Menschenrechte ihrer Opfer. Sie sind nur deshalb möglich, weil in Ländern wie Ruanda und Nigeria öffentliche Ordnungen herrschen, in denen die grundlegenden Rechte der ihnen Unterworfenen nicht anerkannt sind. Kurzum: Menschenrechte unterscheiden sich von moralischen Rechten dadurch, dass sie Ansprüche sind, die sich nicht unmittelbar an einzelne Menschen richten, sondern zuvorderst an die herrschende öffentliche Ordnung. Der Adressat menschenrechtlicher Forderungen sind daher alle, die für die an einem Ort herrschende öffentliche Ordnung verantwortlich sind. Das heißt: Sie sind Forderungen an Politik und Staat. Entsprechend kann von Menschenrechtsverletzungen allein dann die Rede sein, wenn die politisch Verantwortlichen in ihrer Schutzpflicht versagen oder gar aktiv darin verwickelt sind. Das sind zunächst die jeweils Herrschenden oder Regierenden und alle sonstigen staatlichen Funktionsträger; weiterhin aber all jene, die auf sie Einfluss haben, etwa bedeutende gesellschaftliche Akteure wie global agierende Konzerne, mittelbar auch die Regierungen anderer Staaten oder internationale Organisationen; und indirekt auch all jene Menschen, die hier politisch etwas bewirken können.[12]

Das heißt auch: Ein und dieselbe Person kann sowohl moralisch als auch menschenrechtlich verpflichtet sein. Dabei handelt es sich jedoch um eine jeweils andersartige Verpflichtung. Als Mitglied der moralischen Gemeinschaft, d.h. in der Rolle eines moralischen Subjekts, sind wir alle, und zwar *unmittelbar*, gegenüber allen Menschen zu moralischer Rücksichtnahme verpflichtet. Als Mitglieder der politischen Gemeinschaft hingegen tragen wir *mittelbar*, d.h. insofern es in unserer Macht steht, dafür Verantwortung, dass jeder Mensch in einer politischen Gemeinschaft leben kann, die ihm die Menschenrechte garantiert.

Die geläufige Bestimmung der Menschenrechte als »moralische« Rechte kann also jedenfalls nicht im wörtlichen Sinne aufrechterhalten werden: Menschenrechte sind nicht *dasselbe* wie moralische Rechte, denn die mit ihnen verknüpften Verpflichtungen haben nicht denselben Adressaten wie moralische Pflichten. Sie richten sich nicht – jedenfalls nicht primär – an einzelne, für die Rechtsverletzung verantwortliche Menschen, sondern an die öffentlich herrschende Ordnung und deren Repräsentanten. Die geläufige Bestimmung der Menschenrechte als moralische

Rechte kann daher überhaupt nur so gemeint sein, dass sie etwas darüber sagt, woher die menschenrechtlichen Ansprüche an die öffentliche Ordnung stammen, woraus sie ihre Kraft gewinnen. Die These vom moralischen Charakter der Menschenrechte besagt dann: Die menschenrechtlichen Ansprüche auf eine bestimmte Einrichtung der öffentlichen Ordnung *folgen* daraus, dass die Menschen, die dieser Ordnung unterworfen sind, einander gegenüber moralische Rechte haben – daraus also, dass alle Menschen moralisch verpflichtet sind, sich wechselseitig als Gleiche zu achten. *Weil* alle Menschen moralisch verpflichtet sind, jeden anderen Menschen gleichermaßen zu achten, soll auch die öffentliche Ordnung dazu verpflichtet sein, jeden Menschen gleichermaßen zu achten. Die These, dass Menschenrechte den Charakter moralischer Ansprüche haben, soll also besagen, dass sich die Grundbestimmungen der öffentlichen Ordnung aus den Grundregeln der Moral ergeben.

(b) Eine politische Konzeption: Dagegen, Menschenrechte als moralische Rechte zu verstehen, haben exemplarisch Jürgen Habermas und John Rawls einen grundlegenden Einwand erhoben: Wenn Menschenrechte Ansprüche sind, die *auf* die politische Einrichtung der öffentlichen Ordnung gerichtet sind, dann dürfen sie der Politik nicht – wie das Naturrecht – von außen, als Moral, vorgeordnet werden; sie müssen vielmehr in und durch die Politik selbst erhoben werden. Menschenrechte sind ihrem Wesen nach eine *politische* Kategorie – so die Gegenthese zur moralischen Bestimmung der Menschenrechte:

»Menschenrechte mögen moralisch noch so gut begründet werden können; sie dürfen aber einem Souverän nicht gleichsam paternalistisch übergestülpt werden. Die Idee der rechtlichen Autonomie der Bürger verlangt ja, daß sich die Adressaten des Rechts zugleich als dessen Autoren verstehen können. Dieser Idee widerspräche es, wenn der demokratische

Verfassungsgesetzgeber die Menschenrechte als so etwas wie moralische Tatsachen schon vorfinden würde, um sie nur noch zu positivieren.«[13]

Der Grundgedanke dieses »politischen« Verständnisses der Menschenrechte lautet demnach: Wenn Menschenrechte im Unterschied zu moralischen Rechten Ansprüche nicht an das Verhalten jedes einzelnen Menschen, sondern an die jeweils herrschende öffentliche Ordnung sind – wenn also die Adressaten menschenrechtlicher Verpflichtungen im Unterschied zu moralischen Pflichten nicht alle Menschen, sondern die für die jeweils herrschende Ordnung politisch Verantwortlichen sind –, dann müssen Menschenrechte im Unterschied zu moralischen Rechten auch so verstanden werden, dass sie nicht aus der (moralischen) Selbstverpflichtung jedes einzelnen Menschen, sondern aus der (politischen) Selbstverpflichtung der für eine öffentliche Ordnung Verantwortlichen hervorgehen. Nicht nur haben menschenrechtliche Ansprüche einen anderen Adressaten als moralische Pflichten, auch die *Autoren* der Menschenrechte sind andere: Zu ihnen verpflichtet sich nicht das einzelne moralische Subjekt, sondern das kollektive politische Subjekt.

Moralischen Rechten entsprechen Verpflichtungen, denen jeder einzelne Mensch unterliegt. In der Moral frage ich mich, was *ich* tun soll oder muss. Menschenrechten dagegen entsprechen Verpflichtungen, denen die für öffentliche Ordnungen politisch Verantwortlichen unterliegen. In der Politik aber fragen wir uns, was *wir* tun wollen oder sollen; wie wir die öffentliche Ordnung unseres Zusammenlebens zu gestalten haben. Daher müssen die Menschenrechte so verstanden werden, dass sie eine Antwort auf diese politische, nicht auf jene moralische Frage geben. Das soll im Folgenden näher erläutert werden.

John Rawls' politische Konzeption der Menschenrechte beginnt mit der These, dass der Platz der Menschenrechte das »Recht der Völker« ist.¹⁴ Das versteht Rawls so, dass die Menschenrechte ein zentraler Bestandteil derjenigen Regeln sind, auf deren Einhaltung sich die Staaten wechselseitig in Abkommen oder Verträgen verpflichten. Genauer: auf die sie sich verpflichten *sollten*, die also abzuschließen richtig ist oder wäre. Die Menschenrechte sind nach Rawls ein wichtiges Element in einem *richtig* verstandenen Völkerrecht. Ein solches menschenrechtliches Völkerrecht – wie es sich in der Perspektive der zuvor genannten Entwicklungen heute bereits abzuzeichnen beginnt – unterscheidet sich grundsätzlich von seiner klassisch neuzeitlichen Gestalt. Vor der Neuzeit, von der römischen Antike bis zur Spätscholastik, war das Völkerrecht (*ius gentium*) als ein Recht verstanden worden, das bei allen Völkern gilt, weil es seine Grundlage in dem hat, was allen Völkern gemeinsam ist: in der natürlichen Vernunft.¹⁵ Diese Grundlage löst sich zu Beginn der Neuzeit auf. Der Grundbegriff der neuzeitlichen Politik wird die »Souveränität« der Staaten. Damit werden die einzelnen Staaten, und mithin ihre Herrscher, zur letzten Instanz der politischen Setzung. Das gilt nicht nur nach »innen«, gegenüber den Beherrschten, sondern auch nach »außen«, zwischen den Staaten. Unter der ideologisch-politischen Dominanz des neuzeitlichen Souveränitätsbegriffs gilt das Völkerrecht zwischen den Staaten nur, weil, sofern und solange sich die einzelnen Staaten darauf verpflichten *wollen*; so heißt es übereinstimmend von Hugo Grotius bis Carl Schmitt.¹⁶

Es ist klar, dass sich das neuzeitliche Völkerrecht unter der Voraussetzung staatlicher Souveränität auf Regeln des äußeren Verkehrs, vor allem in Fragen von Krieg und Frieden, beschränken musste. Eben diese Beschränkung will Rawls überwinden: Das richtig verstandene Völkerrecht, so seine These, *umfasst* die Menschenrechte als Regeln für das Innere der Staaten, für das Verhältnis zwischen jedem Staat und allen Menschen, die seine

Mitglieder sind, ja allen Menschen, die sich auf seinem Territorium befinden. Und diese völkerrechtlich abgesicherten Grundrechte sind die Menschenrechte.[17]

Zu dieser radikalen menschenrechtlichen Veränderung des Völkerrechts will Rawls gelangen, *ohne* den Ausgangspunkt des neuzeitlichen Völkerrechts bei den einzelnen Staaten wesentlich in Frage zu stellen. Zwar bedeutet die Erweiterung des Völkerrechts durch die Menschenrechte, die Souveränität der Staaten zu begrenzen. Denn mit der völkerrechtlich verbindlichen Anerkennung der Menschenrechte gibt jeder Staat den jeweils anderen Staaten das Recht, sich in seine inneren Angelegenheiten einzumischen und etwaige Menschenrechtsverletzungen als Verstöße gegen seine völkerrechtlichen Verpflichtungen anzuprangern. Eben diese Selbstbegrenzung der Souveränität der Staaten im Namen der Menschenrechte folgt nach Rawls aber gerade nicht aus einer der Politik vorgegebenen Moral; das menschenrechtliche Völkerrecht ist keine »angewandte« Moral. Die Theorie des richtig verstandenen Völkerrechts ist eine normative Theorie, aber eine normative *politische* Theorie. Denn die Selbstbegrenzung der Souveränität der Staaten im Namen der Menschenrechte folgt aus der gleichen Freiheit nicht der einzelnen moralischen Subjekte, sondern *jedes Staates*. Rawls' zentrale These lautet: Wenn alle Staaten sich gegenseitig als gleiche und freie anerkennen, dann verpflichten sie sich nicht nur wechselseitig darauf, ihre Souveränität nach außen zu respektieren; sie verpflichten sich wechselseitig auch dazu, jeweils nach innen ihre Souveränität zu begrenzen und die Menschenrechte zu respektieren.

Offensichtlich beruht dieses Argument darauf, dass mit der »Freiheit« der Staaten, die sich wechselseitig anerkennen, etwas anderes gemeint ist als ihre Souveränität. An dieser Stelle hilft das Argument von Jürgen Habermas zum politischen Charakter der Menschenrechte weiter.[18] Auch Habermas entwickelt das Konzept eines Völkerrechts, das im Bruch mit der Tradition von Grotius bis Schmitt nicht länger auf die Souveränität der Staaten, sondern auf die Freiheit oder »Selbstbestimmung« der Völker gegründet werden soll. Das Grundargument lautet: Einen anderen Staat als gleichen und freien zu respektieren bedeutet gerade nicht anzuerkennen, dass dieser Staat tun und lassen kann, was er will. Es bedeutet vielmehr, diesen Staat als ein institutionelles Machtgefüge zu verstehen, in dem die politische Selbstbestimmung des *Volkes* zum Ausdruck kommt. Nur *deshalb* verdienen die Staaten Anerkennung: weil sich in ihnen eine politische Gemeinschaft, ein *demos*, selbst regiert. Dieser Begriff politischer Selbstregierung oder -bestimmung ist weder selbstverständlich noch inhaltsleer. Er ist vielmehr selbst schon ein normativer Begriff, dem keineswegs jeder existierende Staat genügt. Nur *wenn* staatliche Herrschaft Ausdruck der Selbstregierung einer politischen Gemeinschaft ist, verdient die staatliche Souveränität völkerrechtlichen Respekt.

Erst mit dem Begriff der politischen Freiheit oder Selbstregierung ist für Habermas wie für Rawls der entscheidende Gesichtspunkt gewonnen, von dem her die Menschenrechte verstanden werden können. Es kann keine – im normativ anspruchsvollen Sinn – politische Selbstregierung geben, die nicht die Anerkennung der Menschenrechte bedeutete. Denn es ist widersinnig anzunehmen, dass ein Volk sich in Freiheit selbst der Menschenrechte beraubte. Wo immer die Menschenrechte verletzt werden, geschieht dies nicht in freier kollektiver Selbstregierung, sondern in Unterdrückung der Freiheit des Volkes durch die jeweils Herrschenden.

Während Habermas und Rawls im Kern dieses Arguments übereinstimmen, verstehen sie den politischen Grundbegriff kollektiver Selbstregierung unterschiedlich: Bedeutet politische Selbstregierung für Habermas nichts anderes als Demokratie, so ist es nach Rawls hinreichend, wenn das Volk zwar nicht die Quelle der politischen Macht ist, wohl aber »beratend« in der politischen Öffentlichkeit oder durch geeignete Repräsentanten auf sie einwirken kann. Wichtiger ist hier jedoch, dass Habermas und Rawls eben deshalb auch den Begriff der Menschenrechte unterschiedlich verstehen. Rawls fasst die Menschenrechte minimalistisch, als ein »Mindestmaß an Rechten«: das Recht auf Leben, Freiheit, Eigentum und formale Gleichheit.[19] Habermas dagegen versteht unter Menschenrechten all diejenigen Rechte, die garantiert sein müssen, damit ein freies, demokratisches Zusammenleben möglich ist: neben den genannten Rechten auch die Freiheit zur freien Meinungsäußerung und zur politischen Partizipation, die Chance zur Entwicklung neuer Ideen, den Freiraum für abweichende, experimentelle Lebensformen. Dieser Unterschied zwischen einem bewusst begrenzten und einem umfassenderen Verständnis der Menschenrechte wird uns in jedem weiteren Schritt dieser Einführung wieder begegnen: Es ist ein grundsätzliches Kennzeichen der gegenwärtigen Debatte um die Menschenrechte, dass sich in ihr minimalistische und maximalistische Deutungen gegenüberstehen.[20] Und es ist nicht davon auszugehen, dass zwischen diesen beiden unterschiedlichen Lesarten durch ein philosophisches Argument abschließend entschieden werden könnte. Denn beide Deutungen haben ihren Grund in einem wesentlichen Anspruch der Menschenrechte: Die Minimalisten berufen sich darauf, dass die Menschenrechte global und damit kulturübergreifend anerkannt werden wollen und daher nicht zu viel enthalten dürfen. Die Maximalisten erinnern daran, dass die Menschenrechte den revolutionären Freiheitsbewegungen des 18. Jahrhunderts entstammen und davon nicht zu viel preisgeben dürfen.

(c) Eine Verpflichtung aller gegenüber allen? Die politische Konzeption der Menschenrechte unterscheidet sich von der moralischen durch ihren Ausgangspunkt. Ihr Grundbegriff ist nicht die moralische Selbstverpflichtung jedes einzelnen Menschen gegenüber allen anderen Menschen, sondern die kollektive Selbstverpflichtung, die sich aus der freien Selbstbestimmung einer politischen Gemeinschaft ergibt. Gleichwohl ist auch die politische Konzeption der Menschenrechte eine überaus anspruchsvolle normative Konzeption. Aber sie borgt sich diese Normativität nicht von der an das Individuum adressierten Moral wechselseitiger Achtung, sondern versteht die politischen Grundbegriffe der kollektiven Freiheit und Selbstbestimmung *selbst* als normativ maßgeblich.

Der Grund, weshalb die Normativität des Politischen nicht aus der Moral abgeleitet werden kann, ist einfach zu erkennen: weil es in Moral und Politik um unterschiedliche Akteure geht. Und weil sich deshalb auch die Autoren der moralischen und politischen Selbstverpflichtungen unterscheiden. Moralische Rechte beruhen auf der Selbstverpflichtung jedes einzelnen Menschen gegenüber allen anderen. Das Subjekt der Politik dagegen sind »wir«, eine Gruppe oder Gemeinschaft, die sich selbst regiert und dabei auf die Anerkennung von Rechten verpflichtet. Die moralische Auffassung der Menschenrechte behauptet, dass die politischen Verpflichtungen, die wir uns auferlegen, aus den moralischen Verpflichtungen *folgen*, die jeder Einzelne von uns sich auferlegt. Demnach ist die Politik nur ein neutrales Medium zur Umsetzung bereits feststehender moralischer Verpflichtungen. Die politische Konzeption der Menschenrechte dagegen stellt fest, dass die Menschenrechte nur dann als unbedingt verpflichtende Ansprüche an die politische Ordnung verstanden werden können, wenn sie selbst dem Prozess der politischen Selbstregierung entstammen.

Damit jedoch stellt sich der politischen Konzeption der Menschenrechte ein grundlegendes Problem, das die moralische Konzeption nicht hat. Habermas selbst hat an dieses Problem erinnert, indem er auf das »Janusgesicht« der Menschenrechte hinweist. Habermas beschreibt dies als die »eigenartige Spannung zwischen dem universalen Sinn der Menschenrechte und den lokalen Bedingungen ihrer Verwirklichung«[21]. Wenn nämlich die Menschenrechte so verstanden werden müssen, dass sie der Selbstbestimmung einer politischen Gemeinschaft entstammen, und wenn politische Gemeinschaften strukturell bzw. territorial begrenzt und nicht global sind, dann scheint dies zu bedeuten, dass nach der politischen Konzeption der Menschenrechte diese immer nur lokal, in der jeweiligen politischen Gemeinschaft und auf deren Territorium zur Geltung gebracht werden können. Das aber widerspräche nach Habermas ihrem universalen Sinn, »sich *wie* moralische Normen auf alles, ›was Menschenantlitz trägt‹«, zu beziehen. Es sind Ansprüche, die *von* allen Menschen an die öffentliche Ordnung, in der sie leben, berechtigt erhoben werden können, und es sind Ansprüche, die letztlich doch *für* alle Menschen eine Verpflichtung schaffen.

> Allgemeine Erklärung der Menschenrechte vom 10. Dezember 1948, Artikel 28
>
> Jeder Mensch hat Anspruch auf eine soziale und internationale Ordnung, in der die in dieser Erklärung verkündeten Rechte und Freiheiten voll verwirklicht werden können.

Auch wenn die Menschenrechte primär Ansprüche an die *jeweilige* öffentliche Ordnung bezeichnen, in der Menschen leben, gehört mithin zum Begriff der Menschenrechte die Idee der Berechtigung aller Menschen ebenso wie zuletzt auch der Verpflichtung aller Menschen. Die Menschenrechte beziehen insofern alle Menschen ein; das ist ihre Universalität. Eben diese universale Ausdehnung der menschenrechtlichen Ansprüche und Verpflichtungen ist der Grund, aus dem es in der Theoriegeschichte der Menschenrechte immer wieder so naheliegend geschienen hat, die Menschenrechte als genuin moralische Rechte zu verstehen. Denn die Moral gleicher Achtung meint ja nichts anderes als ein universales Anerkennungsverhältnis, in dem jeder Mensch gegenüber allen Menschen zugleich berechtigt wie verpflichtet ist. Der entscheidende Punkt ist aber: Man muss nicht erst auf die Ebene der Moral wechseln, um der Universalität der Menschenrechte gerecht werden zu können. Vielmehr versteht auch die politische Konzeption die Menschenrechte so, dass sie einen Anspruch jedes Menschen formulieren, der für jeden anderen Menschen eine Verpflichtung schafft. Doch versteht die politische Konzeption die menschenrechtlichen Ansprüche sowie die menschenrechtlichen Verpflichtungen aller Menschen *anders* als die moralische Konzeption. Wie lässt sich dieses unterschiedliche Verständnis fassen?

Die moralische Konzeption versteht die Menschenrechte *unmittelbar* als Ansprüche jedes einzelnen Menschen an jeden anderen Menschen: Das universale moralische Anerkennungsverhältnis verbindet jeden Menschen mit jedem anderen in einem reziproken Verhältnis von Berechtigung und Verpflichtung. Die politische Konzeption hingegen versteht die Menschenrechte als Ansprüche jedes Menschen nicht auf gleiche Berücksichtigung durch alle anderen Menschen, sondern auf gleiche Berücksichtigung durch das politische Gemeinwesen, deren Mitglied er und sie sind. Diese Ansprüche binden alle Akteure, die für die öffentliche Ordnung in diesem politischen Gemeinwesen verantwortlich sind sowie *mittelbar* auch alle anderen Mitglieder der politischen Gemeinschaft. Diese Verantwortlichkeit ist aber je nach Akteuren abgestuft; sie bezieht zwar in letzter Instanz alle anderen Menschen als Mitglieder der politischen Gemeinschaft ein, doch nur, sofern diese politisch etwas ausrichten können. Kurz: Menschenrechte sind berechtigte Ansprüche jedes Menschen auf eine sie als Gleiche berücksichtigende politische Ordnung, die sich zunächst an die für diese Ordnung Verantwortlichen richten, darüber hinaus aber auch für jeden anderen Menschen die Verpflichtung schaffen, so weit als möglich zur Herstellung einer solchen politischen Ordnung beizutragen.

Das Argument der politischen Konzeption für eine Verpflichtung aller Menschen lautet also: Der *grundlegende* normative Anspruch der Menschenrechte ist gemäß der politischen Konzeption der eines jeden Menschen auf Mitgliedschaft in einer politischen Gemeinschaft freier Selbstbestimmung. Denn in einer solchen politischen Gemeinschaft wird jedes Mitglied gleichermaßen berücksichtigt. Zugleich behauptet die politische Konzeption aber, dass dieses menschenrechtliche Verständnis das schlechthin *richtige* Verständnis von Politik ist. Die politische Ordnung nicht so zu verstehen, dass sie eine Ordnung freier Selbstbestimmung sein soll, in der deshalb alle ihrer Mitglieder gleichermaßen berücksichtigt werden, ist daher nach der politischen Konzeption unter allen Umständen unberechtigt und falsch. Das hat eine doppelte Konsequenz: Dass das Verständnis der politischen Ordnung als einer Ordnung freier Selbstbestimmung »richtig« ist, bedeutet, erstens, dass es für jeden Menschen richtig ist: dass also jeder Mensch ein Anrecht auf eine solche Gemeinschaft freier Selbstbestimmung hat, in der er als Gleicher geachtet wird. Und es bedeutet, zweitens, dass auch jeder Mensch, soweit er kann, verpflichtet ist, dazu beizutragen, dass jeder andere Mensch in einer solchen politischen Gemeinschaft freier Selbstbestimmung leben kann, in der er als Gleicher geachtet ist.

2. Begründungen der Menschenrechte: Vertrag, Vernunft, Anerkennung

Menschenrechte, so haben wir gesehen, sind berechtigte Ansprüche an die öffentliche, politische Ordnung. Damit ist bisher weder etwas darüber gesagt, um *welche* Ansprüche im Einzelnen es sich dabei handelt, noch *wie* die öffentliche Ordnung ihre Erfüllung gewährleisten muss. Dies sind wichtige Bestimmungen, die uns jedoch erst in den nächsten Kapiteln beschäftigen werden. Zunächst muss es hier um den grundlegenden begrifflichen und normativen Gehalt der Menschenrechte gehen. Dieser Gehalt lässt sich in der folgenden menschenrechtlichen Grundbehauptung fassen: Jeder Mensch ist berechtigt, in einer politischen Ordnung zu leben, die ihre Mitglieder als Gleiche berücksichtigt und ihnen damit gleichermaßen gewährleistet, dass ihre grundlegenden Ansprüche erfüllt werden.

Wir haben bisher zwei verschiedene Weisen rekonstruiert, in der diese menschenrechtliche Grundbehauptung verstanden werden kann. Die *moralische* Konzeption der Menschenrechte versteht sie so, dass jeder Mensch deshalb berechtigte Ansprüche an die öffentliche Ordnung hat, weil er vorgängig moralische Rechte besitzt, die von jedem anderen Menschen respektiert werden müssen. Die *politische* Konzeption dagegen versteht die menschenrechtliche Grundbehauptung so, dass jeder Mensch deshalb berechtigte Ansprüche an die öffentliche Ordnung hat, weil er ein Mitglied der politischen Gemeinschaft ist, die diese Ordnung hervorbringt. Der Unterschied zwischen der moralischen und der politischen Konzeption der Menschenrechte betrifft mithin den Grundbegriff, von dem her die Menschenrechte erläutert werden: »gleiche moralische Achtung« oder »freie politische Selbstbestimmung«? Dieser Unterschied betrifft aber *nicht* den normativen Grundgedanken selbst, den beide Konzeptionen bloß unterschiedlich erläutern. Das ist der Gedanke der gleichen Berücksichtigung eines jeden Menschen durch die politische Ordnung, in der er lebt.

(a) Zwei Gegner: Totalitarismus und Relativismus. Weshalb aber ist dieser Gedanke der gleichen Berücksichtigung jedes Menschen richtig? Oder anders gefragt: Wie lässt er sich begründen? Worauf kann man sich berufen, wenn man die menschenrechtliche Grundbehauptung gegenüber ihren Gegnern verteidigen oder gar durchsetzen will? Es hilft hier, sich diese Gegner zunächst genauer vor Augen zu führen. Tun wir dies erneut mit Blick auf die jüngste Etappe in der Geschichte der Menschenrechte, ihre weltweite Durchsetzung ab Mitte des 20. Jahrhunderts, so wird klar, gegen welche Gegner sie zunächst erkämpft werden mussten. Die Allgemeine Erklärung der Menschenrechte von 1948 sagt es in ihrer Präambel so: Ihre Gegner sind diejenigen, deren »Nichtanerkennung und Verachtung der Menschenrechte zu Akten der Barbarei geführt haben, die das Gewissen der Menschheit mit Empörung erfüllen«. Die Gegner der Menschenrechte sind demnach die Vertreter einer »barbarischen« Politik der Vernichtung. Sie eben bestreiten die menschenrechtliche Grundbehauptung, dass jeder Mensch gleichberechtigt ist. Die härtesten Gegner, ja *Feinde* der menschenrechtlichen Grundbehauptung sind diejenigen, die die Gleichheit aller Menschen bestreiten; die die politische Ordnung auf radikale Ungleichheit, auf den Ausschluss ganzer Gruppen von Menschen – bis hin zu deren Vernichtung – gründen wollen. Das sind die »totalitären« Gegner der Menschenrechte. Ihnen gegenüber muss die menschenrechtliche Grundbehauptung durch Gründe dafür verteidigt werden, dass alle Menschen zwar nicht schlechthin, aber unter einem politischen Gesichtspunkt, unter dem Gesichtspunkt ihrer Berücksichtigung in der politischen Ordnung, gleich sind.

Blickt man auf die jüngere Geschichte der Menschenrechte, so zeigt sich, dass in der erfolgreichen Auseinandersetzung mit diesem ersten Gegner sofort ein zweiter entstanden ist. Von Beginn der Verhandlungen über die Allgemeine Erklärung der Menschenrechte an ist in strittigen Einzelfragen immer wieder von einzelnen Staaten und Gruppen ein Anspruch auf kulturelle Selbstbehauptung geltend gemacht worden, wenn die zur Abstimmung stehenden Vereinbarungen tiefsitzende, vor allem auch religiöse Wertüberzeugungen in Frage stellten. Man würde diese auf kulturelle Besonderheiten zielenden Einwände generell missverstehen, wenn man sie umstandslos mit denen der totalitären Gegner eines gleichen menschenrechtlichen Respekts gleichsetzen wollte. Es geht ihnen vielmehr um ein Problem, das in den europäischen Diskussionen um die Menschenrechte von Anfang an, seit Edmund Burke 1789/90 gegen die Französische Erklärung der Rechte der Menschen im Namen der »Rechte der Engländer« polemisiert hat[22], eine wesentliche Rolle spielte. Nach Burke hat zwar jeder Mensch in der politischen Ordnung, in der er lebt, einen Anspruch auf gerechte Behandlung. Aber was genau das bedeutet, ist je nach den kulturellen und sozialen Bedingungen, auf denen diese Ordnung lokal beruht, so verschieden, dass der Versuch, einen einheitlichen Katalog der Menschenrechte zu formulieren, von vornherein zum Scheitern verurteilt ist. Ja, einen solchen Katalog durchsetzen zu wollen hieße die Zerstörung dieser lokalen politischen Ordnungen in Kauf zu nehmen – und damit die Zerstörung eben jener kulturell spezifischen Gerechtigkeit, die sie ihren Mitgliedern zu gewährleisten vermögen. Das ist, in aller Kürze, die Kritik der »relativistischen« Gegner der Menschenrechte.[23]

Beide Gegner der Menschenrechte wenden sich gegen ein jeweils anderes Element der menschenrechtlichen Grundbehauptung: Die totalitären Gegner bestreiten das fundamentale Recht aller auf gleiche Berücksichtigung in einer politischen Ordnung. »Politische Ordnung« heißt für sie vielmehr: Durchsetzung radikaler Ungleichheit. Die relativistischen Gegner der Menschenrechte hingegen sind zumeist nicht Anhänger einer Politik des Ausschlusses oder gar der Vernichtung. Sie bestreiten lediglich, dass man die anti-totalitäre Grundidee der gerechten Berücksichtigung aller so universal fassen könne, dass sie einen für alle Menschen weltweit gleichen Sinn habe. »Gerechte« politische Ordnung heißt für die relativistischen Gegner: gerecht nach Maßgabe der lokalen – kulturellen und sozialen – Bedingungen.

Entsprechend verlangt eine Verteidigung der Menschenrechte gegen ihre totalitären Gegner nach einer Begründung für die prinzipielle *Gleichberechtigung* aller Menschen. Eine Verteidigung der Menschenrechte gegen ihre relativistischen Gegner dagegen bedarf einer Begründung der – trotz aller Unterschiede bestehenden – *Vergleichbarkeit* aller Menschen. Einige philosophisch einschlägige Versuche der ersten Begründung werden wir in diesem Kapitel diskutieren, einige wichtige Aspekte der zweiten Begründung im nächsten. Dabei wird sich zeigen, dass beide Begründungsfragen eng zusammenhängen. Viele, ja die meisten Philosophen, die eine Verteidigung der Menschenrechte gegen ihre totalitären Gegner unternehmen, glauben, die Menschenrechte damit zugleich auch kulturinvariant gegen ihre relativistischen Gegner verteidigt zu haben. Wie sich zeigen wird, geraten sie dabei jedoch in grundlegende Schwierigkeiten. Zunächst soll hier aber die Begründung der Menschenrechte gegen ihre totalitären Gegner behandelt werden. Dazu bedarf es noch einmal einer genaueren Betrachtung jenes menschenrechtlich relevanten »Bruchs«, den das Jahr 1945 markiert.

(b) Die Erfahrung des Gattungsbruchs: In seiner Reflexion über die Erschütterung, die die Erfahrung des Nationalsozialismus für unser moralisches und politisches (Selbst-)Verständnis be-

deutet, hat Rolf Zimmermann überzeugend von einem moralisch-politischen »Gattungsbruch« gesprochen.[24] Das hat für die Idee der Menschenrechte eine doppelte Bedeutung: Mit dem Begriff des »Gattungsbruchs« ist zum einen das zentrale Anliegen des »moralischen Transformationsprojekts« beschrieben, das der Nationalsozialismus unternommen hatte. Ihm ging es um nicht weniger als um die Auflösung der moralisch-politischen Kategorie der »Menschheit«. Stattdessen sollte eine moralisch-politische Einstellung geschaffen werden, für die die Vorstellung der gleichen Zugehörigkeit eines jeden zur Gattung Mensch, also das bloße Menschsein, keine Rolle mehr spielt. Die ideologische Grundüberzeugung der Nazis bestand darin, so Zimmermann im Anschluss an Avishai Margalit und Gabriel Motzkin, die »gemeinsame Menschlichkeit der Menschheit« zu negieren.[25] Das ist nach Zimmermann der Grundzug einer jeden »totalitären« Moral und Politik: Sie versteht die politisch-moralische Gemeinschaft so, dass sie eine Einheit oder Ganzheit (eine »Totalität«) bildet, aus der bestimmte Menschen grundsätzlich ausgeschlossen sind. Es sind demnach aus totalitärer Sicht immer nur einige Menschen, die des gleichen Respekts würdig sind; alle anderen, d.h. alle, die anders sind als »wir«, können ausgeschlossen, unterworfen, gar vernichtet werden.

Die Nationalsozialisten haben zur Begründung dieses Ausschlusses den Begriff der »Rasse« verwendet, der in ihrem Verständnis bereits auf einer biologischen Ebene anzeigt, dass es *keine* alle Menschen umfassende, einheitliche Gattung gebe. Eine vergleichbare Ablehnung der moralisch-politischen Einheit der Menschengattung lag nach Zimmermann jedoch auch dem »Klassen-Genozid« Stalins zugrunde: Zwar bestritt der stalinistische Kommunismus nicht, dass Kulaken auch Menschen sind – nur bedeutete das für den Umgang mit ihnen in politisch-moralischer Hinsicht nichts. Sie wurden nicht einmal umerzogen, sondern der Vernichtung preisgegeben. Demnach ist das moralisch-politische Phänomen des Gattungsbruchs nicht notwendigerweise an einen biologischen Rassismus gebunden. Von einem politisch-moralischen »Gattungsbruch« muss man vielmehr überall dort sprechen, wo die Tatsache des Menschseins des anderen so weit hinter die trennenden Unterschiede zurücktritt, dass seine Gleichberechtigung bestritten wird.

Mit dem Begriff des Gattungsbruchs bezeichnet Zimmermann aber nicht nur den radikalen Charakter einer totalitären Politik der Ungleichheit, die die Einheit der Menschengattung selbst in Frage stellt. Im Anschluss an Überlegungen von Richard Rorty beschreibt Zimmermann damit zugleich auch die neue und grundsätzliche Schwierigkeit, in die Begründungen der Menschenrechte durch die totalitäre Politik gestürzt werden.[26] Diese Begründungen verfahren traditionell so, dass sie allen Menschen gleichermaßen zwei zentrale Eigenschaften zuschreiben: Alle Menschen sind nicht nur darin gleich, bestimmte fundamentale Bedürfnisse, Eigenschaften und Fähigkeiten zu haben. Zu diesen Eigenschaften, in denen alle Menschen gleich sind, gehört vielmehr zugleich auch die Fähigkeit, anerkennen – wahrnehmen und respektieren – zu können, *dass* alle Menschen gleich sind. Gemäß der traditionellen Begründung der Menschenrechte ist es die allen Menschen gemeinsame Bestimmung, dazu befähigt und verpflichtet zu sein, alle anderen Menschen als Gleiche zu respektieren: Es gehört gewissermaßen zur »Natur« des Menschen, jeden Menschen zu achten und anzuerkennen.

Wir haben oben bereits darauf hingewiesen, dass solche Begründungen der Menschenrechte aus der Natur des Menschen insbesondere von der Philosophie des 18. Jahrhunderts ausgearbeitet worden sind. Dabei lassen sich zunächst drei unterschiedliche Modelle dafür ausmachen, wie die Naturanlage des Menschen zur gleichen Berücksichtigung aller zu verstehen ist. Einige Philosophen, z.B. John Locke, bestimmen sie als das »Interesse« des Menschen an Freiheit und Selbsterhaltung, von dem der Mensch zugleich einsieht, dass er es nur dann verwirklichen kann, wenn er das gleiche Interesse der anderen – nach Art eines wechselseitigen Vertrags – mitberücksichtigt. Andere, wie etwa Immanuel Kant, sehen die menschenrechtsbegründende Naturanlage in der »Vernunft« des Menschen: In seinem Wollen und Handeln der Vernunft zu folgen verlangt, sich einem allgemeinen Gesetz zu unterstellen, das jeden gleichermaßen berücksichtigt. Wieder andere Philosophen, z.B. Jean-Jacques Rousseau oder Adam Smith, führen die Naturanlage des Menschen zur gleichen Achtung auf moralische »Gefühle« wie Mitleid und Solidarität zurück. Immer aber herrscht die Ansicht vor, dass es die gemeinsame Natur aller Menschen ist, alle Menschen gleichermaßen zu achten. Wo die Menschen ihrer als Interesse, Vernunft oder Mitleid verstandenen Natur folgen, werden daher auch die Menschenrechte respektiert.

Eben diese Gewissheit hat der Gattungsbruch der totalitären Politik massiv in Frage gestellt. Er hat uns in brutaler Weise gelehrt, dass es gerade *nicht* zur Natur des Menschen gehört, den Menschen zu achten. Menschen sind vielmehr so, dass sie höchst gegenteilige Moralvorstellungen ausbilden können, deren Ideal die Unterdrückung und Vernichtung des anderen um der Erhaltung und Steigerung der eigenen Lebensform willen ist. Es gibt, so zeigt sich hier, nichts in der Natur des Menschen, das den Respekt für das Menschsein bereits verbürgt. Dass die totalitäre Politik des Gattungsbruchs möglich und erfolgreich war, beweist, dass der gleiche Respekt für den Menschen als solchen keineswegs eine naturgegebene Einstellung ist. Der Gattungsbruch ist also ein doppelter: Die totalitäre Politik hat nicht nur durch das, was sie Menschen anderer Gruppen – Rassen oder Klassen – angetan hat, die Einheit der menschlichen Gattung gesprengt, sie hat dies noch viel grundlegender dadurch getan, dass sie die Mitglieder ihrer eigenen Gruppe zu ganz anderen Moralauffassungen als denen der gleichen Achtung für alle Menschen erzogen hat. Denn dadurch hat die totalitäre Politik gezeigt, dass die Rechte des Menschen in seiner bloßen Gattungszugehörigkeit keinen unerschütterlichen Grund haben.

Die Erfahrung des totalitären Gattungsbruchs macht verständlich, weshalb es nach 1945 die dringlichste Aufgabe war, angesichts der Akte totalitärer Barbarei den Sinn für die *Einheit* der menschlichen Rasse oder Gattung wiederherzustellen. Aber man versteht auch, weshalb dieses dringliche Vorhaben seitdem vor ganz neuen Begründungsproblemen steht. Denn zwar erschien den Verteidigern der Menschenrechte der Rückgriff auf die Natur des Menschen immer wieder naheliegend. Welche sicherere Grundlage sollte es sonst geben? Zugleich aber war die Berufung auf die Natur des Menschen durch eben die totalitäre Erfahrung, gegen die sie sich richten sollte, fadenscheinig geworden. Doch heißt das keineswegs, dass für eine politische Ordnung, die alle Menschen gleichermaßen achten muss, nichts mehr angeführt werden kann. Man kann angesichts des totalitären Gattungsbruchs die Menschenrechte zwar nicht mehr aus der Natur des Menschen begründen, aber man kann sie dennoch, wie sich nun zeigen soll, gegenüber jeder Form totalitärer Politik *rechtfertigen*.

(c) Drei Modelle: Die drei soeben genannten Begründungsversuche der Achtung des Menschen aus der Natur des Menschen, die im 18. Jahrzehnten entwickelt worden sind, sind in der zeitgenössischen Philosophie in veränderter Weise wieder aufgenommen worden. – Die erste der drei traditionellen Begründungsformen folgt dem Modell des *(Gesellschafts-)Vertrags*. Dieses Modell beschreibt die politische Ordnung, in der alle gleichberechtigt berücksichtigt werden, als das Ergebnis eines

fiktiven Vertragsabschlusses. Dabei einigen sich alle Gesellschaftsmitglieder darauf, sich wechselseitig das Recht auf und, soweit möglich, auch die Mittel zur Verfolgung derselben fundamentalen menschlichen Interessen zuzugestehen. In der gegenwärtigen deutschsprachigen Diskussion hat Otfried Höffe diesen fiktiven Vertragsabschluss als einen Akt des »transzendentalen Tausches« rekonstruiert, durch den die wechselseitigen Rechte und Pflichten der Menschen hervorgebracht werden:

»Rechte auf Leib und Leben, auf Eigentum, auf einen guten Namen, auf Religionsfreiheit usw. kann man nämlich als einen Tausch rekonstruieren, den jeder Mensch nicht etwa mit einigen, sondern mit allen Menschen vornimmt. Die eigene Fähigkeit, Täter von Gewalt zu sein, tauscht man für das Interesse ein, fremder Gewalt nicht zum Opfer zu fallen.«[27]

Der Ausgangspunkt des Tausches oder Vertrags, in dem Rechte und Pflichten hervorgebracht werden, sind also grundlegende Interessen, von denen berechtigterweise angenommen werden kann, dass sie allen Menschen gemeinsam sind. Höffe nennt sie »transzendentale Interessen« und er meint damit solche Interessen – wie zum Beispiel das Interesse, nicht Opfer von Gewalt zu werden, oder das Interesse, seine Handlungsfähigkeit und Freiheit zu bewahren –, die jeder Mensch allein schon deshalb haben muss, weil ihre Erfüllung die Voraussetzung für die Verfolgung all jener anderen und weiteren Interessen ist, in denen sich Menschen und ihre individuellen Lebenspläne unterscheiden. Weiterhin handelt es sich um Interessen, deren Erfüllung konstitutiv von anderen Menschen abhängt: Ich kann ihre Erfüllung nicht alleine sicherstellen. So kann ich mein Interesse, nicht Opfer von Gewalt zu werden, »nur durch eine negative Leistung verwirklichen [...], die die anderen erbringen. [...] Das Selbstinteresse läßt sich nur durch eine negative Leistung der anderen, und zwar aller anderen, verwirklichen, durch den universalen Gewaltverzicht.«[28]

Weil kein Mensch Opfer von Gewalt werden *will* und weil jeder zugleich *weiß*, dass jeder, auch er selbst, nicht nur zum Täter, sondern auch zum Opfer von Gewalt werden kann – deshalb tauscht jeder die Fähigkeit, Täter von Gewalt zu werden, gegen die Sicherheit, nicht Opfer von Gewalt zu werden. Kurz: Aus jenem Interesse und diesem Wissen ergibt sich zusammengenommen, dass sich jeder Mensch dazu verpflichtet, keine Gewalt auszuüben. Und das bedeutet im Gegenzug, dass jeder Mensch dazu berechtigt ist – oder eben: dass jeder Mensch das Menschenrecht hat –, von Gewaltausübung durch alle anderen verschont zu bleiben.

Dafür, dass man durch einen solchen Tausch oder Vertrag tatsächlich wie vorgesehen zu Menschenrechten gelangt, ist offenbar die Klausel entscheidend, der zufolge sich das Selbstinteresse nur durch eine negative Leistung der anderen, »und zwar aller anderen«, verwirklichen lässt. Dieser Bezug auf alle, diese Einbeziehung aller in den Tausch ist aber keineswegs zwingend. Zum einen: Warum sollte ich tatsächlich mit allen tauschen oder einen Vertrag schließen wollen? Höffe sagt, es seien »Vorteilsüberlegungen«, die mich dazu bringen.[29] Ich tausche also mit denjenigen, die für die Gewährleistung meiner Interessen relevant sind. Nichts jedoch spricht dafür, dass dies bereits »alle« Menschen sein müssen. Die Nazis etwa konnten sich angesichts ihrer unermesslich höheren Gewaltbereitschaft und -fähigkeit sicher sein, dass die deutschen Juden dem Interesse der Nazis, selbst nicht Opfer von Gewalt zu werden, nicht gefährlich werden würden. Es wäre also aus Sicht der Nazis unter dem Gesichtspunkt von »Klugheitsregeln« gar nicht rational gewesen, mit den deutschen Juden in ein Verhältnis einzutreten, in dem sie wechselseitig Rechte für Pflichten eingetauscht hätten.

Das ungeklärte Problem von interessensorientierten Tausch- oder Vertragstheorien, so zeigt sich daran, ist ihre Reichweite, d.h. die Bestimmung des Kreises der Tausch- oder Vertragspartner. Dieser Kreis ist begrenzt durch faktische Abhängigkeiten (bzw. das Wissen von ihnen). Ich tausche mit denjenigen Menschen, von denen ich zu wissen glaube, dass sie für die Beförderung oder Behinderung meiner Interessen wichtig sind. Dass dies alle Menschen sind, ist höchst unwahrscheinlich, jedenfalls abhängig von den konkreten Umständen des Tausches und meinem Wissen von diesen Umständen. Die Menschenrechte jedoch fordern, tatsächlich jeden Menschen gleichermaßen zu berücksichtigen. Und zwar unabhängig nicht nur davon, ob dieser Mensch für den Schutz oder die Verwirklichung meiner »Selbstinteressen« irgendeine Rolle spielt, sondern unabhängig auch davon, ob dieser Mensch bereit ist, im Gegenzug meine Rechte zu respektieren. Das ist sogleich die zweite Begrenztheit jedes interessensorientierten Tauschmodells. Es verpflichtet mich zur Anerkennung der Rechte des anderen Menschen nur, *falls* dieser zugleich meine Rechte anerkennt:

»Auf die Anerkennung einer Leistung besteht dort ein moralischer Anspruch, wo die Leistung nicht einfachhin, sondern lediglich unter einem Vorbehalt erbracht wird: unter der Voraussetzung, daß eine korrespondierende Gegenleistung erfolgt. Weil Menschenrechte einen Anspruch meinen, stellen sie kein Geschenk dar, das man sich entweder wechselseitig oder – aus Sympathie, aus Mitleid oder auf Bitten – einseitig offeriert. Vielmehr handelt es sich um eine Gabe, die nur unter Bedingung der Gegengabe erfolgt.«[30]

Nach dem Tauschmodell gelten Menschenrechte mithin keineswegs unbedingt, sondern sie kommen nur denjenigen zu, die selbst die Menschenrechte respektieren. Also hätten die Nazis, ähnlich wie heute etwa islamistische Terroristen, durch ihre Verletzung der Menschenrechte ihre eigenen Menschenrechte verwirkt?[31] Wäre dem so, dann gäbe es gar keine Menschenrechte. Denn die Menschenrechte gelten *unbedingt*, also ungeachtet dessen, was jemand ist oder tut: Selbst wer die schlimmsten Menschenrechtsverletzungen begeht, verliert dadurch nicht seine eigenen Menschenrechte.

Exkurs 1: Terrorismus und Folter

Spätestens in der Folge des 11. September 2001 hat sich der religiös motivierte Terrorismus nicht zuletzt auch als ein spezifisch *menschenrechtliches* Problem erwiesen: nicht nur, weil er die Menschenrechte seiner Opfer missachtet, sobald er staatliche Unterstützung erfährt, sondern vor allem deshalb, weil demokratische Rechtsstaaten sich nunmehr mit der Frage konfrontiert sehen, wie weit sie im Kampf gegen ihre inneren und äußeren Feinde gehen dürfen, ohne dabei *so wie ihre Feinde* zu werden. Ist der Staat im Recht, wenn er seine Befugnisse derart ausweitet, dass er geltende Grundrechte außer Kraft setzt, nur um die verfassungsrechtliche Grundordnung langfristig zu schützen? Kurz: Darf der Staat *im Namen* der Menschenrechte *gegen* die Menschenrechte verstoßen?

Der Streit über die legitimen Grenzen rechtsstaatlicher Terror- und Verbrechensbekämpfung ist in den letzten Jahren insbesondere in Folge der Foltervorkommnisse von Abu Ghraib und Guantanamo Bay, hierzulande aber auch im Anschluss an den »Fall Daschner«, entbrannt.[32] Wer derart gravierende Menschenrechtsverletzungen in Ausnahmefällen für gerechtfertigt hält, greift dabei zumeist auf eine der drei folgenden Argumentationsstrategien zurück, die aus menschenrechtlicher Sicht allesamt höchst problematisch sind: Menschenrechtliche Ausnahmeregelungen können, erstens, dadurch plausibel gemacht werden, dass man unterschiedliche Prioritätssetzungen zwischen einzelnen *Typen* von Menschenrechten vornimmt. Dies ist z.B. dann der Fall, wenn »Freiheitsrechte« wie etwa das Recht, nicht willkürlich verhaftet oder gefoltert zu werden, gegen Rechte auf innere und äußere »Sicherheit« ausgespielt werden. Dabei jedoch wird der elementare Anspruch der Menschenrechte, insgesamt »unteilbar« zu sein, verkannt (vgl. Kapitel 4).

Entsprechende Ausnahmeregelungen können, zweitens, aber auch dadurch gerechtfertigt erscheinen, dass man *definitorische* Ausnahmetatbestände formuliert. So ist in der derzeitigen Folter-Debatte heftig umstritten, was genau als Folter zu zählen hat und was nicht. Wenn etwa die US-Regierung in Kenntnis der Vorfälle in Abu Ghraib wiederholt versicherte, es habe dort keine Folter gegeben, dann hat sie dabei offenkundig eine sehr spezifische Umdeutung der Folter – etwa im Sinne einer »selbstverschuldeten Sicherheitsbefragung«[33] – vorgenommen. Kurz: Das Problem wird »wegdefiniert«.

Eine dritte Möglichkeit, menschenrechtliche Ausnahmeregelungen zu rechtfertigen, bietet die Ansicht, dass, wer als Täter selbst gegen elementarste Verfassungsgrundsätze verstoße, den eigenen Status als Grund- und Menschenrechtsträger verwirke. Unter dem Stichwort »Feindstrafrecht« wurde jüngst auch hierzulande über eine Verschärfung, ja eine Verdoppelung des bestehenden Strafrechts diskutiert.[34] Demzufolge sollten Terroristen und solche Schwerverbrecher, deren erklärtes Ziel es ist, den gemeinsamen verfassungsrechtlichen Grund zu unterminieren, zukünftig als Feinde behandelt, d.h. nach anderen Gesetzen und härter als »herkömmliche« Straftäter bestraft werden. Hier also wird der Besitz von Grund- und Menschenrechten an die Bedingung eigenen verfassungsgemäßen Wohlverhaltens geknüpft. Aus menschenrechtlicher Sicht ist dies fraglos unzulässig. Das Argument missversteht die universelle, kategorische und egalitäre Sollgeltung der Menschenrechte, die zwischen Freund und Feind nicht unterscheiden wollen.

Man gelangt also auf dem Wege des Tauschmodells oder der Vertragstheorie allenfalls zu einer Wechselseitigkeit von Verpflichtungen und Berechtigungen innerhalb einer durch Interessenverflechtung begrenzten Gruppe. Man gelangt jedoch nicht schon zu Menschenrechten, denn Menschen außerhalb dieser Gruppe haben nach dem Tauschmodell weder Rechte noch Pflichten. Um dieses Problem zu lösen, knüpfen einige andere zeitgenössische Philosophen an die zweite der traditionellen Begründungsformen an: die Begründung der Menschenrechte aus der *Vernunft*. Ihren Grundgedanken hat Immanuel Kant in seiner Erläuterung des moralischen Grundgebots, des »kategorischen Imperativs«, formuliert. In der sogenannten Zweckformel-Version lautet das moralische Grundgebot nach Kant so:

»Handle so, daß du die Menschheit, sowohl in deiner Person, als in der Person eines jeden andern, jederzeit zugleich als Zweck, niemals bloß als Mittel brauchest.«[35]

Nach Kant leuchtet es nun unmittelbar

»klar ein, daß der Übertreter der Rechte der Menschen, sich der Person anderer bloß als Mittel zu bedienen, gesonnen sei, ohne in Betracht zu ziehen, daß sie, als vernünftige Wesen, jederzeit zugleich als Zwecke, d.i. nur als solche, die von eben derselben Handlung auch in sich den Zweck müssen enthalten können, geschätzt werden sollen«[36].

Das Recht der Menschen, so wie Kant es hier bestimmt, besteht darin, nicht bloß als ein Mittel gebraucht zu werden. Diese Formulierung hat einen unmittelbar einleuchtenden Sinn: Jeder Mensch hat demnach das Recht, nicht – wie eine Sache – allein daraufhin betrachtet und gebraucht zu werden, ob er anderen für ihre Vorhaben nützlich ist – unter Absehung davon, dass dieser doch selbst ein Wesen ist, das Zwecke verfolgt. Jeder Mensch hat vielmehr ein Recht, so betrachtet und behandelt zu werden, dass er in dem, was er für sich will, eben in seinen Zwecken, berücksichtigt wird. Kants Formulierung jedoch, dass die Menschen »als vernünftige Wesen jederzeit zugleich als Zwecke« betrachtet werden müssen, geht noch einen Schritt weiter:

Sie will zugleich auch den Grund für diesen Anspruch angeben. Es geht nicht darum, dass jeder Mensch ein Recht darauf hat, in dem, *was* er will, von allen anderen berücksichtigt werden. Von allen anderen berücksichtigt werden muss vielmehr, *dass* er es will, dass es sich um jeweils seine Zwecke, um Zwecke, die er sich selbst gesetzt hat, handelt. Das soll von allen anderen berücksichtigt werden, denn es macht die »Würde« des Menschen aus.[37]

Es ist nun aber genau dieses Vermögen, sich selbst Zwecke zu setzen, welches das Vermögen der Vernunft ist. Vernünftig zu sein bedeutet, nicht von Bedürfnissen, »Neigungen« angetrieben zu sein, sondern sich durch Zwecksetzungen, zu denen man sich »autonom« entscheidet, selbst zu leiten. Diese vernünftige Freiheit der Selbstführung ist das, was den *Inhalt* des »Rechts der Menschen« ausmacht: Das »Recht der Menschen« zu achten heißt, ihre vernünftige Freiheit der Selbstführung zu respektieren. Diese ist nach Kant aber zugleich auch dasjenige, was den *Grund* für die Anerkennung des »Rechts der Menschen« ausmacht. Kants Grundthese lautet: Jeder, der sich in vernünftiger Freiheit selbst führt, kann gar nicht anders, als eben diese vernünftige Freiheit auch in jedem anderen zu respektieren; also jeden anderen als gleichermaßen berechtigt anzuerkennen, der über dieselbe Fähigkeit vernünftiger, freier Selbstführung verfügt. Kurz: Wer vernünftig ist, ist frei, und wer frei ist, anerkennt die Freiheit, also das Recht jedes anderen Menschen. Die Rechte der Menschen sind Rechte *der* Vernunft und *aus* Vernunft.

Unter den deutschsprachigen Philosophen der Gegenwart haben vor allem Karl-Otto Apel und Jürgen Habermas diese kantische Begründung wieder aufgenommen und deren Grundanliegen in einer »Diskurstheorie« der Moral und des Rechts reformuliert.[38] Daran hat sich in den letzten Jahrzehnten eine breite Diskussion angeschlossen, die hier nicht in ihren Details rekonstruiert, deren wichtigstes Ergebnis aber grob in der These zusammengefasst werden kann, dass die Begründung eines gleichen Rechts aller Menschen aus deren Vernunft vor dem folgenden Dilemma steht: *Entweder* man versteht den Ausgangspunkt, den Begriff der Vernunft, so, dass er ein Vermögen bezeichnet, das tatsächlich jedem Menschen – zumindest der Möglichkeit nach – zu eigen ist. Das könnte etwa das Vermögen autonomer Entscheidung sein oder der Planung oder des Schließens oder der Argumentation. Dann sieht man aber nicht, wie man von diesem Vernunftbegriff aus zur Anerkennung des gleichen Rechts aller Menschen gelangt. Die These einer Vernunftbegründung der Menschenrechte müsste lauten: Weil jeder Mensch in diesem basalen Sinn vernünftig ist, deshalb anerkennt er auch jeden anderen Menschen als in diesem selben Sinn vernünftig. Es ist aber nicht zu sehen, weshalb ein Mensch, der dieses basale Vernunftvermögen besitzt, durch den Besitz aller anderen Menschen desselben basalen Vernunftvermögens dazu genötigt sein sollte, sie als ihm Gleichberechtigte anzuerkennen: Warum sollte er sie nicht gleichwohl als »bloße Mittel« (Kant) zu seinen Zwecken gebrauchen können?

Oder aber man bestimmt die Vernunft, die gemäß dem kantischen Programm der Grund der Menschenrechte sein soll, in einem normativ anspruchsvollen Sinn und argumentiert etwa wie folgt: Ein Mensch ist nur dann vernünftig, wenn er nach Gesichtspunkten handelt, die sich jedem anderen Menschen gegenüber, auf den sein Handeln Auswirkungen hat, rechtfertigen lassen. In dieser anspruchsvollen Fassung hat der Vernunftbegriff tatsächlich einen moralischen Gehalt: Vernünftig zu sein bedeutet dann, das »Recht auf Rechtfertigung«[39] eines jeden Menschen zu respektieren; also den anderen nicht als ein bloßes Mittel anzusehen, mit dem ich zu meinen Zwecken beliebig umgehen kann, sondern als jemanden, dem *gegenüber* ich rechtfertigen muss, was ich *mit* ihm tue. Die Erwartung ist dann, dass niemand es als berechtigt akzeptieren wird, wenn andere mit ihm in einer Weise umgehen, die seine grundlegenden Menschenrechte verletzt.

Trifft dies zu, dann kann der anspruchsvolle Vernunftbegriff als Grund der Menschenrechte gelten. Anders jedoch als der schwache Vernunftbegriff, aus dem moralisch und politisch nichts folgt, ist dieser anspruchsvolle Vernunftbegriff, aus dem sich die Menschenrechte ergeben, kein Vermögen, das alle Menschen einfachhin haben. Sich am Recht des anderen so zu orientieren, dass ich mein Handeln ihm gegenüber rechtfertigen muss, ist nicht einfach, im Sinn des basalen Vernunftbegriffs, »vernünftig«; es ist bereits eine prinzipiell menschenrechtliche Einstellung, die, wie die Erfahrung des totalitären »Gattungsbruchs« gezeigt hat, offenkundig nicht zur Elementarausstattung der Gattung Mensch gehört.

Die Diskurstheorie der Menschenrechte hat auf dieses Dilemma in zwei verschiedenen Weisen reagiert. Die eine Reaktion besteht in dem Zugeständnis, dass der anspruchsvolle, menschenrechtliche Vernunftbegriff zwar kein natürlicher Besitz der menschlichen Gattung ist. Er soll jedoch, so lautet Karl-Otto Apels These, das Ergebnis eines »weltgeschichtlichen« Lernprozesses der »Menschheit« sein.[40] Damit wird der anspruchsvolle Vernunftbegriff historisiert: Er ist keine natürliche Bestimmung des Menschen, sondern in einem geschichtlichen Prozess erworben. Das aber soll nach Apel ein geschichtlicher Prozess sein, der nur den letzten und konsequenten Schritt in einer »Stufensequenz« bildet, die die gesamte bisherige Menschheitsgeschichte umfasst und die durch ein sich in diesem letzten Schritt erfüllendes »Fortschrittsprinzip« bestimmt ist. Ja, nach Apel soll auch noch die als »Adoleszenzkrise der Menschheit« zu verstehende Katastrophe der totalitären Politik ex negativo die »Minimalteleologie« belegen, die die gesamte Menschheitsgeschichte auf das Resultat einer Vernunft der Menschenrechte hin orientiert.

Nimmt man jedoch die Diagnose vom politisch-moralischen Gattungsbruch durch die totalitäre Politik ernst, dann kann die Annahme eines weltgeschichtlichen Entwicklungsprozesses, der sich in der Vernunft der Menschenrechte vollendet, nicht überzeugen. Denn diese Diagnose bedeutet, dass jene Entwicklung ebenso gut hätte ausbleiben können. Es liegt daher eine ganz andere Konsequenz aus dem eben aufgezeigten Dilemma einer vernunfttheoretischen Begründung der Menschenrechte nahe. Diese Konsequenz hat Rainer Forst im Anschluss an Habermas und Rawls gezogen. Sie beginnt mit dem Zugeständnis, dass zwischen dem basalen Vernunftbegriff und den Menschenrechten eine »begründungstheoretische Lücke« klafft.[41] Damit gesteht die vernunfttheoretische Begründung der Menschenrechte ein, dass nicht »die« Vernunft der Grund der Menschenrechte ist. Der Grund der Menschenrechte ist nach Forst vielmehr die Fähigkeit und Bereitschaft, jeden Menschen als eine »moralische Person« anzuerkennen. Diese Fähigkeit und Bereitschaft prägt dann auch unsere Vernunft: indem wir uns gegenüber jedem, der von unserem Handeln betroffen wird, rechtfertigen (können). Aber die Fähigkeit und Bereitschaft, jeden Menschen als eine »moralische Person« anzuerkennen, folgt nicht schon aus der Vernunft.

Für die Begründung der Menschenrechte bedeutet dies, sich von einer Annahme zu verabschieden, die auch noch den gegenwärtigen vertragstheoretischen und vernunfttheoretischen Ansätzen zugrunde liegt: dass es eine »neutrale« Begründung der Menschenrechte geben könne; eine Begründung also, die die normative Orientierung an Menschenrechten aus Fähigkeiten oder Einsichten ableitet, die selbst nicht schon normativer Art sind. Vielmehr liegt am Grund der Menschenrechte, wie wir nun zeigen wollen, die Fähigkeit und Bereitschaft, jeden Menschen als einen anerkennungswürdigen Einzelnen zu sehen. Dazu kann niemand, der diese Fähigkeit und Bereitschaft nicht schon hat, durch Vertrag oder Vernunft allererst gebracht werden. Die Fähigkeit und Bereitschaft, jeden Menschen als einen anerkennungswürdigen Einzelnen zu sehen, ist ein gewissermaßen letzter Grund: Wer diese Fähigkeit nicht hat und diese Bereitschaft nicht teilt, kann nicht von außen, mit Bezug auf andere seiner Fähigkeiten und Bereitschaften, von ihrer Richtigkeit überzeugt werden. Die Anerkennung jedes Menschen als Gleichen ruht nicht noch einmal auf einem tieferen Grund. Damit gewinnt das dritte der traditionellen Begründungsmodelle der Menschenrechte für die gegenwärtige Diskussion Bedeutung.

Im 18. Jahrhundert tritt dieses dritte Modell zunächst so auf, dass es die Menschenrechte in bestimmten *Gefühlen* begründet: vor allem in Mitleid und Sympathie. Dabei verstehen so unterschiedliche Autoren wie Rousseau, Lessing, Hume oder Smith solche Gefühle der »Menschenliebe« oder »Philanthropie« auf ähnliche Weise als die Fähigkeit und »Bereitwilligkeit, uns an die Stelle des Geliebten [des anderen Menschen] zu setzen«[42]. Damit meint Lessing die Fähigkeit und Bereitschaft, die Perspektive des anderen einzunehmen: die Dinge aus seiner Perspektive zu sehen und diese ernst zu nehmen. »Sympathie« ist hier zunächst die Bereitschaft, die Dinge *so wie* die anderen zu sehen. In Annette Baiers Reformulierung von Humes rechtstheoretischer Position: die »Fähigkeit, die Reaktionen anderer [...] zu erkennen und sympathisierend zu teilen, unsere eigenen Gefühle mitzuteilen und zu verstehen, was unsere Nächsten [*fellows*] fühlen, und so zu erfahren, welche Zurückweisungen und Befriedigungen das gegenwärtige soziale Modell hervorbringt«[43]. Zu berücksichtigen, was die anderen empfinden und urteilen, setzt aber grundlegender voraus, ernst zu nehmen, *dass* die anderen empfinden und urteilen; es setzt voraus, die anderen *als* andere, die eine eigene Perspektive auf die Dinge haben, anzuerkennen. Und während die Anerkennung bestimmter inhaltlicher Perspektiven der anderen immer eine begrenzte ist – denn man kann nicht alles zugleich berücksichtigen –, ist die Anerkennung, dass der andere ein anderer mit seiner je eigenen Perspektive ist, unbegrenzt: Sie gilt unterschiedlos jedem anderen. Die grundlegende Einstellung, ohne die nach dem dritten Modell alle Erklärungen der gleichen Rechte der Menschen gar nicht möglich sind, ist mithin die Anerkennung jedes anderen als anderen.

Das zentrale Argument des dritten Modells lautet, dass nur, wenn diese Einstellung gegeben ist, wenn also jeder andere bereits als anerkennungswürdig angesehen wird, diejenigen Mechanismen greifen können, die die anderen beiden Begründungsmodelle anbieten: Nur dann kann es zur Abschließung eines Vertrags kommen, der nicht nur aus Klugheit einige Menschen berücksichtigt, sondern alle Menschen einbezieht, und nur dann muss die Forderung der Vernunft Gehör finden, nicht nur schlüssig zu argumentieren und zu folgern, sondern sich gegenüber jedem Menschen rechtfertigen zu können. Das dritte Modell richtet sich mithin nicht unmittelbar gegen die Begründung der Menschenrechte durch das Modell eines Vertragsschlusses oder aus Verfahren vernünftiger Rechtfertigung. Im Gegenteil: Die verschiedenen Vertreter des dritten Modells greifen an einer bestimmten Stelle ihrer Argumentation auf das eine oder das andere dieser Modelle zurück. Diese Stelle ist jedoch stets eine zweitrangige. Die Schlussfolgerung des dritten Modells aus den Schwierigkeiten der beiden anderen lautet, dass Vertrag und Vernunft nur zu Menschenrechtserklärungen führen können, wenn oder weil sie die Einstellung der Sympathie, der Anerkennung des anderen als anderen bereits voraussetzen.

Die Philosophen des 18. Jahrhunderts haben versucht, auch diese grundlegende Einstellung der Anerkennung des anderen in der Natur des Menschen zu verankern. Zwar gehen nicht alle so weit wie Rousseau, der in dem »natürlichen Widerwillen dagegen [...], irgendein fühlendes Wesen, vor allem unseresgleichen, umkommen oder leiden zu sehen«, die Quelle sieht, »aus der alle Regeln des Naturrechts zu fließen« scheinen.[44] Jedoch ist auch für die meisten anderen Philosophen des 18. Jahrhunderts die grundlegende Einstellung der Anerkennung des anderen insofern als eine »natürliche« zu verstehen, als sie sich zwar über die weitere Kultivierung dieser Anlage Gedanken machen, nicht aber deren radikale Geschichtlichkeit, ihr Entstehen und Vergehen reflektieren. Sie reflektieren die Anerkennung jedes anderen nicht als eine kulturell und gesellschaftlich außerordentlich voraussetzungsreiche Einstellung; mithin als eine Einstellung, deren Herausbildung nicht selbstverständlich ist und die, wie der totalitäre Gattungsbruch zeigt, auch ausbleiben oder gänzlich zusammenbrechen kann.

Das ändert sich grundlegend erst bei den Philosophen, die aus der Einsicht in die »Begründungslücken« (Forst) vertrags- und vernunfttheoretischer Begründungen gegenwärtig an dieses dritte Modell anknüpfen. Sie verstehen die Einstellung sympathisierender Anerkennung nicht als Teil der Natur des Menschen, sondern als ein stets fragiles geschichtliches Produkt. Diese Konsequenz aus der Erfahrung des totalitären Gattungsbruchs hat kaum jemand entschiedener als Richard Rorty gezogen. Rorty betont wie Apel, dass die Menschenrechte als das Ergebnis eines Prozesses der Erfahrung, des Lernens und der Bildung verstanden werden müssen.[45] Im Gegensatz zu Apel betont Rorty aber zugleich, dass dieser Lernprozess angesichts des moralischen Gattungsbruchs totalitärer Politik als »kontingent« verstanden werden muss: als ein Prozess, der möglich, aber nicht notwendig ist. Das bedeutet nicht nur, dass dieser Lernprozess misslingen kann. Es bedeutet auch, dass es aus Rortys Perspektive für das Gelingen dieses Lernprozesses schlichtweg irrelevant ist, ob man ihn so darstellen kann, wie Apels »weltgeschichtliche« Perspektive es nahelegt: als das Ziel der Geschichte, das an deren Beginn bereits angelegt war. Rorty nimmt vielmehr ernst, dass die Anerkennung jedes anderen, die den Menschenrechten zugrunde liegt, eine menschliche und geschichtliche *Praxis* ist: Die Fähigkeit und Bereitschaft, jeden anderen als anderen anzuerkennen, gehört nicht zur ersten, sondern zur zweiten Natur des Menschen; zu denjenigen Fähigkeiten und Haltungen, die Menschen dadurch ausbilden, dass sie zu Teilnehmern einer Praxis erzogen werden. Die grundlegende Einstellung, auf der die Erklärung von Menschenrechten aufruht, wird daher, wie jede Praxis, durch nichts anderes getragen als dadurch, dass es immer wieder (und hoffentlich immer mehr) gelingt, Teilnehmer für diese Praxis zu gewinnen. Zu einem Teilnehmer dieser Praxis wird man jedoch nicht durch bloßen Entschluss, sondern indem man die Fähigkeiten und Einstellungen erst – und immer – noch *erwirbt*, die diese Praxis ausmachen; also durch Prozesse des Lernens und der Kultivierung.

Die entscheidende Einsicht, die Rorty in Fortschreibung des dritten traditionellen Modells formuliert, meint zweierlei: Sie besagt, erstens, dass, ohne die Einstellung der Anerkennung jedes anderen vorauszusetzen, alle weiteren (vertrags- oder vernunfttheoretischen) Konstruktionen eines Systems der Menschenrechte bodenlos bleiben müssen und nicht greifen können. Denn nur unter Voraussetzung der Anerkennung jedes anderen muss der Vertrag über Rechte und Pflichten alle Menschen einbeziehen und muss die Vernunft als Vermögen der Rechtfertigung gegenüber allen verstanden werden. Und Rortys Einsicht besagt, zweitens, dass die Einstellung der Anerkennung jedes anderen selbst den Charakter und Status einer Praxis hat, in die man eingeübt werden muss. Die menschenrechtlich grundlegende Einstellung der Anerkennung jedes anderen kann also selbst nicht noch einmal aus einem tieferen Grund oder höheren Prinzip »bewiesen« oder »abgeleitet« werden. Um zu verstehen, weshalb man sie ausbilden und ausüben soll, muss man sie schon haben. In der Begründung der Menschenrechte ist die Einstellung der Anerkennung jedes anderen jener »harte Felsen«, an dem sich – in Ludwig Wittgensteins Bild – der Spaten zurückbiegt[46]: tiefer kann man nicht graben, denn dies *ist* der letzte Grund.

So überzeugend dies als Konsequenz aus den Schwierigkeiten der beiden anderen Begründungsmodelle ist, so wenig lässt sich Rortys Ausführungen darüber entnehmen, wie denn diese Praxis der Anerkennung des anderen genauer verstanden werden muss; aus welchen Erfahrungen sie hervorgeht; mit welchen sozialen und kulturellen Voraussetzungen sie verknüpft ist; welche politischen Konsequenzen sie hat. Rortys Anknüpfung an das dritte traditionelle Modell, das die Menschenrechte in der Praxis der Anerkennung jedes anderen zu begründen versucht, bezeichnet daher lediglich die Richtung, in der versucht werden kann, die ungeklärten Voraussetzungen der vertrags- und vernunfttheoretischen Begründungen einzuholen. Es sind insbesondere drei Punkte, an denen das dritte Modell einer weiteren Klärung bedarf:

(1) Dass die menschenrechtlich grundlegende Einstellung der Anerkennung jedes anderen selbst nicht noch einmal in etwas anderem, einer elementareren Gewissheit oder einem höheren Prinzip, begründet werden kann, heißt nicht, dass diese Einstellung einfachhin selbstverständlich wäre. Gerade als grundlegende, aber nicht weiter begründbare bedarf diese Einstellung vielmehr der Klärung und Artikulation. In einer solchen Artikulation wird erläutert, wie der andere in einer solchen Einstellung erscheint und gesehen wird und wozu es führt, wenn eine solche Einstellung ernst genommen wird. Dazu findet sich bei Rorty

wenig, und was sich findet, bestätigt seine Selbsteinschätzung, dass man sowieso nicht anders als »ethnozentrisch« verfahren könne.[47] Denn zur Erläuterung der Einstellung der Anerkennung jedes anderen hat Rorty nicht viel mehr zu sagen, als dass es die Einstellung sei, die man in den liberalen Ausbildungsinstitutionen der wohlhabenden westlichen Welt erlerne. Die Anerkennung jedes anderen wird darin bei Rorty zu einer bloßen ›Nettigkeit‹ der Starken gegenüber den Schwachen. Denn jede Erläuterung dieser Einstellung, die sich auf eine uns allen gemeinsame Eigenschaft, etwa die des Menschseins, bezieht, wäre nach Rorty wieder nur Ausdruck des falschen Versuchs, die Anerkennung jedes anderen aus etwas Vorhergehendem abzuleiten. Das ist aber ein grundlegendes Missverständnis solcher Artikulationen. Sie wollen die Anerkennung des anderen nicht noch einmal von außen begründen, sondern aus der Innenperspektive dieser Einstellung ihren normativen Kern formulieren und damit angeben, wie jemand, der diese Einstellung hat, sich und die anderen erfährt. Deshalb kann die Artikulation der menschenrechtlich grundlegenden Einstellung stets nur im Plural auftreten: Es gibt, anders als Rorty dies nahelegt, keine neutrale Artikulation dieser Einstellung, die frei von allem philosophischen Ballast unmittelbar zum gemeinen Menschenverstand spricht. Es gibt nur eine Vielzahl unterschiedlicher, ja miteinander konkurrierender Artikulationsversuche, die sich verschiedener philosophischer und religiöser Sprachen bedienen: Sie reden etwa von der »Gottesebenbildlichkeit« jedes Menschen, der »Evidenz« des gemeinsamen Menschseins, der »Würde« der Person, der Begegnung mit dem »Angesicht« des anderen oder der »unendlichen Forderung der Gerechtigkeit«.[48] Diese Pluralität der Sprachen, in der die Anerkennung jedes anderen erläutert wird, ist unhintergehbar und darf es sein. Sie ist aber deshalb kein *gleichgültiges* Nebeneinander. Jeder dieser Artikulationsversuche versteht die gemeinte Einstellung und damit ihre Konsequenzen anders, und daher liegen sie, bei aller gemeinsamen Gegnerschaft zu totalitären Politiken der Ungleichheit, untereinander im Streit.

(2) Dass die Einstellung der Anerkennung jedes anderen menschenrechtlich grundlegend ist, heißt nicht, dass diese Einstellung bereits selbst die Erklärung der Menschenrechte hervorbrächte oder gar enthielte. Dass diese Einstellung für die Menschenrechte grundlegend ist, meint vielmehr (wie oben gesagt), dass sie die Voraussetzung dafür ist, dass Menschenrechte erklärt werden können. Die Erklärung von Menschenrechten kann es nur geben, wo es die Einstellung der Anerkennung jedes anderen gibt, die Erklärung von Menschenrechten geht jedoch notwendigerweise über diese Einstellung hinaus. Es wäre daher irreführend, wie es Rorty zumindest nahelegt, die grundlegende Einstellung der Anerkennung jedes anderen selbst bereits als »menschenrechtlich« zu bezeichnen; und zwar deshalb, weil diese grundlegende Einstellung *jeden* anderen, aber nicht *die gleichen Rechte aller* anerkennt.[49] Der Unterschied liegt darin, dass die Anerkennung jedes anderen diesem als Einzelnem, Besonderem gilt, dass gleiche Rechte jedoch eine Anerkennung *aller zugleich* verlangen. Das heißt auch: eine Anerkennung aller *als* Gleicher. Um von der grundlegenden Einstellung der Anerkennung eines jeden zur Erklärung von Menschenrechten zu kommen, müssen also Hinsichten formuliert werden, in denen jeder *wie* alle, d.h. mit allen vergleichbar ist. Das aber kann nicht mehr innerhalb der grundlegenden Einstellung der Anerkennung eines jeden geschehen. Dazu bedarf es vielmehr genau solcher Mechanismen, in denen die ersten beiden Modelle die Menschenrechte ausschließlich begründen wollten: Mechanismen der vertragsförmigen Einigung oder der vernünftigen Rechtfertigung. Die Einstellung der Anerkennung jedes anderen ist grundlegend für die Menschenrechte. Aber auf der Grundlage dieser Einstel-

lung können Menschenrechte nur erklärt werden, wenn durch Mechanismen vertragsförmiger oder vernünftiger Aushandlung die inhaltlichen Hinsichten festgelegt werden, in denen alle gleichermaßen und zugleich berücksichtigt werden sollen. Erst dieser weitere Schritt führt zu einer Erklärung von Menschenrechten.

(3) Dass die Einstellung der Anerkennung jedes anderen menschenrechtlich grundlegend nur in dem Sinn ist, dass sie die Voraussetzung jeder Erklärung von Menschenrechten, nicht aber schon diese Erklärung selbst ist, hat noch eine weitere Konsequenz, die bei Rorty ebenfalls unbedacht bleibt. Es folgt daraus nicht nur, dass erst durch weitere Mechanismen vertragsförmiger Einigung oder vernünftiger Rechtfertigung Menschenrechte erklärt werden können, sondern dass zwischen der Voraussetzung dieser Erklärung – der Anerkennung jedes Einzelnen – und dem Gehalt dieser Erklärung – einem System von Menschenrechten – eine unauflösbare Spannung herrscht. Nur weil wir *jeden* anderen anerkennen, treten wir mit ihm überhaupt in solche Vertrags- oder Rechtfertigungsbeziehungen ein, die zur Erklärung von Menschenrechten führen. Aber weil wir jeden anderen als *anderen* anerkennen, können Einigungen über das, was uns allen gemeinsam und deshalb rechtlich zu schützen ist, auch immer wieder in Frage gestellt werden. Die Anerkennung jedes anderen in seinem Anderssein enthält ein wesentliches Moment der Unbestimmtheit, das über alle rechtlichen Bestimmungen und Konkretisierungen, die sie ermöglicht, hinausgeht. Die Anerkennung jedes anderen ist daher nur insofern der Grund für die Erklärung der Menschenrechte, als sie zugleich der Grund für eine beständige Revision der Menschenrechte ist. Diese beständige Revision ist keine Folge äußerer Entwicklungen, sondern der Spannung, die im Inneren der Menschenrechte herrscht: zwischen der Erklärung eines Systems von Rechten, auf die wir uns vertraglich oder argumentativ einigen, und der Anerkennung

eines jeden anderen, die wesentlich »vorrechtlich« ist und daher immer auch *nicht*-rechtlich bleibt. Indem sie diese Spannung aushalten, sind die Menschenrechte »der durchgestrichene Text oder die andere Seite des Rechts. Als solche verbürgen sie eine Praxis des Redens über das Recht.«[50]

Kontroverse I: Zwischen einer moralischen und einer politischen Konzeption der Menschenrechte

Die gegenwärtige Theorie der Menschenrechte wird von einem Gegensatz zweier verschiedener Konzeptionen der Menschenrechte bestimmt, die wir als »moralische« und »politische« Konzeption bezeichnet haben. Zwischen diesen beiden Konzeptionen herrscht die folgende Kontroverse:

Für die politische Konzeption der Menschenrechte spricht vor allem dreierlei: Erstens ist der Inhalt der Menschenrechte eine öffentliche Ordnung, in der alle Menschen als Gleiche berücksichtigt werden. Die Menschenrechte fordern nicht primär, wie dies moralische (und auch juridische) Rechte tun, einzelne Handlungen oder Unterlassungen. Die Menschenrechte fordern vielmehr die Herstellung bestimmter Verhältnisse: solcher Verhältnisse, in denen alle, die unter ihnen leben, gleichberechtigt berücksichtigt werden. Zweitens sind die *Adressaten* der menschenrechtlichen Verpflichtungen die für eine öffentliche Ordnung politisch verantwortlichen Akteure: Den Menschenrechten entsprechen Verpflichtungen, denen Akteure nicht als Einzelne unterliegen, wie dies im Fall moralischer Rechte gilt, sondern sofern sie politische Akteure, d.h. Mitgestalter einer öffentlichen Ordnung sind. Und dem entspricht schließlich, drittens, die Bestimmung der *Autoren* der Menschenrechte: Während die verbindliche Kraft moralischer Rechte aus der Selbstverpflichtung jedes einzelnen

Menschen stammt, werden die Menschenrechte durch die Selbstverpflichtung politischer Kollektive hervorgebracht. Menschenrechte haben ihren Ort in der Selbstregierung politischer Gemeinwesen – nicht in dem moralischen Anerkennungsverhältnis, das jeden Menschen mit jedem anderen Menschen verbindet. Der entscheidende Mangel der moralischen Konzeption der Menschenrechte liegt aus der Sicht der politischen Konzeption mithin darin, den grundlegenden Unterschied zwischen individuellen und kollektiven Handlungsformen zu verkennen: Die moralische Konzeption verfehlt die Selbständigkeit des Politischen.

Für die moralische Konzeption der Menschenrechte spricht dagegen, dass sie den Bedeutungsgehalt der gängigen Auffassung, Menschenrechte seien in einem »vorstaatlichen« Geltungssinn zu verstehen, zu explizieren vermag. Erstens geht diese Auffassung davon aus, dass am Ende nur ein moraltheoretisches Argument gegenüber der öffentlichen Ordnung und mithin auch der politischen Konzeption der Menschenrechte einen plausiblen Grund dafür zu nennen vermag, *warum überhaupt* jeder Mensch gleichermaßen zu achten und rechtlich zu berücksichtigen ist: Weil dazu alle Menschen *moralisch* verpflichtet sind, und zwar wechselseitig und kategorisch, sind diese Menschen es in ihrer *politischen* Funktion als Repräsentanten der öffentlichen Ordnung nicht weniger. Zweitens muss die moralische Konzeption der Menschenrechte – weder empirisch noch begrifflich – die Existenz sich demokratisch selbst regierender Gemeinwesen voraussetzen. Sie kann vielmehr die Geltung der Menschenrechte auch dort konstatieren (und nicht bloß als das Ergebnis eines demokratischen Wandels in Aussicht stellen), wo politische Gemeinwesen undemokratisch, nicht rechtsstaatlich, brüchig oder zerfallen sind. Und nicht zuletzt vermag sie, drittens, eine eigenständige *vor*politische Begründung des grundlegenden »Rechts,

Rechte zu haben« (Hannah Arendt), zu formulieren, während die politische Konzeption ein solches Recht schlicht voraussetzen muss: Zum einen kann das allgemeine Menschenrecht, Mitglied (irgend-)einer politischen Gemeinschaft zu sein, kaum aus dem Innern einer *bestimmten* Gemeinschaft heraus konstituiert werden, die sich selbst dann aber vorbehält, die eigene Mitgliedschaft zu reglementieren. Zum anderen gibt es tatsächlich keinen Grund, jedenfalls nicht aus Sicht einer Moral der gleichen Achtung, manchen Menschen ein solches Recht zuzugestehen, während man es anderen abspricht. Kurz: Die politische Konzeption, so stellt die moralische fest, verfehlt die eigenständige Kraft des Moralischen, die darin besteht, auch noch der Entscheidungsgewalt sich demokratisch selbst regierender Kollektive Vorgaben machen und Grenzen setzen zu können.

II. Reichweite

Wer heute die Idee der Menschenrechte propagieren will, mag rasch in argumentative Verlegenheit geraten, wenn er es mit relativistischen Gegnern der Menschenrechtsidee zu tun bekommt. Will man einerseits ein gleiches Recht für alle, einen gleichen rechtlich-moralischen Status für jeden einzelnen Menschen behaupten, so scheint dies – in letzter Konsequenz – zu einem sehr weitreichenden Geltungsanspruch zu führen. Dass die Menschenrechte »universelle« Gültigkeit beanspruchen, wird oft so verstanden: Sie gelten nicht nur *allgemein* (für jeden Menschen ohne Ausnahme), sondern zudem *identisch* (für alle Menschen in gleicher Bedeutung), *egalitär* (für alle in gleichem Maße), unteilbar (nur im »Set«) und schließlich *kategorisch* (bedingungslos).[1] Zur gleichen Zeit aber lehrt uns der Pluralismus, das Nebeneinander unterschiedlichster Weltanschauungen, dass Aussagen über »den« Menschen im Singular höchst problematisch sind. Viel zu sehr unterscheidet sich der Mensch von Kultur zu Kultur, aber auch von Epoche zu Epoche.

Damit ist das sogenannte Universalismusproblem umrissen, dessen Behandlung in der neueren Menschenrechtsdebatte großen Raum einnimmt.[2] Es gewinnt seine Schärfe aus dem pluralistischen Einwand, dass die Menschenrechte sich zwar (in den genannten fünf Hinsichten) *auf* alle Menschen beziehen mögen, dass die universelle Berücksichtigung aller Menschen selbst aber eine Überzeugung ist, die nur in einigen Kulturen akzeptiert und praktiziert wird – in anderen aber nicht. Der kulturpluralistische Einwand besagt also, dass die Forderung nach Berücksichtigung *von* allen Menschen nicht *für* alle Menschen (oder für alle Kulturen) gleichermaßen überzeugend und gültig ist. Anders gesagt: Die Menschenrechte anerkennen zwar ihrem Begriff nach alle Menschen gleichermaßen, aber tatsächlich anerkennen nicht alle Menschen gleichermaßen die Menschenrechte. Gleichzeitig aber dürfen Menschen keine fremden Wertvorstellungen übergestülpt werden – auch nicht die Menschenrechte. Es gehört zum normativen Kern der Pluralismus-Forderung, dass auch in Fragen menschenrechtlicher Vereinbarungen von einzelnen Staaten oder kulturellen Gemeinschaften Ansprüche auf politische, kulturelle oder religiöse Selbstbehauptung geltend gemacht werden können, wenn diese Gemeinschaften ihre tief verankerten Wertüberzeugungen in Frage gestellt sehen.

Man könnte vorschnell meinen, derartige kulturabhängige Vorbehalte gegen das »im Westen« entstandene Menschenrechtsdenken kämen vor allem »von außen«, etwa aus dem islamischen oder auch dem asiatischen Kulturkreis. Zum Verständnis dieser Situation helfen jedoch keine simplen kulturalistischen Zuordnungen. Auch wenn sich die westliche Welt gern als Anwalt und manchmal auch als militanter Missionar der Menschenrechte geriert, so bestätigen die einschlägigen Menschenrechtsberichte der großen NGOs wie Amnesty International oder Human Rights Watch doch regelmäßig den Verdacht, dass in anderer Weise und mit anderer Begründung auch in den historischen Mutterländern der Menschenrechtsidee die universale Geltung der Menschenrechte in Frage gestellt wird. Dabei handelt es sich nicht nur um vereinzelte Verletzungen der eigenen Standards, sondern um ausdrücklich erklärte »Ausnahmen« von der Menschenrechtsidee: Immer wieder wird für Bereiche staatlichen Handelns die Geltung der Menschenrechte partiell ausgesetzt. Ja, einige der derzeit interessantesten und zugleich politisch dringlichsten Probleme betreffen diejenigen Maßnahmen westlicher Staaten, die *im Namen* der Menschenrechte gegen die Menschenrechte verstoßen. Freiheitsentzug, Körperstrafen, Entzug der Staatbürgerschaft, Folter, Todesstrafe – das sind nur besonders markante Ausnahmetatbestände, die Staaten reklamiert haben, wenn sie glauben, ihre menschenrechtliche Grundordnung gegen ihre Feinde verteidigen zu müssen.

Und dennoch: Kaum ein Regierungsvertreter oder Staat würde heute noch die Menschenrechte als solche in Frage stellen. Zumindest über die Geltung der Menschenrechts*idee* scheint weltweit große Einigkeit zu herrschen. Damit stellt sich die Frage, wie die offenkundige Asymmetrie zu erklären ist, dass die Menschenrechte zwar prinzipiell anerkannt, zugleich aber immer wieder und überall eingeschränkt oder verletzt werden. Eine Antwort auf diese Frage könnte lauten, dass die Anerkennung der Menschenrechte von vielen Staaten gar nicht ernst gemeint ist. Eine andere, weiter führende Antwort besagt, dass die Frage selbst anders gestellt werden muss: weil die Frage von Anerkennung und Ablehnung heute weniger die Menschenrechtsidee als solche denn vielmehr ihre jeweils unterschiedlichen inhaltlichen Interpretationen betrifft. Denn zu sagen, was die Menschenrechte sind, heißt, sie immer schon in einer bestimmten Weise zu interpretieren. Damit stellt sich das Problem des Universalismus etwas anders dar, als auf den ersten Blick vermutet: Es geht dabei weniger um das Problem *prinzipieller* Zustimmung oder Ablehnung, sondern um *abweichende Ausdeutungen* der Menschenrechtsidee. Damit ist fraglich, wie genau sich der Anspruch der Menschenrechte verstehen lässt, für alle Kulturen Geltung zu beanspruchen (Kapitel 3), und wie zudem der historische Prozess zu deuten ist, in dem die Menschenrechte ihren Inhalt gewonnen haben (Kapitel 4).

3. Eine Kultur der Universalisierung

Am Anfang des gegenwärtigen Menschenrechtsregimes stand der Kampf gegen seine totalitären Gegner. In der erfolgreichen Auseinandersetzung mit diesem Gegner ist den Menschenrechten jedoch sofort ein zweiter entstanden. Diese zweite Gegnerschaft, die heute häufig im Vordergrund steht, deutet sich bereits in den Diskussionen innerhalb der Vereinten Nationen über die Allgemeine Erklärung der Menschenrechte an. In der Abstimmung des Dritten Komitees der Generalversammlung über den Artikel 18, der die Religionsfreiheit statuiert, enthielt sich Saudi-Arabien der Stimme.

> Allgemeine Erklärung der Menschenrechte vom 10. Dezember 1948, Artikel 18
>
> Jeder hat das Recht auf Gedanken-, Gewissens- und Religionsfreiheit; dieses Recht schließt die Freiheit ein, seine Religion oder seine Weltanschauung zu wechseln, sowie die Freiheit, seine Religion oder seine Weltanschauung allein oder in Gemeinschaft mit anderen, öffentlich oder privat durch Lehre, Ausübung, Gottesdienst und Kulthandlungen zu bekennen.

Der diplomatische Vertreter Saudi-Arabiens, Jamil M. Baroody, begründete dies mit Bezug auf die Freiheit des Religionswechsels. Dabei erklärte er, nicht grundsätzlich gegen deren Gewährleistung zu sein, sondern lediglich deren Missbrauch durch von außen kommende Missionsbewegungen, die häufig eine Vorläuferrolle für nachfolgende politische Interventionen spielten, verhindern zu wollen.[3] Saudi-Arabien war mithin nicht dagegen, alle Bürger gerecht zu behandeln und gleichermaßen zu respektieren. Sein Vertreter brachte nur zum Ausdruck, dass die Garantie individueller Freiheiten wie der des Religionswechsels Gefahren in sich berge. Das ist zum einen die ausdrücklich genannte und den arabischen Ländern seinerzeit lebhaft vor Augen stehende Gefahr politischer Interventionen vor allem durch westliche Kolonialstaaten. Wenn in der Begründung Saudi-Arabiens die Gefahr der Missionierung erwähnt wird, dann kommt darin aber bereits auch eine weitere Sorge zum Ausdruck: die Sorge, dass die Menschenrechte die religiöse und kulturelle Identität der politischen Gemeinschaft bedrohen. Das ist der Einwand, den die »relativistischen« Gegner der Menschenrechte erheben.

(a) Die Partei der Relativisten: Die Partei der »Relativisten« bestreitet, dass sich eine normative Grundkonzeption ausarbeiten lässt, die universale Gültigkeit beanspruchen kann: also für alle Menschen und deren höchst unterschiedlichen sozialen, ökonomischen, kulturellen und religiösen Verhältnisse. Der Verschiedenheit der Lebensverhältnisse müsse vielmehr auch dann Rechnung getragen werden, wenn man sich fragt, welche normativen Ansprüche jeder Mensch an die politische Ordnung zu erheben berechtigt ist, in der er lebt. Tut man dies, so zeigt sich nach relativistischer Auffassung, dass die Menschenrechte nicht überall und für alle und schon gar nicht gleichermaßen bzw. auf identische Weise richtig sein können. Sie sind vielmehr eine »westliche«, nordamerikanisch-europäische Erfindung.

Die Partei der Relativisten muss von den totalitären Gegnern der Menschenrechte unterschieden werden. Gegenüber den Menschenrechten Relativist zu sein heißt nicht immer, der totalitären Idee einer Gemeinschaft anzuhängen, die wesentlich über den Ausschluss, gar die Vernichtung anderer definiert ist. Viele Relativisten können vielmehr mit Recht beanspruchen, sich an der grundlegenden Idee einer *gerechten* Berücksichtigung aller Mitglieder der politischen Gemeinschaft zu orientieren. Es ist intellektuell unredlich (und politisch dumm), das zu bestreiten. Denn, erstens, übersieht man, dass man es hier mit zwei sehr unterschiedlich operierenden Gegnern zu tun hat, und, zweitens, verkennt man, dass zwischen der allgemeinen Idee der politischen Gerechtigkeit und der spezifischen Idee gleicher Rechte jedes Menschen ein wesentlicher Unterschied besteht. Es gibt viele Konzepte politischer Gerechtigkeit, die nicht jener Idee der Menschenrechte entsprechen, wie sie zum Beispiel in der Allgemeinen Erklärung der Menschenrechte formuliert ist.[4] Das sind typischerweise Positionen, die der strikten Idee der Gleichheit aller widersprechen und in vielen Bereichen – etwa der politischen Beteiligung, dem Zugang zu öffentlichen Ämtern, der freien Meinungsäußerung oder Religionsausübung – Ungleichheiten akzeptieren. Das sind jedoch Ungleichbehandlungen, von denen jene Konzepte politischer Gerechtigkeit behaupten, dass sie wohlbegründet seien: etwa in den unterschiedlichen Graden an Fähigkeit, Einsicht, Verantwortlichkeit usw., die zwischen den verschiedenen Gruppen einer Gemeinschaft – Männern und Frauen, Religionsgelehrten und Laien, Gebildeten und Ungebildeten – bestehen. Die Partei der menschenrechtlichen Relativisten behauptet, dass solche Ungleichbehandlungen immer dann gerechtfertigt sind, wenn sich eine Gemeinschaft über sie einig ist: etwa weil sie denselben religiösen Glauben oder dieselben sittlichen Grundsätze teilt.

Damit ist nicht ausgeschlossen, dass hinter der relativistischen Zurückweisung der Universalität der Menschenrechte tatsächlich zumeist ein Interesse an der Aufrechterhaltung ungerechter Herrschaft steht. Besonders klar scheint das für die Propagierung sogenannter »asiatischer Werte« zu sein, auf die sich die Regierungen autoritärer asiatischer Staaten von China bis Singapur Anfang der 1990er Jahre berufen haben.[5] Weniger offensichtlich ist es hingegen im Fall der Kairoer Erklärung der Menschenrechte im Islam von 1990. Denn hier richtet sich die relativistische Strategie nicht mehr gegen die Menschenrechte »als solche«. Vielmehr behauptet die Kairoer Erklärung, dass es neben, ja über dem westlichen Menschenrechtsverständnis ein anderes und besseres gebe. So wird die universelle Gültigkeit der als einseitig westlich verstandenen UN-Erklärung von 1948 (und nachfolgender Pakte) von der Kairoer Erklärung ausdrücklich mit dem Ziel bestritten, selbst einen »Beitrag zu dem Bemühen der Menschheit [zu] leisten, die Menschenrechte zu sichern, den Menschen vor Ausbeutung und Verfolgung zu schützen und seine Freiheit und sein Recht auf ein würdiges Leben in Einklang mit der islamischen Scharia zu bestätigen«[6].

Kairoer Erklärung der Menschenrechte im Islam vom 5. August 1990, Präambel[7]

Die Mitglieder der Organisation der Islamischen Konferenz

betonen die kulturelle und historische Rolle der islamischen Umma, die von Gott als die beste Nation geschaffen wurde und die der Menschheit eine universale und wohlausgewogene Zivilisation gebracht hat, in der zwischen dem Leben hier auf Erden und dem im Jenseits Harmonie besteht und in der Wissen mit Glauben einhergeht; und sie betonen die Rolle, die diese Umma bei der Führung der durch Konkurrenzstreben und Ideologien verwirrten Menschheit und bei der Lösung der ständigen Probleme dieser materialistischen Zivilisation übernehmen sollte;

sie *möchten* ihren Beitrag zu dem Bemühen der Menschheit leisten, die Menschenrechte zu sichern, den Menschen vor Ausbeutung und Verfolgung zu schützen und seine Freiheit und sein Recht auf ein würdiges Leben in Einklang mit der islamischen Scharia zu bestätigen; sie *sind* überzeugt, daß die Menschheit, die einen hohen Stand in der materialistischen Wissenschaft erreicht hat, immer noch und auch in Zukunft dringend des Glaubens bedarf, um ihre Zivilisation zu stützen, und daß sie eine Motivationskraft braucht, um ihre Rechte zu schützen;

sie *glauben*, daß die grundlegenden Rechte und Freiheiten im Islam ein integraler Bestandteil der islamischen Religion sind und daß grundsätzlich niemand das Recht hat, sie ganz oder teilweise aufzuheben, sie zu verletzen oder zu mißachten, denn sie sind verbindliche Gebote Gottes, die in Gottes offenbarter Schrift enthalten und durch Seinen letzten Propheten überbracht worden sind, um die vorherigen göttlichen Botschaften zu vollenden. Ihre Einhaltung ist deshalb ein Akt der Verehrung Gottes und ihre Mißachtung oder Verletzung eine schreckliche Sünde, und deshalb ist jeder Mensch individuell dafür verantwortlich, sie einzuhalten – und die Umma trägt die Verantwortung für die Gemeinschaft.

Zwar könnte auch hier eine Analyse der politischen Situation leicht zeigen, dass, welche und wessen Machtinteressen mit dieser Erklärung verbunden waren. Und das heißt immer auch: wem damit in seinem Kampf für Freiheit die Möglichkeit genommen oder doch erschwert werden sollte, sich auf »die« Menschenrechte zu berufen.[8] Für die Frage nach der Universalität der Menschenrechte nützt eine solche Analyse jedoch nicht viel. Denn natürlich gilt auch umgekehrt für die Forderungen des »Westens« nach Einhaltung der Menschenrechte in den anderen Weltregionen, dass es sich dabei um politische Akte handelt, in denen häufig Machtinteressen, d.h. Interessen an ungerechter Herrschaft zum Ausdruck kommen; diese Erfahrung bildet ein wichtiges Motiv für die Ablehnung des westlich geprägten Menschenrechtsdiskurses in arabischen oder asiatischen Gesellschaften.[9] Gerade weil sie auf beiden Seiten eine wesentliche Rolle spielen, kann für die Frage, ob die universellen Ansprüche von Menschenrechtsideen berechtigt sind oder aber ihre relativistischen Kritiker recht haben, von Machtinteressen zunächst abgesehen werden. Sie sind wichtig, aber auf einer anderen Ebene der Analyse: wenn es um die Frage geht, welche Politik heute im Namen der Menschenrechte tatsächlich betrieben wird.

(b) Universalisierung, nicht Universalismus: Dass den Verteidigern der Menschenrechte beim Kampf gegen ihre totalitären Gegner in der Partei der Relativisten zugleich ein neuer Gegner erwächst, ist nicht zufällig. Es liegt vielmehr in der Logik der Sache – nämlich in der Art der Gründe, die, wie gesehen (Kapitel 2), nach der Erfahrung des moralischen Gattungsbruchs totalitärer Politik zur Rechtfertigung der Menschenrechte noch zur Verfügung stehen. Die traditionellen Begründungen der Menschenrechte des 18. Jahrhunderts glaubten sich auf die »Natur« des Menschen berufen zu können. Die muss natürlich bei allen Menschen dieselbe sein. Also konnten die Begründungen der Menschenrechte aus der Natur des Menschen auch beanspruchen, alle Menschen überzeugen zu können – wenn denn alle Menschen nur fähig wären, ihre eigene Natur vorurteilsfrei zu erkennen. Die Berufung auf die Natur des Menschen sollte also sicherstellen, dass die Einstellung der Anerkennung sich nicht nur *auf* jeden Menschen bezieht, sondern dass sie auch *für* jeden Menschen, also überall gültig ist.

Wenn aber, wie wir oben vermutet haben, als Grund für den menschenrechtlichen Einspruch gegen die totalitäre Politik allein eine Praxis bleibt – die Anerkennung jedes Einzelnen als anderen –, dann löst sich die traditionell-aufklärerische Universalitätsgarantie der Begründung auf; denn dass alle Menschen zu Teilnehmern dieser Praxis werden, ist durch nichts in ihrer Natur gewährleistet. Die Versuche gegenwärtiger Philosophen, diese Universalitätsgarantie durch Theorien des Vertrags oder der Vernunft zurückzugewinnen, hatten sich an gleicher Stelle als wenig überzeugend erwiesen. Hier hakt der Relativismus in seiner elaborierten Form ein: Er stellt fest, dass die Verteidiger der

Menschenrechte sich zur Rechtfertigung ihres Anspruchs auf Universalität zwar häufig auf die Natur, die Interessen oder die Vernunft der Menschen berufen, dass aber der Verteidigung der Menschenrechte tatsächlich nichts anderes als eine bestimmte Praxis, die Anerkennung jedes Einzelnen, zugrunde liegt. Anders als in ihrer Natur oder ihrer Vernunft, unterscheiden sich die Menschen aber in ihren Praktiken grundlegend voneinander: Das Feld der menschlichen Praxis ist wesentlich plural. Wenn also der Grund der Menschenrechte eine Praxis ist – so lautet die relativistische Schlussfolgerung –, dann kann für die Menschenrechte keine universale Gültigkeit mehr reklamiert werden.

Das erfordert eine erneute Reflexion darüber, wie die Universalität der Menschenrechte zu verstehen ist. So hat bereits Claude Lévi-Strauss vor einem Verständnis der Universalität der Menschenrechte gewarnt, das sie als einfachhin gegeben ansieht. Eine solche

»Proklamation der natürlichen Gleichheit aller Menschen und der Brüderlichkeit, die sie ohne Ansehen der Rasse oder der Kultur vereinigen sollte, ist intellektuell enttäuschend, weil sie die faktische Verschiedenheit übergeht, die sich der Beobachtung aufzwingt und von der man nicht einfach behaupten kann, daß sie das Problem im Kern nicht berühre«[10].

Eine solche Proklamation des Universalismus würde überdies in eben den Ethnozentrismus umschlagen, gegen den sie sich richtet: eine Einstellung, die im Eigenen das wahrhaft Menschliche und im Anderen nur das Barbarische sieht. Ein Barbar, so erinnert uns Lévi-Strauss, ist jedoch »vor allem derjenige, der an die Barbarei glaubt«.

Die Gefahr des Umschlags von Universalismus in Barbarei hat die Geschichte des westlichen Kolonialismus und Imperialismus bis heute geprägt. Denn diese haben (fast) immer schon im

Namen der Menschheit operiert: Die spanische Eroberung Mittel- und Südamerikas berief sich auf das Recht aller Menschen, auch der Indios, auf den wahren Glauben; die britische Eroberung Indiens auf das Recht auch der dort lebenden Menschen auf Teilnahme an den Entwicklungen der ökonomischen, technischen und moralischen »Zivilisation«.[11] Mit dieser Geschichte eines falschen, repressiven Universalismus wollen die Menschenrechte brechen. Das Problem, wenn nicht gar das Paradox dabei ist, dass ihnen das nur dann gelingen wird, wenn sie nicht länger behaupten, sich im Kampf gegen den Totalitarismus auf einen universal gültigen Grund berufen zu können. Die Alternative dazu ist jedoch nicht, sich auf die Position zurückzuziehen (oder zurückdrängen zu lassen), dass der Grund der Menschenrechte, damit die Menschenrechte selbst, bloß partikular seien – dass sie nur bei uns und für uns gültig sind. Die philosophisch aussichtsreiche Alternative zu der Ansicht, dass der Grund der Menschenrechte universal gültig *ist*, muss vielmehr lauten, dass er *universalisierbar* ist. Worin genau liegt der Unterschied?

Die Frage nach dem Universalismus der Menschenrechte wird häufig so verstanden: Wie können wir zu einer Konzeption der Menschenrechte gelangen, von der wir zeigen können, dass sie in etwas begründet ist, das allen Menschen gemeinsam ist? Michael Walzer hat dieses Verständnis von Universalismus den Glauben an ein »allumfassendes Gesetz« genannt.[12] Allumfassend oder universal gültig ist ein Gesetz, das für alle gleichermaßen gilt, weil es von allen auf dieselbe Weise und aus demselben Grund akzeptiert wird. Davon hat Walzer ein anderes Verständnis des Universalismus unterschieden, das er »wiederholend« nennt. Die Universalität der Menschenrechte besteht nach diesem alternativen Verständnis darin, dass die Menschenrechte zunächst von einer bestimmten politischen Gruppe unter ganz bestimmten Bedingungen, gegen ganz bestimmte Gegner und in einer ganz bestimmten Fassung formuliert und begründet werden – und dass die Formulierung und Begründung von Menschenrechten dann von *anderen* politischen Gruppen unter *ihren* Bedingungen, in *ihren* Auseinandersetzungen und deshalb in einer *anderen* Fassung erneut geleistet oder eben »wiederholt« werden. Es gibt aber keine Wiederholung ohne Unterschied, ohne Verschiebung. Also gibt es auch die Idee der Menschenrechte niemals in *einer*, sozusagen »neutralen« Formulierung, die beanspruchen könnte, von allen Menschen als dasselbe »allumfassende Gesetz« auf dieselbe Weise anwendbar zu sein.[13]

Heißt das, dass Walzers Modell eines »wiederholenden Universalismus« auf eine bloße Vielheit politisch-moralischer Konzeptionen hinausläuft?[14] Nein, denn dann handelte es sich bei Walzers Modell gar nicht um einen Universalismus, sondern eben um einen Relativismus. Das Modell eines »wiederholenden Universalismus« der Menschenrechte gibt den Anspruch darauf, dass sie *richtig* sind, nicht preis. Dieser Anspruch auf Richtigkeit ist hier jedoch mit der Einsicht verbunden, dass es keine Konzeption der Menschenrechte geben kann, die Aussicht darauf hat, von allen Menschen als »allumfassendes Gesetz« akzeptiert werden zu können. Daher versteht Walzer den Universalismus der Menschenrechte nicht so, dass damit ein Anspruch auf Universalität – die Universalität eines überall gleichen allgemeinen Gesetzes –, sondern auf *Exemplarizität* erhoben wird: die Exemplarizität einer je besonderen Konzeption der Menschenrechte. Diese Konzeption der Menschenrechte soll ein *Beispiel* dafür sein und geben, wie die Idee der Menschenrechte verstanden und verwirklicht werden soll. Aber wie jedes gute Beispiel, so kann auch diese Konzeption der Menschenrechte die Idee der Menschenrechte nur in einer besonderen Weise, unter besonderen Voraussetzungen verwirklichen. Ihrem Beispiel unter anderen Voraussetzungen zu folgen heißt, ihm in einer anderen Weise zu folgen.

Das führt zu dem entscheidenden Unterschied zwischen den beiden Verständnissen des Universalismus: eines Universalismus des »allumfassenden«, überall auf dieselbe Weise gültigen Gesetzes und eines Universalismus der stets verändernden und erneuernden Wiederholung. Dieser Unterschied besteht darin, dass jener Universalismus statisch ist – das universale Gesetz ist gegeben und wird in jeder neuen Situation nur noch als dasselbe angewandt. Der »wiederholende« Universalismus dagegen ist dynamisch und prozessual: Der Anspruch auf Exemplarizität, der für die Menschenrechte in einer bestimmten Konzeption erhoben wird, fordert, dass deren normativer Gehalt in anderen Situationen erneut zur Geltung gebracht wird. Aber was genau das für diese andere Situation bedeutet; was genau als der beispielgebende normative Gehalt gelten und wie er in der neuen Situation wiederholt, also in ihr zur Geltung gebracht werden kann, steht nicht von vornherein fest. Wenn dieses Modell des »wiederholenden Universalismus« richtig ist, dann sind die Menschenrechte kein überall und immer identischer Kanon, sondern werden »im Laufe der Wiederholung (teilweise) differenziert«[15].

Es ist kein Zufall, dass wir in der Erläuterung des »wiederholenden Universalismus« zwischen zwei verschiedenen Formulierungen geschwankt haben: Wir haben einmal gesagt, dass »die« Menschenrechte, und ein anderes Mal, dass »eine bestimmte Konzeption« der Menschenrechte exemplarisch oder beispielgebend seien und damit den Anspruch erheben, in anderen Situationen »wiederholt« zu werden. Wenn die Annahme richtig wäre, dass der Universalismus der Menschenrechte sich als ein »allumfassendes Gesetz« formulieren lässt, dann gäbe es tatsächlich *die* Menschenrechte. Wenn die Annahme aber falsch ist, dann gilt, dass es immer nur *bestimmte Konzeptionen* der Menschenrechte geben kann (die deshalb nicht gleich gut sein müssen). Und es gilt dann auch, dass sich nicht einfach entscheiden lässt, ob ein bestimmter Vorschlag für die Einrichtung der politischen Ordnung noch eine besondere, andersartige Konzeption der Menschenrechte oder aber bereits ein Gegenentwurf zu den Menschenrechten ist. Das zeigt sich im Fall der Kairoer Erklärung der Menschenrechte im Islam von 1990: Handelt es sich tatsächlich noch um eine Erklärung von Rechten, die für alle Menschen gültig sein sollen, wenn es etwa in Art. 2 Abs. d heißt, dass jeder Staat verpflichtet ist, das Recht auf körperliche Unversehrtheit zu schützen, und es verboten ist, »dieses Recht zu verletzen, *außer* wenn ein von der Scharia vorgeschriebener Grund vorliegt«? Wenn es kein »allumfassendes Gesetz« gibt, das für alle verbindlich festlegt, was »Menschenrecht« heißen darf und was nicht, dann fehlt ein vorweg gegebenes Kriterium, um diese Frage zu entscheiden.

Das heißt nicht, dass sich diese Frage nicht dennoch entscheiden ließe; aber die Entscheidung hätte einen anderen Charakter, als es sich der Universalismus des »allumfassenden Gesetzes« vorstellt. Man kann sagen: Die Entscheidung, ob es sich im Fall der Kairoer Erklärung noch um eine besondere, lediglich abweichende Konzeption der Menschenrechte oder aber bereits um einen Gegenentwurf zu den Menschenrechten handelt, verlangt eine hermeneutische Übernahme der Perspektive islamischer Religiosität und hat daher als Entscheidung einen unableitbaren, insofern »politischen« Charakter. Denn sie müsste einen weit schwierigeren Weg als den der bloßen Anwendung eines fertigen Gesetzes gehen. Diese Entscheidung müsste vielmehr so getroffen werden, dass sie von einem bestimmten Verständnis der Menschenrechte ausgeht – und zwar jeweils dem Verständnis, das der Kritiker selbst für richtig hält. Dann aber darf die Kairoer Erklärung nicht bloß an diesem Verständnis gemessen und wahrscheinlich für ungenügend gehalten werden. Sondern dieses Urteil muss damit begründet werden, dass der normative Gehalt, den das eigene Verständnis der Menschenrechte beispielhaft verwirklicht, unter eben den Bedingungen, unter denen die Kairoer Erklärung steht, *auf andere Weise* zur Geltung gebracht werden muss, als dies die Kairoer Erklärung tut. Der Maßstab für eine Kritik an der Kairoer Erklärung und ihrer Berufung auf die Scharia kann nicht unmittelbar das eigene Verständnis der Menschenrechte sein, das damit umstandslos zum »allumfassenden Gesetz« erklärt würde. Den Maßstab für eine Kritik an der Kairoer Erklärung und ihrer Berufung auf die Scharia kann nur eine kontextspezifische Beantwortung der Frage liefern, wie sich der normative Gehalt, den das eigene Verständnis der Menschenrechte exemplarisch verkörpert, in einer Situation islamischer Gläubigkeit wiederholen lässt.

(c) Eine Haltung der Selbstkritik: Welche Konsequenzen ein solches Verständnis des Universalismus der Menschenrechte für das Verhältnis verschiedener Kulturen, insbesondere des sogenannten »Westens« und des Islams, hat, werden wir gleich noch näher betrachten. Dass es keine verbürgte Universalität der Menschenrechte, sondern nur einen Prozess ihrer Universalisierung gibt, hat aber auch Konsequenzen dafür, wie jede Konzeption der Menschenrechte sich selbst verstehen und zu sich selbst verhalten muss: Sie muss sich einer permanenten Selbstkritik unterziehen.

Was die Menschenrechte sind, steht, wie gesagt, nicht fest. Das gilt nicht nur mit Blick auf außereuropäische Kulturen. Auch im Westen hat die Menschenrechtsidee eine lange Geschichte, die man nicht nur so verstehen darf, dass sich die Menschenrechtsidee in ihr erst gegen Gegner durchsetzen musste. Die Geschichte der Menschenrechtsidee ist nicht nur die Geschichte ihrer allmählichen Durchsetzung, sondern auch die Geschichte ihrer Reinterpretationen und Neudeutungen (vgl. Kapitel 4). Denn zu jedem Zeitpunkt und an jedem Ort trat die Menschenrechtsidee in einer Fassung auf, von der sich im Rückblick zeigen sollte, dass sie mit einer nicht zu rechtfertigenden, weil herrschaftslegitimierenden Ideologie verbunden war: als sexistisch beschränkt auf Männer, bis sehr früh bereits die Menschenrechte der Frauen proklamiert, aber erst sehr viel später durchgesetzt wurden; als rassistisch beschränkt auf die Weißen in den USA, bis sie nach langen Kämpfen allmählich auch auf alle anderen Rassen angewandt wurden; als laizistisch beschränkt auf die Aufgeklärten in Frankreich, bis im Gefolge der kirchlichen Kritik auch solche Verständnisse der Menschenrechtsidee entwickelt wurden, die religiös akzeptabel, wenn nicht gar begründet sind; als bürgerlich-kapitalistisch beschränkt auf die besitzenden Klassen, bis im Gefolge der sozialistischen Kritik geltend gemacht wurde, dass die Menschenrechte nicht nur zum Schutz bestehender Ansprüche (etwa auf Eigentum), sondern gleichermaßen dazu da sind, die aktive Teilnahme am gesellschaftlichen Leben zu ermöglichen.

Wie insbesondere die letzten beiden Beispiele zeigen, spielten in vielen dieser Neuformulierungen der Menschenrechte deren Gegner eine (meist ungewollt) produktive Rolle: Erst ihre Kritik *an* den Menschenrechten verhalf zu einem weniger repressiven Verständnis der Menschenrechte. Auch das in der vorliegenden Einführung entwickelte Verständnis der Menschenrechte, das sie aus der Erfahrung des totalitären Gattungsbruchs in einer Praxis der Anerkennung jedes Einzelnen begründet, führt nicht zu einer letzten Formulierung, die keine weitere Geschichte mehr hat oder Veränderung erfährt. Der Unterschied zu anderen Begründungen der Menschenrechte liegt aber darin, dass – so verstanden – die Menschenrechte von vornherein ein wesentlich offenes und veränderbares Konzept sind. Denn die Anerkennung jedes Einzelnen ist nicht so zu verstehen, dass darin jeder

Einzelne durch einen feststehenden Begriff der Person oder des Menschen bestimmt wird. Die Anerkennung jedes Einzelnen meint vielmehr die Anerkennung jedes Einzelnen *als eines anderen* – von dem wir noch nicht wissen, wer oder was (genau) er oder sie ist. Während traditionelle Begründungen der Menschenrechte durch Vertrag und Vernunft eine Bestimmung der Natur des Menschen zugrunde legen müssen, gehört zur Anerkennung jedes Einzelnen dessen wesentliche Unbestimmtheit. *Dass* der andere wie jeder andere ein Mensch und damit anzuerkennen ist, geht hier jeder Bestimmung dessen, was er sonst noch ist, voraus. Es stellt somit jede positive oder inhaltliche Bestimmung des Menschen unter Vorbehalt.[16] Wenn also die Anerkennung jedes Einzelnen der grundlose Grund der Menschenrechte ist, dann ist sie zugleich ein Grund für deren beständige Selbstrevision.

(d) Dialog der Kulturen? Die Bestimmung des Menschen ist jedoch nicht nur eine beständige, unabschließbare Aufgabe innerhalb einer jeden Konzeption der Menschenrechte. Sie ist zugleich eines der offensichtlichsten Probleme bei dem Versuch, den universalistischen Anspruch der Menschenrechte zu rechtfertigen. Denn die »faktischen Verschiedenheiten« (Lévi-Strauss) zwischen den Menschen, die sich diesem universalistischen Anspruch mit so großer Evidenz wie Hartnäckigkeit widersetzen, machen sich besonders deutlich bemerkbar, wenn es um die Bestimmung dessen geht, was der Mensch ist. Diese Bestimmung steht im Zentrum dessen, was »kulturelle Differenz« genannt wird: Es scheint offensichtlich, dass sich Kulturen wesentlich darin unterscheiden, wie sie den Menschen verstehen.[17] Diesem Eindruck offensichtlicher und tief greifender Unterschiede steht jedoch die Gewissheit gegenüber, mit der wir in vielen Fällen, in denen die Forderung nach Menschenrechten erhoben wird, wie selbstverständlich von einem »Leiden von Menschen« sprechen, das die

Menschenrechte beenden wollen. Das zu tun setzt voraus, wissen zu können, was ein Mensch will und vor allem: nicht will. Es setzt ein Wissen um spezifisch menschliche Wünsche, Zwecke, Empfindungen voraus. Das aber ist kein Wissen über einen je besonderen Menschen, sondern über »den« Menschen – ein Wissen um das »Wesen« des Menschen, wie Martha Nussbaum nicht ohne provokative Absichten schreibt.[18]

Gerichtet ist diese Auffassung gegen die Partei der Relativisten, denn diese gehen davon aus, dass die Menschenrechte auf einem »Menschenbild« beruhen, das keineswegs eine adäquate Bestimmung des menschlichen Wesens sei, sondern eben nur das besondere Bild der westlichen Kultur. Für gewöhnlich antworten universalistische Verteidiger der Menschenrechte darauf mit der Behauptung, dass sie sich lediglich auf »minimale«, d.h. allgemeinste anthropologische Annahmen beziehen. Dabei ist ihnen klar, dass die Berufung auf Anthropologie – auf die Lehre von *dem*, also allen, Menschen – tückisch ist. Denn traditionell waren philosophische Anthropologien zumeist normativ angelegt, d.h., es ging ihnen um den Menschen in einem »emphatischen Sinn«, wie Otfried Höffe sagt; um das, was den Menschen wahrhaft zum Menschen macht, also um das spezifische *telos* oder Gute des Menschen. Das aber kann offenkundig sehr verschieden verstanden werden. Deshalb, so Höffes These, muss die Theorie der Menschenrechte jede normative Anthropologie vermeiden: »Indem die Idee der Menschenrechte zum Humanum gar nicht Stellung nimmt, enthält sie eine Partialanthropologie und kann nur deshalb den verschiedenen Kulturen und Epochen zugemutet werden.«[19]

Die Bestimmungen einer solchen kulturinvarianten Minimal- oder Partialanthropologie sollen dadurch gewonnen werden, dass man nicht mehr darüber nachdenkt, was das »emphatische«, also »gutes« Menschsein ausmacht, sondern darüber, was »den

Menschen als Menschen« möglich macht. Es geht um die »Bedingungen der Möglichkeit« des Menschseins überhaupt. Im Vergleich zu normativen Anthropologien des *guten* Menschen enthält eine solche Theorie des *bloßen* Menschseins nur einige wenige minimale Bestimmungen. Das aber sollen Bestimmungen sein – Höffe nennt sie »transzendentale Interessen« –, die so grundlegend und unstrittig sind, dass sich ein für alle Kulturen gültiger Katalog der Menschenrechte auf sie stützen kann. Einem so begründeten Katalog der Menschenrechte käme dann Universalität zu; er wäre, im Sinne Walzers, ein »allumfassendes Gesetz«.

Wenn aber Nussbaum die Partei der Relativisten mit der These provoziert, die Menschenrechte könnten sich auf ein Wissen vom »Wesen« des Menschen stützen, dann hat sie eine andere Lösung als Höffe im Sinn. Der Unterschied ist ein methodischer: Höffe glaubt, indem er auf die (»transzendentalen«) Grundbedingungen der Möglichkeit des Menschseins reflektiert, zu minimalen, dafür aber allgemeinen, universalen Bestimmungen gelangen zu können. Nussbaum dagegen formuliert eine sehr viel umfangreichere Bestimmung des Menschen, erklärt diese aber für notwendig »vage«; die Liste von menschlichen Grundbedürfnissen, die sie aufstellt, sei »offen«; sie sei nicht als eine »systematische philosophische Theorie zu verstehen [...], sondern als eine Zusammenstellung unserer bisherigen Vorstellungen und als eine intuitive Annäherung«[20]. Der Grund für diese Zurückhaltung liegt darin, dass die Bestimmung der menschlichen Grundbedürfnisse nach Nussbaum anders vorgehen muss: Die »Konzeption des Menschen« fußt

»auf gemeinsamen Mythen und Geschichten unterschiedlicher Zeiten und Orte, Geschichten, die sowohl den Freunden als auch den Fremden erklären, was es bedeutet, ein Mensch und nicht etwas anderes zu sein.

Diese Konzeption ist das Ergebnis eines Prozesses der Selbstinterpretation und Selbstvergewisserung, der sich mehr auf die von solchen Geschichten hervorgebrachte Phantasie stützt als auf wissenschaftliche Vernunft.«[21]

Die Bestimmung des Menschen kann nach Nussbaum nur hermeneutisch verfahren: indem man zu verstehen versucht, wie Menschen sich in ethischer Hinsicht narrativ selbst deuten. Wie für alles hermeneutische Verstehen, so gilt überdies auch für dieses, dass es letztlich darin sein Wahrheitskriterium hat, von denjenigen, die hier interpretiert werden, akzeptiert werden zu können: Das Verstehen ist nach Nussbaum daher ein »kooperativer« oder dialogischer Prozess.

Mit diesem hermeneutischen Konzept der Bestimmung des Menschen hält Nussbaum am universalistischen Anspruch der Menschenrechte fest, ohne ihn jedoch im Sinn eines »allumfassenden Gesetzes« zu verstehen. Es gibt nur einen *Prozess* der Universalisierung – im Dialog – und dieser Prozess ist prinzipiell unabschließbar. Wie kritische Diskussionen um Nussbaum deutlich gemacht haben, trifft ihr Modell aber noch auf andere, hartnäckigere Probleme als die kultureller Unterschiede. So hat Gayatri Spivak eingewandt, dass sich Nussbaum des Ausmaßes, in dem jeder Dialog – insbesondere jeder interkulturelle – mit Macht durchsetzt ist, nicht ausreichend bewusst sei.[22] Dies gelte bereits auf der Ebene ihrer grundlegenden Begriffe wie »Handlungsfähigkeit« oder »Subjektivität«, in deren Licht Nussbaum sich den interkulturellen Dialog für ihre Suche nach einer Bestimmung des »Wesens« des Menschen zurechtlege. Denn diese Begriffe, so Spivak, führen eine kulturelle Tradition mit sich, die es Nussbaum, gegen ihre eigenen Intentionen, ausschließlich erlaubt, an die Selbstdeutungen solcher lokalen Eliten Anschluss zu finden, die ihre Ausbildung in kolonial geprägten Bildungsinstitutionen erfahren haben. Nur deren Erzählungen bekommen eine Chance, Gehör zu finden. Während es nach Nussbaum – genau umgekehrt – so sein sollte, dass die Offenheit des Dialogs die allgemeine Akzeptierbarkeit der erreichten Bestimmung des Menschen gewährleistet, bestimmen die Begrifflichkeit, die Form und die Regeln des Dialogs bereits vorab, wer als Teilnehmer in Frage kommt – und somit auch die Diskussionsergebnisse.

Damit ist ein erstes grundlegendes Problem des Vorschlags bezeichnet, die anthropologische Grundlage, auf der jede Konzeption der Menschenrechte beruhen können soll, durch einen »Dialog der Kulturen« zu gewinnen: das Problem, dass dieser Dialog stets auf (Macht-)Voraussetzungen beruht, die ihn einschränken und sein Ergebnis verzerren. Doch die Idee eines Dialogs der Kulturen gerät auch noch in eine zweite Schwierigkeit, die man als »Asymmetrie« der Kulturen bezeichnen kann.

Die Idee eines Dialogs der Kulturen ist eine Weise, mit deren Differenz umzugehen. Eine ganz andere Weise ist die Prognose (oder auch Proklamation) eines »Kampfes der Kulturen«. Hinter dieser Prognose steht bei ihrem Autor, Samuel Huntington, die Ansicht, dass die Idee der Menschenrechte allein unter den spezifischen kulturellen Bedingungen des Westens gefasst werden kann. Der Universalismus, so Huntingtons These, *ist* »westlich«.[23] Das heißt: Es gibt keinen Universalismus (denn ein – bloß – »westlicher Universalismus« ist ein Paradox). Dagegen glaubt der Universalismus des »allumfassenden Gesetzes« nachweisen zu können, dass der Kanon der Menschenrechte vielleicht in seiner Genese, aber deshalb nicht auch in seiner Geltung westlich ist: Er formuliere ein Gesetz, für das die Philosophie eine Rechtfertigung aus »nur abendlandunabhängigen, interkulturell gültigen Argumenten« entwickeln könne.[24] Der »wiederholende Universalismus« wiederum bestreitet die Möglichkeit einer kulturell neutralen Begründung und Formulierung der Menschenrechte, ohne jedoch die Verschiedenheit der Kulturen als prinzipiellen Einwand gegen die Möglichkeit ihrer Übereinstimmung in der Idee der Menschenrechte zu verstehen. Diese interkulturelle Übereinstimmung kann aber nicht die Form eines identischen Gesetzes (sondern nur diejenige einer stets differenzierenden Wiederholung und Neuinterpretation) annehmen. Deshalb kann auch die Möglichkeit der menschenrechtlichen Übereinstimmung nicht für alle Kulturen auf einmal, durch ein und dasselbe kulturinvariante Argument, sondern muss für jede Kultur aufs Neue, aus ihren spezifischen Potenzialen aufgewiesen werden.

Es ist offensichtlich, wie sehr viel schwieriger sich das Vorhaben einer Universalisierung der Menschenrechte gestaltet, sollte tatsächlich kein anderer Weg als der ihrer wiederholenden Hervorbringung in verschiedenen Kulturen offenstehen. Denn dann bedeutete, die Menschenrechte als universale geltend zu machen, sie aus je partikularen Kulturen heraus zu entwickeln. Oder umgekehrt: diese partikularen Kulturen *selbst* so zu entwickeln, sie so auszulegen und zu entfalten, dass sie zu einer Konzeption der Menschenrechte gelangen. Die lange Entstehungsgeschichte der Menschenrechte im Westen erinnert uns daran, wie viel Zeit solche Prozesse brauchen und dass sie mitunter erst durch die Erfahrung furchtbarer moralisch-politischer Katastrophen in Gang gebracht werden. Bedeutende Überzeugungssysteme wie der Katholizismus und der Kommunismus, die große Bereiche Europas geistig beherrscht haben, haben gar bis in die 1960er Jahre gebraucht, bis sie ihre traditionelle Feindschaft gegen die Menschenrechte aufgegeben und aus ihren eigenen intellektuellen Ressourcen originelle Konzepte zu deren Verständnis entwickelt haben.[25] Und die Entstehung der Menschenrechte im Westen erinnert auch daran, dass die menschenrechtliche Entwicklung in den jeweiligen Kulturen zwar von außen gefordert und gefördert werden, aber nur von innen heraus erfolgen kann.

Die Komplexität des Problems lässt sich exemplarisch auf dem viel diskutierten Feld der Beziehungen zwischen westlich bestimmten Menschenrechtsvorstellungen und der islamischen Scharia aufweisen. Wir haben bereits mit der Kairoer Erklärung einen Versuch gesehen, die Scharia so zu deuten, dass sie eine Konzeption der Menschenrechte begründet. Darin steht die Kairoer Erklärung im Gegensatz zu einer fundamentalistischen Auffassung der Scharia, die eben diese Möglichkeit bestreitet. Nach einer solchen Lesart schließt die Scharia Respekt für die Ungläubigen ebenso aus wie eine Gleichberechtigung der Frauen.[26] Demgegenüber behauptet die Kairoer Erklärung, »die grundlegenden Rechte und Freiheiten im Islam« seien »ein integraler Bestandteil der islamischen Religion« (vgl. oben, S. 78). Diese Behauptung der Kairoer Erklärung kann so verstanden werden, dass damit für den Islam eine Entwicklung wiederholt werden soll, wie sie etwa der Katholizismus seit Mitte des 20. Jahrhunderts durchlaufen hat. Es besteht demnach die Möglichkeit, die Scharia so zu lesen, dass sie eine Politik begründet, die, zumindest in der Sicht ihrer Anhänger, deutliche Analogien mit der Idee der Menschenrechte aufweist.[27]

Vergleicht man die Versuche zu einer menschenrechtlichen Neulektüre der Scharia mit den kreativen Neudeutungen, denen in westlichen Kulturen geistige Traditionen unterzogen wurden, die sich den Menschenrechten zunächst feindlich gegenüber verhielten, dann zeigt sich zweierlei: zum einen, dass unterschiedliche Kulturen *grundsätzlich gleich* sind in ihrem Verhältnis zur Idee von Menschenrechten. So wie es falsch ist, die Idee der Menschenrechte »christlich« oder »abendländisch« zu nennen – denn die christlichen und abendländischen Traditionen bedurften einer tief greifenden Verwandlung, um die Idee der Menschenrechte hervorzubringen –, so ist es falsch, islamischen Traditionen die Fähigkeit, Menschenrechtskonzeptionen hervorzubringen, grundsätzlich abzusprechen. Beide Traditionen haben prinzipiell die gleiche Möglichkeit, in einer Weise neu gedeutet zu werden, dass sie Konzeptionen von Menschenrechten ausbilden.

Zum anderen aber ist es unübersehbar, dass der Stand und der Grad der menschenrechtlichen Selbsttransformation von Kulturen *sehr unterschiedlich* ist. Westliche Kulturen haben darin zur Zeit einen Vorsprung. Das ist allerdings kein Grund zur Überheblichkeit; denn dieser Vorsprung ist, wie gerade seine umstrittene Proklamation durch die Ideologen und Politiker eine Kampfes der Kulturen zeigt, nicht nur äußerst fragil, sondern hat entscheidend damit zu tun, dass der Westen auch der Schauplatz jener Akte der Barbarei war, in deren Erfahrung die politische Verbreitung und kulturelle Vertiefung der Menschenrechtsidee ihre stärksten Antriebe hatten. Der Vorsprung einiger westlicher Kulturen an menschenrechtlicher Selbsttransformation führt jedoch zu einer Asymmetrie, die die Formel vom »Dialog der Kulturen« zu vertuschen droht. Diese Asymmetrie drückt sich darin aus, dass sich andere Kulturen, wie etwa islamische, mit der Forderung konfrontiert sehen, es in dieser Hinsicht den westlichen gleichzutun.[28]

Die Kairoer Erklärung der Menschenrechte im Islam behauptet, die menschenrechtliche Selbsttransformation des Islams bereits geleistet zu haben. Ja, sie behauptet, dass diese Selbsttransformation des Islams ein besseres Verständnis der Menschenrechte hervorgebracht habe als die entsprechenden Prozesse im Westen. Denn diese hätten zu einem säkularistischen Vertrauen allein auf die »materialistische Wissenschaft« geführt und damit den religiösen Glauben untergraben, der doch allein die Motivationskraft hervorbringen könne, derer der Schutz der Menschenrechte bedarf.²⁹ Wie auch immer es um die Berechtigung dieser Kritik steht, für eine Vielzahl von Formulierungen in der Kairoer Erklärung stellt sich die entgegengesetzte Frage, ob sie tatsächlich als eine Erklärung von *Menschenrechten* gelten können.

Das gilt insbesondere für den Vorbehalt der Übereinstimmung mit der Scharia, unter den Art. 24 die gesamte Erklärung stellt: »Alle Rechte und Freiheiten, die in dieser Erklärung genannt wurden, unterstehen der islamischen Scharia.« Nun haben wir bereits gesehen, dass es »die« Scharia nicht gibt; es gibt nur unterschiedliche Auslegungen der Scharia. Es gibt aber nicht *beliebige* Auslegungen der Scharia. Das gilt insbesondere für das Recht auf körperliche Unversehrtheit, das Art. 2 Abs. d erklärt und das in Art. 20 noch einmal bekräftigt wird: »Es ist verboten, jemanden körperlich oder seelisch zu foltern, ihn zu demütigen oder grausam oder entwürdigend zu behandeln.« Damit zitiert die Kairoer Erklärung fast wörtlich die Allgemeine Erklärung der Menschenrechte (Art. 5). Damit aber beginnt erst das Problem, wie Abdullahi A. An-Na'im gezeigt hat.³⁰ Denn nach einer verbreiteten Auslegung der Allgemeinen Erklärung ist Art. 5 so zu verstehen, dass er selbstverständlich eine Reihe jener rechtlichen Strafen ausschließt, die die Scharia, an die die Kairoer Erklärung sich bindet, sogar vorschreibt; wie zum Beispiel die Amputation der rechten Hand als Strafe für Diebstahl und Auspeitschung oder Steinigung als Strafe für Ehebruch. Nach An-Na'ims Deutung ist es »unwahrscheinlich, dass entweder eine islaminterne Reinterpretation oder ein interkultureller Dialog zu der völligen Abschaffung dieser Strafen innerhalb des islamischen Rechts führen« wird. Damit stehen wir vor einer beunruhigenden Alternative: Sollen wir daraus schließen, dass das islamische Recht, die Scharia, entgegen der Hoffnung der Kairoer Erklärung in dieser Hinsicht doch (noch) nicht menschenrechtsfähig ist? Oder müssen wir – aber wie könnten wir das? –

unser Verständnis der Menschenrechte so verändern, dass wir in der völligen Abschaffung solcher nach unserer Einschätzung grausamer Strafen nicht länger eine menschenrechtliche Kernforderung sehen?

Ein zweiter Punkt der Kairoer Erklärung betrifft einen noch grundlegenderen Aspekt unseres Menschenrechtsverständnisses. Menschenrechte sind eine besondere Klasse subjektiver Rechte, und subjektive Rechte sind, wie wir später ausführlicher diskutieren werden (Kapitel 6), berechtigte Ansprüche, auf die sich jeder Einzelne gegenüber allen anderen berufen kann; nach Kants Verständnis subjektiver Rechte »als (moralische) Vermögen, andere zu verpflichten«[31]. Zwar spricht auch die Kairoer Erklärung durchgehend von »Rechten«, die jeder Mensch hat. Sie betont jedoch zugleich, dass jeder Mensch »das Recht auf Rechtsfähigkeit als eine rechtliche und auch moralische *Verpflichtung*« hat (Art. 8). Damit wirft sie eine Frage auf, die nicht nur zwischen den verschiedenen Kulturen, sondern auch in gegenwärtigen philosophischen Diskussionen umstritten ist: Hat jeder Mensch solche grundlegenden Rechte einfachhin oder erwirbt er sie erst dadurch, dass wir alle unter bestimmten Verpflichtungen stehen? Sind also die Rechte der Einzelnen oder die Pflichten aller primär? Die Kairoer Erklärung der Menschenrechte scheint der zweiten Alternative zuzuneigen. Eben deshalb betont ihre Präambel auch die grundlegende Rolle des religiösen Glaubens. Er bildet die Grundlage der Pflichten, aus denen die Rechte der Einzelnen erst folgen.

Wenn man jedoch vom Primat der Pflichten ausgeht, dann stellt sich die weitere Frage, warum man überhaupt annehmen sollte, dass der Einzelne unverbrüchliche Rechte hat. Viele ethische und politische Systeme in der Geschichte haben nicht so gedacht: Die Zehn Gebote sprechen nicht etwa von Rechten, sondern von Verpflichtungen.[32] Mehr noch: Die Umstellung des ethischen und politischen Denkens auf ein Primat der Rechte ist nicht nur nicht selbstverständlich, sondern außerordentlich folgenreich. Wie Kritiker eingewandt haben, kann sie zerstörerische Konsequenzen haben, wenn sie mit einer Selbstdefinition des Menschen als eines atomistischen Individuums einhergeht, das dem politischen Gemeinwesen isoliert gegenübersteht und ihm gegenüber seine Ansprüche anmeldet.[33] Dann führt der Grundbegriff subjektiver Rechte zu einer Praxis des Klagens und Einklagens, die jede Form gemeinsamen Lebens aufzulösen droht und damit zuletzt auch die Rechte selbst, auf die sie sich beruft, in Frage stellt.

Es kann hier nicht darum gehen, diese Kritik im Detail nachzuzeichnen. In ihrem Licht versteht man jedoch viele Kontroversen besser, die auf den ersten Blick als bloßer Gegensatz verschiedener Kulturen erscheinen; denn sie sind in Wahrheit zugleich Diskussionen um die Voraussetzungen und Folgen der Form subjektiver Rechte. Damit bestätigt sich noch einmal, dass der »Dialog der Kulturen« nicht darin bestehen kann zu prüfen, ob andere Kulturen »die« Menschenrechte in den bekannten Ausdeutungen und rechtlichen Katalogisierungen zu akzeptieren vermögen. Es steht hier vielmehr zugleich der *Begriff*, das Verständnis der Menschenrechte selbst in Frage. Denn wenn es zutrifft, dass etwa die Kairoer Erklärung von einem grundlegenden Zweifel an dem Begriff des subjektiven Rechts geleitet ist, kann man dann überhaupt noch daran festhalten, dass die Menschenrechte in der Form solcher Rechte auftreten müssen?

Charles Taylor hat diese Frage entschieden verneint und gefordert, dass wir unseren Begriff der Menschenrechte entsprechend grundlegend verändern müssen, wenn wir an der Idee eines »gewaltlosen kulturellen Konsenses« festhalten wollen: Damit die Menschenrechte auch in anderen Kulturen (sein Beispiel ist die buddhistische Kultur Thailands) überhaupt nur denkbar sind, müssen sie als elementare Normen politischen Regierens verstanden werden, *ohne* deshalb schon einklagbare Rechte jedes Individuums benennen zu wollen.[34] Aber Taylor weist auch darauf hin, was wir aufgeben müssten, wenn wir um des interkulturellen Konsenses willen den Begriff der Menschenrechte so umdeuteten: Der Preis dafür wäre nicht weniger als der sogenannte »Individualismus« der Menschenrechte; die grundlegende Vorstellung also, dass jeder Einzelne den berechtigten Anspruch darauf hat, nur nach eigenem Urteil autonom zu leben (vgl. dazu Kapitel 6).

Beide Punkte, die wir an der Kairoer Erklärung kritisch hervorgehoben haben – das Verständnis körperlicher Unversehrtheit und die Form subjektiven Rechts –, sind nur zwei Beispiele für die grundlegenden Herausforderungen, vor die der »Dialog der Kulturen« das Konzept der Menschenrechte stellt. Denn sie zeigen, dass die interkulturellen Auseinandersetzungen nicht auf den einfachen Gegensatz zwischen Verteidigung und Bekämpfung der Menschenrechte gebracht werden können. In ihnen steht vielmehr stets erneut zur Verhandlung, was die Menschenrechte überhaupt sind.

4. Eine Geschichte der Ausdehnung

Wie nun kann die Staatengemeinschaft nach dem Zweiten Weltkrieg ein universelles Recht des Menschen deklarieren, wenn sich »der« Mensch doch zum Teil erheblich voneinander unterscheidet; und zwar nicht nur von Kultur zu Kultur, sondern auch von Epoche zu Epoche? Wer als Vertreter einer universal gültigen Menschenrechtskonzeption die im vorangehenden Kapitel diskutierte Skepsis gegenüber vorschnellen Generalisierungen ernst nehmen will, der wird erkennen, dass zwar nicht die weitgehend anerkannte *Idee* der Menschenrechte – wonach der Mensch als Mensch gleiche Rechte hat, gleiche Berücksichtigung verdient –, wohl aber deren substanzielle Interpretationen und Katalogisierungen als kulturell wie historisch fallibel, d.h. für Korrekturen, Ergänzungen und gegebenenfalls auch Streichungen offen angesehen werden müssen. Zwar kommt bereits der inhaltlich zunächst weitgehend unbestimmten Menschenrechtsidee, jenseits ihrer jeweiligen kulturellen und historischen Konkretisierungen, eine grundlegende politische und symbolische Bedeutsamkeit zu. Denn es zeigt ohne Frage eine grundlegende Veränderung der politischen Situation an, dass sich heute niemand mehr mit guten Gründen gegen die Menschenrechtsidee *als solche* aussprechen kann. Gleichwohl müssen von der abstrakten Idee der Menschenrechte, die, wie gezeigt, nicht schon als ein universales »allumfassendes Gesetz« verstanden werden kann, deren kulturell und historisch spezifischen Konkretisierungen unterschieden werden, in denen die Menschenrechtsidee je unterschiedliche Auslegungen erfährt, die jeweils den – stets erneut umstrittenen – Anspruch erheben, universalisierbar zu sein.[35]

Nachdem im letzten Kapitel vor allem Probleme diskutiert worden sind, die sich für den Menschenrechtsdiskurs aus der Erfahrung kultureller Differenz ergeben, sollen in diesem Kapitel drei Ebenen einer spezifisch *historischen* Verschiebung und Entwicklung im Vordergrund stehen. Dabei soll gezeigt werden, dass die komplexe Logik der historischen Genese gegenwärtigen Menschenrechtsdenkens auf den Begriff der »Extension« oder »Ausdehnung« gebracht werden kann.

(a) Vier theoriegeschichtliche Stränge: Die erste Ebene einer historischen Extension der Menschenrechtsidee ergibt sich in der theoriegeschichtlichen Rückschau: Dass sich der Menschenrechtsdiskurs nach 1945 fundamental verändert, hat offenbar

nicht allein mit historischen Erfahrungen monströser Unmenschlichkeit zu tun (vgl. Einleitung), sondern auch damit, dass Umwälzungen in der (rechts-)philosophischen Theoriegeschichte dem Versuch einer spezifisch menschenrechtlichen Aufarbeitung geschehenen Unrechts den Boden bereitet haben. Bis dahin waren, wie wir gleich genauer zeigen werden, vier wichtige systematische Diskursstränge der Menschenrechtsdebatte theoriegeschichtlich eher getrennt voneinander verlaufen. Und die Pointe ist nun: Nach 1945 finden diese vier Diskursstränge nicht einfach bloß eine Fortsetzung, vielmehr lassen die historischen Unrechtserfahrungen sie, nach Art einer Initialzündung, so miteinander verschmelzen, dass im »neuen« Menschenrechtsdenken ein sich seit längerem bereits anbahnender, komplexer Lernprozess zum Durchbruch kommt.

(1) Der erste und lange Zeit dominante menschenrechtliche Diskursstrang meint den Streit um das *Naturrecht*, in dem die Idee der »Menschenwürde« erst allmählich, dann jedoch eine stetig wachsende rechtsphilosophische Bedeutung gewonnen hat (vgl. auch Kapitel 5).[36] Das von Hugo Grotius, Samuel von Pufendorf und John Locke geprägte *moderne* Naturrechtsdenken fußt – bei allen Unterschieden im Detail – auf der gemeinsamen Überzeugung, dass das Recht des Menschen in dessen Natur, in seinem Wesen oder eben auch in dessen Würde begründet sei.[37] Das Naturrecht wurde und wird dabei insofern in einem »vorstaatlichen« oder »moralischen« Sinn verstanden, als seine Rechtsgebote unabhängig davon Geltung beanspruchen, ob sie faktisch in staatlichen Rechtssystemen garantiert sind oder nicht. Ja, deren natürliche, göttliche oder auch vernunftrechtliche Geltung wird behauptet, *weil* das vorhandene, positiv gesatzte Recht des Staates nicht selten gegen diese Rechte und die Menschenwürde verstößt: Das Naturrecht schützt die Würde des Menschen vor staatlicher Gewaltherrschaft. Und es ist eben diese Schutzfunk-

tion, die heute von vielen Interpreten, und zwar häufig direkt im Anschluss an die philosophische Naturrechtstradition, mit dem Begriff »Menschenrechte« versehen wird.[38]

(2) Mit dem zweiten menschenrechtlichen Diskursstrang ist die spezifisch *moralphilosophische* Ideengeschichte gemeint, an deren Horizont sich erst allmählich der Anspruch eines inklusiven Universalismus abzeichnet, wie er etwa in der Moralphilosophie der Antike noch weitgehend unabsehbar war. Der aus dem Lateinischen stammende Terminus »Moral« (*mores*) zielte ursprünglich auf die in einer je spezifischen Gesellschaft und Kultur lebensweltlich eingespielten Regeln des sozialen Miteinanders. Diese Regeln gaben vor, welche Handlungen und Verhaltensweisen die Mitglieder einer jeweils bestimmten Gemeinschaft wechselseitig voneinander erwarten durften. Demnach war Philosophie der Moral, auch »Ethik« genannt (von griech. *ethos* für »sittliche Lebensführung«), zunächst so etwas wie kontextspezifische *Sittenkunde*, und weit bis in die Neuzeit hinein war es in der Philosophie eher unüblich, den Kreis jener, die als Adressaten der Moral in Frage kamen, größer zu halten als gesellschaftlich und kulturell überschaubar.

Eine wichtige Voraussetzung für diesen inklusiven Universalismus war die folgende Einsicht: Man kann sich philosophisch nur dann auf *alle* Menschen beziehen, wenn man den Blick vom sittlich Guten, dessen unhintergehbare Pluralität offenkundig ist, abwendet und auf verbliebene Gemeinsamkeiten, und zwar auf die *moralischen Bedingungen* pluralen Miteinanders schaut. Lange Zeit war es in der Philosophie unüblich, eine disziplinäre Grenze zwischen einer spezifisch *ethischen* Reflexion auf Fragen nach dem individuell »guten Leben« und einer dezidiert *moralischen* Behandlung von kollektiven Fragen der »Gerechtigkeit« zu ziehen[39], denn in der griechischen Antike nicht weniger als in der christlichen Morallehre des Mittelalters waren diese Problemkomplexe noch weitgehend miteinander verwoben.⁴⁰ Zwischen der Frage, wie *ich* leben soll, um gut oder glücklich zu leben, und der Frage, was – demgegenüber – mit Blick auf *andere* Menschen geboten wäre, wurde philosophisch nicht immer, ja eher selten ein deutlicher Unterschied gemacht.⁴¹

Spätestens in der Folge Kants jedoch gehen beide dieser früheren moralphilosophischen Selbstverständlichkeiten – die Beschränkung moralischer Sachverhalte auf eher fest umrissene gesellschaftliche Kontexte einerseits, die Einheit von Moral und Ethik andererseits – verloren. Zum einen wird deutlich, dass moraltheoretische Fragen nach *dem* richtigen Handeln stets einen universalistischen Überschuss in sich tragen, der den Kreis moralischer Adressaten in Richtung sämtlicher »vernünftiger Lebewesen«, wie Kant sagt, transzendiert.⁴² Wer demnach heute in der Philosophie von »Moral« spricht, hat dabei in der Regel die gesamte Menschheit als potenzielle Adressaten vor Augen. Zum anderen macht sich zunehmend die dem neuzeitlichen Pluralismus verpflichtete Einsicht geltend, dass die spezifisch moraltheoretische Behandlung von Fragen gerechten Miteinanders primär den *Rahmen* abstecken soll, innerhalb dessen die modernen Individuen am Ende selbst entscheiden, was sie ethisch jeweils für sich als »gutes Leben« definieren wollen.⁴³

(3) Der dritte Diskursstrang, der für das neue Menschenrechtsdenken prägend war, betrifft *politik- und rechtsphilosophische* Zusammenhänge. Vergleichsweise spät kommt es zur Etablierung »subjektiver Rechte«. Damit sind individuelle Rechtsansprüche gemeint, auf die das Rechtssubjekt *als einzelnes* pochen darf. Nach heute gängiger juristischer Auffassung gewährt das »objektive Recht« – gemeint ist die Gesamtheit aller Rechtsvorschriften staatlicher Rechtsordnungen – *subjektive* Rechte, z.B. in Form von Grund- und Menschenrechten, dann, wie Max Weber sagt, wenn der individuelle Rechtsträger die faktisch garantierte Chance hat,

zur Durchsetzung seiner subjektiven Ansprüche »die Hilfe eines dafür bereitstehenden ›Zwangsapparates‹ zu erlangen«[44].

So selbstverständlich uns diese Rechtsvorstellung heute auch erscheinen mag, sie ist eine Errungenschaft der Moderne. Rechtssoziologisch betrachtet, muss sich dafür zunächst die Idee formaler Rechtsgleichheit gegen die Vorherrschaft traditioneller Privilegien und ständischer Rechtspflege durchsetzen.[45] In ideengeschichtlicher Hinsicht kann dagegen der hobbessche *Leviathan*[46] als das abschreckende Beispiel dienen, an dessen – dem Absolutismus Vorschub leistenden – Grundirrtum, der Staat könne seine Aufgabe, für Sicherheit zu sorgen, nur dann erfüllen, wenn die Unterwerfung seiner Bürger bedingungslos sei, sich die auf subjektive Rechte pochende Staatskritik der Moderne entzündet. Sie besagt: Die Sicherungsfunktion des Staates funktioniert *legitim* dann und nur dann, wenn subjektive Rechte, die den staatlichen Gesetzen vor- bzw. übergeordnet sind, wenn also Grund- und Bürgerrechte garantiert werden, an deren normativem Gehalt sich die konkreten Herrschaftsstrukturen messen lassen müssen.

(4) Der vierte menschenrechtliche Diskursstrang betrifft das *Völkerrecht*. Erst im Laufe des 20. Jahrhunderts wird Kants »Weltbürger«[47] als ein mit individuellen Rechtsansprüchen ausgestattetes Völkerrechtssubjekt sui generis (wieder-)entdeckt. Traditionell kamen als Adressaten des Völkerrechts allein souveräne Staaten in Frage, deren buchstäblich *inter*nationale Beziehungen es in Frieden zu gestalten galt.[48] Aus menschenrechtlicher Sicht lässt jedoch spätestens der weltweit erfahrene Schrecken von Nationalsozialismus und Stalinismus deutlich werden, dass sich der einzelne Mensch nicht darauf verlassen können wird, der Staat, in dem er lebt, werde auch tatsächlich die Menschenrechte achten. Deren positiv-rechtliche Fixierung ist daher nicht nur auf nationaler, sondern auch auf internationaler Ebene geboten.

Mit dem in der zweiten Hälfte des 20. Jahrhunderts erfolgten Übergang von der innerstaatlichen zur völkerrechtlichen Gesetzgebung erhielten die nationalen Bürgerrechte demnach eine zusätzliche, eben internationale Absicherung in Form von völkerrechtlich garantierten *Menschenrechten*. Einzelne Regierungen standen nun auch unter der Beobachtung durch die Staatengemeinschaft. Im Hinblick auf das Völkerrecht führt dies zu einer »stillen Revolution«[49]: Erstens bekommt die zunächst abstrakte philosophische Idee der Menschenrechte zunehmend die Gestalt »realer« internationaler Verträge. Zweitens wird das Verhältnis von Staat und Individuum internationalisiert. Drittens kommen eben erst dadurch *Weltbürger* als subjektive Träger von Menschenrechten ins Visier. Und viertens folgt daraus, dass selbst im Falle erodierender, zerfallender Staatsgewalten ein Adressat dieser Rechte erkennbar bleibt. So erst kann die Menschenrechtsidee ihre innere Dynamik, das Recht wahrhaft aller Menschen benennen zu wollen, zur Entfaltung bringen.

Blendet man nun diese vier unterschiedlichen menschenrechtlichen Diskurssträngen ineinander, so lautet die Pointe: Nach dem Zweiten Weltkrieg kommt es zu der geradezu unumgänglichen Einsicht, dass die Realisierung eines menschenwürdigen Lebens (Strang 1) – weltweit und für alle gleichermaßen (Strang 2) – von einer Garantie subjektiver Schutzräume und -ansprüche abhängig ist (Strang 3), und zwar nicht nur auf nationaler, sondern vor allem auch auf völkerrechtlicher Ebene (Strang 4). Demnach ist die weltpolitische Entwicklung nach 1945 von einem komplexen theoriegeschichtlichen Lernprozess flankiert und zum Teil wohl auch vorbereitet worden, dessen vormals relativ unabhängig voneinander verlaufende Debattenstränge im modernen Menschenrechtsdiskurs nach der Katastrophe so miteinander verknüpft werden, dass der Schutz der Menschenwürde als ein universelles und zugleich subjektives Rechtsgut völkerrechtlicher Verträge in den Blick kommt. Erst damit rückt also *der Mensch* – ungeachtet all seiner Unterschiede – in den Fokus weltpolitischer Vereinbarungen.

b) Der erweiterte Kreis der Rechtsträger. Damit wird aber zugleich die Frage dringlich, wer überhaupt als ein solcher Mensch mit subjektiven Anspruchsrechten zählt. Diese Frage ist nicht nur zu unterschiedlichen historischen Zeitpunkten unterschiedlich beantwortet worden, sondern auch heute Gegenstand hitziger Diskussionen. In den historischen Menschenrechtsdokumenten des 18. Jahrhunderts ist zwar bereits ausdrücklich von »Rechten des Menschen« die Rede, doch ist bei genauerem Hinsehen fraglich, ob seinerzeit tatsächlich auch *alle* Menschen gemeint sein sollten. Die revolutionären Verfassungsentwürfe des 18. Jahrhunderts sind zunächst nur auf die nationalstaatlichen Grenzen derjenigen Völker zugeschnitten gewesen, deren Verfassung sie darstellen sollten. Demnach galten die darin verbrieften Rechte zuallererst für jene Menschen, die auch tatsächlich Bürger der jeweiligen Staaten waren. Es waren zuvorderst *Bürgerrechte*. Wer aber nicht schon Staatsbürger (im vollen Sinne) war – man denke an Sklaven, Arbeiter, Frauen, Kinder –, war offenbar ebenso wenig gemeint wie etwaige Nicht-Angehörige dieser Staaten, z.B. Ausländer oder Flüchtlinge.[50] Jedenfalls ist von diesen Personengruppen nicht ausdrücklich die Rede gewesen, so dass zumindest unklar sein muss, inwieweit auch diese als Adressaten der betreffenden Menschenrechte gelten durften. Erst die innerstaatlichen und zwischenstaatlichen Auseinandersetzungen der Folgezeit – man denke an die Sklavenbefreiung, die Arbeiterbewegung, an einsetzende Migrationsbewegungen in der Folge der großen Kriege – setzten den eigentlichen Anspruch der Menschenrechtsidee frei, Rechte wahrhaft aller Menschen benennen zu wollen. Als Beispiel sei hier insbesondere auch die menschenrechtliche Frauenbewegung genannt: Taktgebend für diese war zunächst die im Jahre 1791 von der – später hingerichteten – Schriftstellerin Olympe de Gouges vorgelegte *Erklärung der Rechte der Frau und Bürgerin*, die als direkte Reaktion auf die sich allein an den *männlichen* Bürger Frankreichs richtende Erklärung der Menschen- und Bürgerrechte von 1789 verfasst worden war.[51] Maßgeblich ist zudem das etwa zur selben Zeit ausgearbeitete *Plädoyer für die Rechte der Frau* (1792) der englischen Frauenrechtlerin Mary Wollstonecraft gewesen.[52] Auch wenn es noch weit mehr als 150 Jahre dauern sollte, bis es zu international verbindlichen Rechtskonventionen zum Schutze der Frau kommen konnte, und zwar zunächst zum UN-Übereinkommen über die politischen Rechte der Frau aus dem Jahre 1953, dann auch zum Übereinkommen zur Beseitigung jeder Form von Diskriminierung der Frau aus dem Jahre 1979: Erst im Zuge der einsetzenden Kämpfe um Anerkennung und Gleichstellung des vormals marginalisierten weiblichen Geschlechts erfolgte – ähnlich wie auch im Zusammenhang von Sklavenbefreiung, Arbeiterbewegung sowie im Rahmen der Migrationsproblematik – die Erweiterung des Adressatenkreises von Bürger- zu Menschenrechten im buchstäblichen Sinne.[53]

Dabei kann zwischen einer Erweiterung des menschenrechtlichen Personenkreises »nach innen« und einer historisch parallel verlaufenden Ausdehnung »nach außen« unterschieden werden. *Im Innern* der betreffenden Rechtsgemeinschaften kommt es zu einer zunehmenden Inklusion vormals nicht als gleichberechtigt anerkannter Mitglieder diskriminierter Minder-, aber auch Mehrheiten: Sklaven, Arbeiter, religiöse und ethnische Gruppen, Frauen, Homosexuelle, Kinder etc.[54] Erst allmählich kommen auch sie als »vollwertige« Rechtssubjekte ins Visier. Bedenkt man, dass derzeit zum Teil heftig darüber diskutiert wird, ob z.B. auch Embryonen oder ob gar manche Primaten bzw. Menschenaffen zum Kreis der Rechtsträger von Grund- und Menschenrechten zählen sollen, dann muss dieser innere Inklusionsprozess als noch unabgeschlossen betrachtet werden (vgl. Kapitel 5).

Nach außen hin bewirkt der historische Übergang von Bürger- zu Menschenrechten eine – allerdings periodisch wechselhafte – Aufmerksamkeit für das Schicksal von Flüchtlingen, Asylanten, Migranten und Staatenlosen; hier sind auf internationaler Ebene insbesondere die Genfer Flüchtlingskonvention aus dem Jahre 1951 sowie die Tätigkeit des UN-Hochkommissars für Flüchtlinge (UNHCR) zu erwähnen.[55] Wobei auch dieser Prozess als historisch offen gelten darf: Nicht nur ist der grund- und menschenrechtliche Status aus dem Ausland kommender Nicht-Bürger auch hierzulande wiederholt Gegenstand unerbittlich geführter politischer und verfassungsrechtlicher Auseinandersetzungen, z.B. um doppelte Staatsbürgerschaft, Zuwanderung, Flüchtlingshilfe geworden; man denke hier nur an die zu Beginn der 1990er Jahre in Deutschland geführte Debatte um die von vielen Interpreten als verfassungswidrige »Aushöhlung« kritisierte Novellierung des Art. 16 Abs. 2 GG (Asylrecht).[56] Fraglich ist bis heute aber vor allem, welche spezifische Verantwortung einzelnen Staaten und auch der internationalen Staatengemeinschaft zukommt, wenn es »irgendwo auf der Welt« zu Kriegen und Vertreibung, zu humanitären Katastrophen, zu politischer Verfolgung, zur Aberkennung von Staatbürgerschaften kommt oder wenn sogenannte Wirtschaftsflüchtlinge an den Toren oder Häfen der »ersten Welt« abgewiesen werden.[57]

> *Exkurs 2: Armut und globale Gerechtigkeit*
>
> Auf der Welt leben derzeit etwa 6,6 Milliarden Menschen. Nach Angaben der UN-Welternährungsorganisation (FAO) leiden etwa 850 Millionen an Unterernährung und mangelnder Gesundheitsversorgung. Täglich sterben etwa 100 000 Menschen an den Folgen ihrer

Armut. Dabei, so stellt die FAO fest, reichten die global verfügbaren Ressourcen aus, um weltweit etwa 12 Milliarden Menschen zu versorgen. Daher hat Jean Ziegler, UN-Sonderberichterstatter für das Menschenrecht auf Ernährung, wiederholt erklärt, es gebe längst keine »Fatalität« der Armut mehr, vielmehr komme es täglich zu einem »stillen Massaker«.[58]

Die Frage nach der – historischen, wirtschaftlichen oder politischen – *Verantwortung* für diese globale Verteilungssituation stellt sich ebenso wie die eng damit verknüpfte, aber keineswegs deckungsgleiche Frage nach den Adressaten *menschenrechtlicher Verpflichtungen*, wie sie sich z.B. aus dem UN-Pakt über wirtschaftliche, soziale und kulturelle Rechte ergeben. Aus philosophischer Sicht stellt sich das Armutsproblem zunächst als eines der »globalen Verteilungsgerechtigkeit« dar, und seit einigen Jahren gibt es dazu eine recht intensive Debatte. Darin bestreitet eine erste Fraktion ausdrücklich, dass es sich bei globaler Armut überhaupt um ein Problem der Verteilungsgerechtigkeit handelt. Von »Pflichten« der Umverteilung, so etwa die Ansicht von Wolfgang Kersting, könne ausschließlich in innerstaatlichen, in *sozialen* Zusammenhängen die Rede sein, aus deren kooperativen Interdependenzen allein sich entsprechende politische Verantwortungen ergeben.[59]

Daraus würde nun freilich die in historischer, ökonomischer und politischer Hinsicht äußerst fragwürdige Konsequenz resultieren, dass die armen Länder dieser Welt letztlich selbst für ihre Armut verantwortlich sind. Die drei übrigen Positionen wollen gerade dies bestreiten. Die zweite Fraktion thematisiert globale Armut daher zugleich auch als ein *internationales*, d.h. zwischenstaatliches Problem. Demnach ergeben sich weltweite Verteilungsfragen aus dem Umstand, dass auch Staaten in historischer, wirtschaftlicher und politischer Interdependenz zueinander stehen und sich daraus internationale Verpflichtungen ergeben, die dem friedlichen Erhalt der gemeinsamen Völkergemeinschaft dienen. Zumindest, so John Rawls, haben wohlhabende Länder die »Unterstützungspflicht«, zur Besserung der Situation sehr armer, in Not geratener Länder beizutragen.[60] Die dritte Fraktion fordert freilich mehr, indem sie die internationale Gerechtigkeitsauffassung um eine dezidiert *kosmopolitische* Pflichtendimension erweitert: Nicht nur einzelne arme Staaten, so Thomas Pogge, sondern jeder einzelne an Armut leidende Weltbürger sei anspruchsberechtigt, und zwar nicht nur seinem, sondern jedem einzelnen Staat der Welt und mithin der Staatengemeinschaft gegenüber.[61] Die vierte Position erweitert schließlich auch diese Gerechtigkeitsauffassung, und zwar in Richtung einer *moralischen* Konzeption der Verteilungsgerechtigkeit: Nach Auffassung z.B. von Peter Singer ist jeder einzelne (wohlhabende) Weltbürger jedem anderen (armen) Weltbürger gegenüber zur Umverteilung seines Reichtums verpflichtet.[62]

Aus spezifisch *menschenrechtlicher* Sicht scheint allein die dritte, die »kosmopolitische« Alternative begründbar. »Soziale« Theorien der Gerechtigkeit kommen ganz ohne Bezug auf soziale Menschenrechte aus, ja scheinen diese geradezu verneinen zu wollen. Auch »internationale« Konzeptionen lehnen solche subjektiven Anspruchsrechte ab, da allenfalls der (jeweils arme) Staat und nicht etwa dessen Bürger als ein völkerrechtlich relevantes Anspruchssubjekt fungiert. »Moralische« Auffassungen hingegen schießen über das Ziel der Menschenrechte hinaus, indem sie jeden einzelnen Privatmenschen zum Adressaten menschenrechtlicher Verpflichtungen erklären. Wenn aber die Menschenrechte, wie oben dargelegt (vgl. Kapitel 1), Ansprüche an die öffentliche Ordnung markieren, dann sind nicht schon alle einzelnen Menschen in moralischer Hinsicht, sondern primär staatliche Institutionen und deren Repräsentanten sowie letztlich die globale Staatengemeinschaft zur Einhaltung sozialer Menschenrechte verpflichtet.

So umstritten auch sein mag, wie genau das Ziel der inneren und äußeren Extension des menschenrechtlichen Adressatenkreises gefasst werden muss, eines hat der historische Prozess gezeigt: Wer glaubt, an der Idee der Menschenrechte festhalten zu können, während er zugleich nicht allen Mitgliedern der menschlichen Spezies, sondern nur Bürgern, Einheimischen, Freien, Personen, Männern, Heterosexuellen, Erwachsenen, Anhängern der eigenen Ethnie oder Religion etc. genau *dasselbe* menschenrechtliche Anspruchsniveau zuweist, gerät in Erklärungs- und Begründungsnot. Die Beweislast scheint sich – historisch gesehen – mehr und mehr umzukehren und heute eher auf Seiten derjenigen zu liegen, die jeweils bestimmte Lebensformen oder Gruppen aus dem Adressatenkreis der Menschenrechte ausschließen wollen. Diesbezüglich dürfen nunmehr sämtliche Mitglieder der Menschheit auf ein – gewissermaßen *prima facie* gerechtfertigt erscheinendes – moralisches »Vorrecht« pochen, etwaig sie betreffende menschenrechtliche Ausnahmetatbestände von Seiten der Staatsgewalt oder der jeweils dominierenden gesellschaftlichen Gruppe mit hinreichend guten Gründen gerechtfertigt zu bekommen. Kann eine solche Begründung nicht vorgelegt werden, ist die in Frage stehende Praxis als ein Menschenrechtsverstoß zu werten.[63]

Dazu ein Beispiel: Wer auf die modernen demokratischen Rechtsstaaten unserer Tage und deren Verfassungen blickt, die ja explizit dem Gedanken universeller Rechtsgleichheit und überpositiver Menschenrechte verpflichtet sind, wird feststellen, dass auch diese im Rahmen ihrer Grundrechtskataloge – und zwar zumeist ausdrücklich – einen äußerst relevanten Unterschied zwischen Menschenrechten und Bürgerrechten markieren: Im Rahmen von Verfassungen werden als »Menschenrechte« diejenigen Grundrechte bezeichnet, die tatsächlich für alle Menschen, die auf dem jeweiligen Staatsgebiet leben, gelten sollen. Unter »Bürgerrechten« hingegen versteht das Verfassungsrecht jene rechtlichen Ansprüche, die allein den Mitgliedern der jeweiligen politischen Gemeinschaft, d.h. Staatsbürgern, zukommen. So unterscheidet etwa das deutsche Grundgesetz ausdrücklich zwischen Rechten, die für »Menschen«, und solchen, die allein für »Deutsche« gelten: u.a. Art. 8 (Versammlungsfreiheit), Art. 9

Abs. 1 (Vereinigungsfreiheit), Art. 10 (Freizügigkeit), Art. 11 (Berufsfreiheit), Art. 33 (Zugang zu öffentlichen Ämtern), Art. 38 (Wahlrecht).

Demnach nehmen sich moderne demokratische Rechtsgemeinschaften ihrerseits das Recht heraus, ganz bestimmte Rechtsansprüche – und zwar überwiegend die sogenannten *politischen Teilnahmerechte* (vgl. unten, Abschnitt c) – allein denjenigen zuzuerkennen, die tatsächlich Staatsbürger sind, und zwar ohne dass das Verfassungsrecht dadurch den prinzipiellen Geltungsstatus der übrigen Menschenrechte gefährdet sähe. Selbst mancher völkerrechtlich verbindliche Menschenrechtsvertrag, allen voran der Pakt über bürgerliche und politische Rechte von 1966, kennt den einschränkenden Zuschnitt politischer Partizipationsrechte auf den Kreis der Staatsbürger (Art. 25). Es scheint also, zumindest was das Recht auf politische Mitbestimmung angeht, ein politisch *vorgängiges* Recht der Rechtsgemeinschaft zu geben, die eigene Zugehörigkeit zu reglementieren, ohne dass jedoch sogleich ersichtlich wäre, worauf dieses Recht beruhen soll.

Man kann hier unterschiedlicher Auffassung sein: Entweder man verfolgt die weiter oben im Anschluss an Habermas und Rawls skizzierte Argumentationsstrategie (vgl. Kapitel 1), nach der die Geltung der Menschenrechte aus politischen Akten kollektiver »Selbstbestimmung« allererst hervorgeht, so dass nur diejenigen vollwertige Adressaten entsprechender Grundrechte sein können, die sich zugleich als deren Autoren verstehen dürfen. Dann wohl müsste im Zusammenhang von (partizipatorischen) Grundrechten, deren Besitz ausdrücklich an den Staatbürgerstatus gebunden ist, d.h. im Zusammenhang von Bürgerrechten, von »mittelbaren« Menschenrechten gesprochen werden, die man eben erst dann für sich beanspruchen darf, *wenn* man den entsprechenden Staatsbürgerstatus innehat.[64] Man hat dann zwar kein Menschenrecht *auf* Staatsbürgerschaft, jedenfalls auf keine bestimmte, wohl aber Menschenrechte *als* Staatsbürger. Oder aber man konstatiert genau an diesem Punkt eine Spannung im modernen Verfassungsdenken, ja geradezu einen verfassungsrechtlichen Wertungswiderspruch: Einerseits propagieren moderne demokratische Rechtsstaaten die Idee universeller Menschenrechte, andererseits jedoch wird an der nationalstaatlich imprägnierten Überzeugung festgehalten, dass politische Gemeinschaften am Ende selbst darüber entscheiden dürfen, wen sie als gleichberechtigtes Mitglied aufnehmen und wem sie entsprechend die vollen Mitwirkungsrechte zuerkennen wollen. Wollte man diese Spannung als eine menschenrechtliche Inkonsequenz moderner Verfassungen deuten und politischen Rechtsgemeinschaften ihrerseits das Recht absprechen, den eigenen Zugang zu reglementieren, dann hätte dies zur überaus weitreichenden Konsequenz, dass Hannah Arendts berühmt gewordenes Diktum von einem fundamentalen »Recht, Rechte zu haben«[65], nunmehr in neuem Licht erschiene: Das Subjekt der Menschenrechte hätte nicht länger nur ein Recht auf *irgendeine* Staatsbürgerschaft, so wie bei Arendt, sondern auf genau die Staatsbürgerschaft, für die es sich entscheidet.

Wie immer man sich hier festlegt: Folgt man Arendt, so war die totale, massenhafte Exklusionserfahrung des europäischen Judentums, deren Grausamkeit das moderne Menschenrechtsdenken dringlicher denn je werden ließ, eine Erfahrung doppelter Missachtung: Nicht nur wurden die Juden als *Menschen* an den Rand der weltumfassenden Menschengemeinschaft gedrängt, indem man sie wie »Vieh« behandelte, deportierte und massenhaft vernichtete. Zuvor waren sie als *Staatsbürger* jüdischer Abstammung aus der politischen Gemeinschaft ausgestoßen worden, der sie angehörten. Und nicht zuletzt hatte man sie dann endgültig jenes elementaren Rechts, Rechte zu haben, beraubt, indem andere Staaten sich weigerten, sie aufzunehmen.⁶⁶ Aus den tief greifenden Unrechtserfahrungen des 20. Jahrhunderts folgt demnach als vielleicht wichtigste menschenrechtliche Konsequenz, *dass* der Mensch einen Bürgerstatus innehaben muss, um vollen menschenrechtlichen Schutz genießen zu können, und dass er, wenn er staatenloser Flüchtling ist, die Chance auf Erwerb einer Staatsbürgerschaft braucht. Unklar ist aber, inwieweit tatsächlich ein entsprechendes *Menschenrecht* auf eine (bestimmte) Staatsbürgerschaft, d.h. auf Mitgliedschaft in einer (bestimmten) politischen Gemeinschaft behauptet werden darf oder ob gar das Fehlen einer solchen Staatsbürgerschaft durch Mitgliedschaft in einer wie auch immer gearteten global-politischen Gemeinschaft von »Weltbürgern« aufgefangen werden kann. Damit jedoch sind Fragen zum Verhältnis von Demokratie und Menschenrechten sowie zur Aussicht auf eine die nationalstaatlichen Grenzen transzendierende »Weltrepublik« berührt, die wir erst später diskutieren wollen (Abschnitt IV). Zunächst soll auf eine dritte menschenrechtliche Dimension historischer Extension verwiesen werden.

c) Klassen von Menschenrechten: Im Verlaufe der neueren Menschenrechtsdebatte ist es üblich geworden, die Menschenrechte insgesamt in genau drei unterschiedliche Klassen einzuteilen und deren Differenzierung als einen historischen Prozess zu begreifen. Doch erweisen sich diese zugleich systematischen wie historischen Dreiteilungen bei genauerem Hinsehen nicht immer als deckungsgleich. Vier solcher Dreiteilungsversuche müssen auseinandergehalten werden.

(1) Die erste dieser Differenzierungen geht auf die sogenannte *Statustheorie* des Staatsrechtlers Georg Jellinek zurück. Im Jahre 1892 hatte Jellinek auf eine bis heute für die Staatsrechtslehre einschlägige Weise unterschiedliche Geltungsdimensionen des »öffentlichen Rechts« – gemeint ist derjenige Teil der

Rechtsordnung, der Aufgaben und Verantwortlichkeiten öffentlicher Gewalten und deren Funktionsträgern regelt – unterschieden, und zwar mit Fokus auf den Status »subjektiver« Grundrechte.[67] Demnach umfasse der *status negativus* des mit subjektiven Grundrechten ausgestatteten Bürgers primär Abwehrrechte gegen den Staat. Diese Rechte sind als »negativ« in dem Sinn zu verstehen, dass sie den Staat zur Unterlassung unbefugter Eingriffe und zur Achtung privater Freiheitsräume verpflichten. Beispiele solcher Grundrechte sind u.a. das Tötungsverbot, das Verbot der Folter, Meinungs- und Religionsfreiheit. Demgegenüber meint der *status activus* solche Grundrechte, die den Bürger in den Stand versetzen sollen, »aktiv« und gleichberechtigt an den politischen Entscheidungsprozessen der eigenen Gemeinschaft mitzuwirken; gemeint sind z.B. Wahlrecht, Vereinigungsfreiheit, freier Zugang zu öffentlichen Ämtern. Einen *status positivus* schließlich sichern solche subjektiven Rechte, die man häufig auch als »Leistungsrechte« bezeichnet; das Recht auf Bildung etwa, auf Gesundheit, Arbeit oder einen angemessen Lebensstandard. Diese Rechte zielen insofern auf einen »positiven« Bürgerstatus, als sie den Staat ausdrücklich zu einem seine Bürger unterstützenden Tun auffordern.

Schon bei Jellinek deutet sich nun eine wichtige Überzeugung an, die bei Thomas H. Marshall[68] dann später in soziohistorischer Hinsicht eine Fortschreibung, aber, wie sich gleich noch zeigen wird, auch Umschreibung erfährt – freilich ohne dass Marshall dabei ausdrücklich auf Jellinek Bezug nimmt: Die den jeweiligen drei Status-Klassen zugeordneten Rechte sollen sich in historischer Stufenfolge ergeben und so zunehmend zu einem *erweiterten* Bürgerrechtsstatus beigetragen haben. Zunächst, so Marshall, erkämpften sich die Menschen negative Abwehrrechte gegen den zur Gewaltherrschaft tendierenden absolutistischen Staat. Sobald sie dessen Übergriffe nicht mehr zu fürchten hatten, pochten sie spätestens ab dem 18. Jahrhundert auf politische Mitwirkungsrechte. Schließlich erstritten sich die solchermaßen mitspracheberechtigten Bürger ab dem 19. Jahrhundert grundlegende soziale und wirtschaftliche Leistungsrechte. Das Ergebnis dieser Entwicklung ist der liberale (status negativus), demokratische (status activus) sowie soziale (status positivus) Rechtsstaat, der seinen Bürgern entsprechende Grundrechte gewährt. Und diesen wiederum, so kann ergänzt werden, korrespondieren entsprechende Menschenrechte, sobald jene eine völkerrechtliche Absicherung erfahren; und zwar spätestens mit den beiden Pakten über bürgerliche und politische Rechte sowie über wirtschaftliche, soziale und kulturelle Rechte von 1966.

(2) Nun ist aber die jellineksche Statustheorie mit einem Problem behaftet, das für den Versuch einer entsprechenden Typologisierung unterschiedlicher Klassen von Menschenrechten aufschlussreich ist und bei Marshall bereits – unausgesprochen – Berücksichtigung findet: Jellineks Differenzierung unterschiedlicher Verantwortlichkeiten des Staates – die Unterlassung unbefugter Übergriffe, die Ermächtigung zur politischen Teilnahme sowie die Erbringung sozialer Leistungen – mag zwar einleuchten. Es fällt jedoch schwer, diesen drei Hinsichten jeweils konkrete Rechte eindeutig zuzuordnen.[69] Dazu einige Beispiele: Aus dem zunächst negativ verstandenen Abwehrrecht auf freie Meinungsäußerung ergeben sich unmittelbar auch positive Ansprüche auf staatliche Gewährleistung öffentlicher Meinungsbildungsprozesse. Die Realisierungsmöglichkeiten politischer Mitwirkungsrechte, wie etwa das passive und aktive Wahlrecht, hängen nicht nur von negativen Unterlassungen seitens des Staates, sondern auch davon ab, ob die betreffenden Rechtsträger in den Genuss staatlicher Sozialleistungen, wie Bildung und Gesundheitsversorgung, kommen, die sie überhaupt erst in die Lage versetzen, ihre Mitwirkungsrechte auch wahrnehmen zu können. Die Ga-

rantie positiver Leistungsrechte wiederum setzt voraus, dass bei deren Realisierung nicht die negativen Freiheitsansprüche derjenigen missachtet werden, die für ein dafür notwendiges Steueraufkommen zu sorgen haben etc.

Was demnach die Grund- und Menschenrechte im Einzelnen angeht, so lässt sich eine trennscharfe Zuordnung zu einem der drei jellinekschen Verantwortungsbereiche oft nur schwer vornehmen, weil es Jellinek weniger um eine Dreiteilung von Rechtstypen als vielmehr um eine Differenzierung unterschiedlicher Bürger-Staat-Relationen geht.[70] Daher ist von Georg Lohmann der Vorschlag gemacht worden, die Statuszuordnungen »negativ«, »aktiv« und »positiv« zu vermeiden, stattdessen systematische Unterschiede zwischen den einzelnen Rechten in den Blick zu nehmen und – ähnlich wie schon Marshall – zwischen »individuellen Freiheitsrechten«, »politischen Teilnahmerechten« und »sozialen Teilhaberechten« zu unterscheiden.[71] Folge man dieser Systematisierung, so werde deutlich, dass es im Menschenrechtsdiskurs immer wieder zu einseitigen Konzentrationen komme: Die »klassisch-liberale« Auffassung im Anschluss an Locke und Kant favorisiert individuelle Freiheitsrechte. Politische Teilnahmerechte sind, z.B. für einige neuere Spielarten des Kantianismus[72], eher zweitrangig, während soziale Teilhaberechte zumeist gar keine Rolle spielen oder doch zumindest als nicht begründbar gelten. Für die »republikanische« Auffassung im Anschluss an Rousseau sind hingegen politische Teilnahmerechte grundlegend, weil erst allgemeine Willensbildungs- und Entscheidungsprozesse individuelle Freiheitsrechte konstituieren sowie soziale Anspruchsrechte begründen können. Nach der »sozialistischen« Auffassung schließlich können erst im Anschluss an die rechtliche Sicherstellung sozialer Teilhabe zudem auch individuelle Freiheitsrechte sowie politische Teilnahmerechte Berücksichtigung finden, weil – so die Auffassung, wie sie während des Kalten

Krieges auf UN-Ebene häufig von Vertretern der sogenannten Ostblock-Staaten vertreten wurde – die Sicherung elementarer sozialer Lebensbedingungen eine gewisse existenzielle Priorität habe.⁷³ All diese Auffassungen, so lässt sich Lohmann hier deuten, sind jedoch unzureichend, weil sie das Rechtssubjekt in die drei Rollen der nicht-öffentlichen *Privatperson*, des aktiven *Staatsbürgers* und des anspruchsberechtigten *Leistungsempfängers* aufspalten. Damit ist aus menschenrechtlicher Sicht die Frage nach der »Unteilbarkeit«, d.h. nach dem Zusammenhang der verschiedenen Klassen der Menschenrechte aufgeworfen, auf die wir am Ende dieses Kapitels noch näher eingehen werden.

(3) Zunächst ist auf eine dritte Einteilung der Menschenrechte hinzuweisen, die wiederum ein konzeptionelles Defizit der zweiten Unterscheidung zu beheben hilft: Die Unterscheidung individueller Freiheitsrechte, politischer Teilnahmerechte und sozialer Teilhaberechte lässt die bei Jellinek noch erkennbaren Dimensionen staatlicher Verantwortlichkeiten unscharf werden. Aus dem Umstand, dass moderne Menschenrechtssubjekte Ansprüche sowohl auf elementare Freiheiten wie auch auf politische Mitbestimmung und soziale Sicherheit anmelden dürfen, folgt zunächst nicht viel mit Blick auf die Frage, welche konkreten staatlichen »Pflichten« dem entsprechen. Daher unterscheidet der Menschenrechtsdiskurs im Anschluss an Henry Shue oft auch zwischen »Unterlassungs-«, »Schutz-« und »Hilfspflichten«.⁷⁴

Gleichwohl darf diese Unterscheidung nicht mit der jellinekschen Statustheorie verwechselt werden, was ein Blick auf den jeweils zweiten Typus von Rechten bzw. Pflichten deutlich macht. Zwar stimmen der status negativus und der status positivus bei Jellinek jeweils in etwa mit dem überein, was nach Shue Unterlassungs- und Hilfspflichten sind, doch der status activus meint eine grund- und menschenrechtlich gebotene Ermächtigung zur politischen Mitbestimmung, während Schutzpflichten nach Shue einen ganz anderen Verantwortungsbereich markieren: Hier geht es primär darum, dass der Staat seine Bürger vor grundrechtlich relevanten Verletzungen durch *andere* Staatsbürger zu bewahren hat.[75] Aber wichtiger noch ist der Umstand, dass sich im Anschluss an Shue der Schwerpunkt typologisierender Betrachtung verschiebt: weg von der Ebene potenzieller Rechtsträger hin zur Frage nach den Adressaten entsprechender Pflichten. Die bisherigen Dreiteilungen zielten auf eine systematische Differenzierung des Status von Grundrechtssubjekten (Jellinek) sowie auf eine nur teilweise korrespondierende Typologie entsprechender Rechte (Marshall und Lohmann). Dagegen hat Shue in erster Linie den – ebenfalls in sich differenzierten und doch mit den ersten beiden Unterscheidungen nicht deckungsgleichen[76] – Verantwortungsbereich jener öffentlichen Instanzen vor Augen, für die sich aus entsprechenden grundrechtlichen Ansprüchen ganz konkrete staatliche Unterlassungs-, Hilfs- und Schutzpflichten ergeben. Allerdings hat – in unserem Zusammenhang – auch diese systematische Dreiteilung einen wichtigen Nachteil: Da die genannten drei Typen staatlicher Verpflichtungen nicht als das Ergebnis eines historischen Differenzierungsprozesses zu deuten sind, sondern als drei *generelle* Verpflichtungsdimensionen, die staatlich gewährten Grundrechten, so Shue, in der Regel insgesamt schon innewohnen[77], geht nach dieser Unterscheidung der für unsere Belange wichtige Aspekt einer menschenrechtlichen *Expansionsbewegung* verloren.

(4) Am klarsten findet sich der Versuch einer spezifisch historischen Herleitung unterschiedlicher Typen von Menschenrechten bei Karel Vasak: Er unterscheidet zwischen drei »Generationen« von Menschenrechten.[78] Allerdings setzt Vasak die Abfolge der historischen Kämpfe um die Menschenrechte deutlich anders an als etwa Jellinek und Marshall, mit deren Systematisie-

rungsversuchen Vasaks Generationenbegriff sehr häufig verwechselt wird. Nach Vasak gehören nämlich sowohl die klassischen liberalen Abwehrrechte als auch die politischen Partizipationsrechte zur »ersten« Generation der Menschenrechte. Diese, so Vasak, ist mit den revolutionären Verfassungsentwürfen der jungen Moderne zum Durchbruch gekommen. Dagegen gehören die sozialen Teilhaberechte zur »zweiten« Generation, da sie als historische Antwort auf die »soziale Frage« interpretiert werden müssen, die im Zuge der kapitalistischen Industrialisierung des 19. Jahrhunderts aufkam.

Damit sind aber die drei klassischen Typen von Menschenrechten bereits abgedeckt. Was kann da noch Gegenstand einer »dritten« Generation von Menschenrechten sein? Indem sich die kapitalistische Industrialisierung spätestens ab der zweiten Hälfte des 20. Jahrhunderts massiv und global ausweitete, sind, so Vasak, zunehmend Forderungen nach »Gruppen-« bzw. »Kollektivrechten« laut geworden. Deren Bedeutung verdankt sich nicht zuletzt einem wachsenden ökonomischen und ökologischen Raubbau an den politisch schwächeren Regionen dieser Welt, dem es auf menschrechtlicher Ebene entgegenzuwirken gilt; gemeint sind z.B. Rechte für bedrohte Minderheiten oder ganze Völker, aber auch völkerrechtlich eher umstrittene Menschenrechte wie das Recht auf Entwicklung oder saubere Umweltbedingungen, deren Träger ebenfalls, nach gängiger völkerrechtlicher Auffassung, nicht primär einzelne Individuen, sondern vielmehr Regionen, Bevölkerungen, künftige Generationen sind.[79] Die Debatte um den Status dieser Gruppen- oder Kollektivrechte ist in vollem Gange, denn Gruppen- bzw. Kollektivrechte können – gewissermaßen per definitionem oder allenfalls vermittelt – keine *subjektiven* Rechte sein, wie das die Idee der Menschenrechte vorsieht, so dass mit ihrem eher unklaren Rechtsträgerkreis auch der Adressatenkreis und die Verbindlichkeit entsprechender Verpflichtungen uneindeutig bleiben muss. Kurz: Ob es sich also bei der dritten Generation der Menschenrechte tatsächlich noch um *Menschen*rechte handelt, ist Gegenstand von anhaltenden Debatten, deren Ausgang ungewiss ist.

Fasst man nun das jeweilige Anliegen der vier hier skizzierten Typologisierungen zusammen, so wollen diese Dreiteilungen offenbar ein wachsendes menschenrechtliches Anspruchsniveau anzeigen: Die Subjekte der Menschenrechte finden, historisch betrachtet, in immer mehr Hinsichten ihres Lebens eine menschenrechtliche Anerkennung. Wer aber von unterschiedlichen »Niveaus« derartiger Ansprüche ausgeht, sieht sich zugleich mit einem wichtigen Problem konfrontiert: Geht man von einer historisch und politisch erkämpften stufenweisen Ausdehnung der Menschenrechte aus, so erweist sich die gängige Rede von einer »Unteilbarkeit« der Menschenrechte zumindest in historischer und politischer Hinsicht als unzutreffend.

d) Unteilbar und gleichgewichtig? Wirft man einen Blick in die Allgemeine Erklärung der Menschenrechte, so fällt zunächst auf, dass die einzelnen Menschenrechte darin erkennbar nicht nach Gruppen oder anderen systematischen Kriterien sortiert werden. Es fällt jedoch überdies auf, dass, wie fundamental bedeutsam das Menschenrecht als ganzes auch sein mag, Unterschiede in der Wichtigkeit und Dringlichkeit *einzelner* Menschenrechte bestehen. So wäre es völlig unverständlich, wollte man z.B. behaupten, das Recht auf Leben (Art. 3) sei keineswegs von größerer Bedeutung als z.B. das Recht auf »regelmäßigen bezahlten Urlaub« (Art. 24). Gleichwohl ist in der völkerrechtlichen, der rechtsphilosophischen und auch der moralphilosophischen Diskussion die Überzeugung vorherrschend, die Menschenrechte seien »aus einem Guss«; und zwar in dem Sinn, dass sie eine irreduzible Einheit bilden. Alle Menschenrechte, so die geläufige

Meinung, gehören notwendig zusammen. Sie lassen sich nicht teilen. Es gilt: Jeder Mensch hat diese Rechte und zwar *jedes* dieser Rechte.[80]

> Millenniums-Erklärung der Vereinten Nationen vom 8. September 2000 (Auszug)
>
> 24. Wir werden keine Mühen scheuen, um die Demokratie zu fördern und die Rechtsstaatlichkeit sowie die Achtung aller international anerkannten Menschenrechte und Grundfreiheiten einschließlich des Rechts auf Entwicklung zu stärken.
>
> 25. Wir treffen daher den Beschluss,
>
> – die Allgemeine Erklärung der Menschenrechte vollinhaltlich zu achten und ihr Geltung zu verschaffen;
>
> – uns um den vollen Schutz und die Förderung der bürgerlichen, politischen, wirtschaftlichen, sozialen und kulturellen Rechte für alle in allen unseren Ländern zu bemühen;

Doch die Vielzahl der völkerrechtlich vereinbarten bzw. denkbaren[81] Menschenrechte ruft eine doppelte Fragestellung auf den Plan: Ist das Menschenrecht (im Singular) tatsächlich »unteilbar« und, wenn ja, sind die Menschenrechte (im Plural) zudem allesamt »gleichgewichtig«? Selbst wenn man nämlich die erste Frage bejahen will, wird man die zweite dennoch verneinen können. Die Allgemeine Erklärung der Menschenrechte mag zwar den Eindruck eines in sich geschlossenen Katalogs nichtsubstituierbarer und prinzipiell gleichrangiger Rechte vermitteln, die weitere Völkerrechtsentwicklung jedoch hat diesen Eindruck korrigiert. Die Tatsache, dass es fast zwanzig Jahre gedauert hat, bis der völkerrechtlich zunächst unverbindlichen Absichtserklärung von 1948 im Jahr 1966 erstmals *bindende* Menschenrechtsverträge folgten, ist zweifellos auch dem Umstand geschuldet, dass der rechtliche Status zumindest einiger Menschenrechte, und zwar insbesondere der sozialen Teilhaberechte, strittig war und bis heute strittig ist. Bezeichnend ist in diesem Zusammenhang, dass die beiden UN-Pakte von 1966, deren Nebeneinander dem damaligen Ost-West-Konflikt geschuldet war[82], faktisch nicht, zumindest bislang nicht, dieselbe völkerrechtliche Bedeutung besitzen. So sieht der Pakt über bürgerliche und politische Rechte ein »Individualbeschwerdeverfahren«[83] vor, d.h. die justiziable Chance einzelner Weltbürger, ihren menschenrechtsrelevanten Fall vor den verantwortlichen UN-Ausschuss zu bringen, während dies für den Pakt über wirtschaftliche, soziale und kulturelle Rechte bis heute nicht gilt.[84] Diese Ungleichbehandlung ist Indiz für eine verbreitete, eher grundsätzliche Skepsis, der zufolge die sozialen Menschenrechte allenfalls als rechtlich letztlich unverbindliche »Staatsziele«, nicht aber als justiziable subjektive Rechte taugen.[85]

Daher kann nicht einmal in positiv-rechtlicher Hinsicht von einer konsequenten Gleichgewichtung der Menschenrechte die Rede sein. Gleichwohl muss mit der bloßen Tatsache, dass unterschiedliche Menschenrechte *de facto* unterschiedlich gehandhabt werden, nicht schon ausgeschlossen sein, dass deren prinzipielle Gleichgewichtung nicht doch moralisch geboten ist. Es empfiehlt sich daher, zwischen einer juristischen, einer moralphilosophischen und einer historisch-politischen Gewichtungsfrage zu unterscheiden, wodurch erneut das spannungsreiche Zusammenspiel dreier unterschiedlicher Kontexte der Menschenrechte – Moral, Recht und Politik – in den Blick kommt, wenngleich auf eine gänzlich andere als der in Kapitel 1 skizzierten Weise. Ging es dort um die Frage, ob wir unter Menschenrechten einen moralisch, rechtlich oder aber politisch begründeten *Begriff* verstehen wollen, geht es hier um ein arbeitsteiliges Ineinanderwirken moralphilosophischer, juristischer und politischer *Diskurse*.

In Menschenrechtsfragen ist eine Art disziplinäre Aufgabenteilung zwischen der philosophischen Analyse hochrangiger Ideale, der juristischen Positivierung dessen, was rechtlich sinnvoll erscheint, und dem politischen »Bohren dicker Bretter« (Max Weber) angezeigt. Das positive Recht übernimmt dabei eine Art Vermittlerrolle. Einerseits ist das positiv gesatzte Menschenrecht den (welt-)politischen Realitäten in vielen Hinsichten weit voraus; eine erhebliche Diskrepanz zwischen der allgemeinen Anerkennung der Menschenrechte und deren empirischer Durchsetzung ist offenkundig. Zugleich aber vermag der institutionalisierte Rechtsdiskurs überhöhte Ansprüche zurückzuweisen, wenn moralische Forderungen erhoben werden, die das, was Menschen tatsächlich wechselseitig voneinander erwarten dürfen, überziehen.[86] Wichtig ist dabei das Folgende: Dass sich das vermeintliche Gleichgewicht der Menschenrechte je nach Diskurskontext verschieben kann, ist Ausdruck unterschiedlicher Prioritätssetzungen innerhalb dieser drei Kontexte. Das, was moralphilosophisch wünschenswert ist, muss nicht immer das sein, was juristisch prioritär (oder auch nur machbar) ist, und zudem muss es nicht immer deckungsgleich mit dem sein, was politisch derzeit möglich oder auch dringlicher wäre.

Fraglich ist dennoch, ob uns dies notwendig zu der skeptischen Einsicht führen muss, es könne keine *prinzipielle* Rangordnung der Menschenrechte geben. Wie, so wäre zu fragen, soll im konkreten Einzelfall abgewogen werden; z.B. dann, wenn es, wie etwa im Fall des »Kopftuchstreites«[87], zur direkten Kollision unterschiedlicher Grund- und Menschenrechte – hier etwa zwischen Rechten auf positive und negative Religionsfreiheit, auf freie Persönlichkeitsentfaltung, Meinungsfreiheit, Berufsfreiheit – kommt? Bedarf es dazu nicht prinzipieller Kriterien, anhand derer sich mit guten Gründen entscheiden lässt, welche Abwägungen und Ungleichgewichtungen im Einzelfall zulässig sind und welche nicht? Wie soll sich sonst die simple relativistische Ansicht vermeiden lassen, dass alle Menschenrechte nur in dem Sinn gleichgewichtig sind, dass sie letztlich alle gleich *unwichtig* sind? Wenn die Frage, wie im Einzelfall zu gewichten ist, von je spezifischen Umständen abhängig ist, dann wird die Idee der Menschenrechte, die ja zumindest eine gewisse transhistorische und transkulturelle Geltung beansprucht, am Ende doch von historisch und kulturell besonderen Anwendungsbedingungen abhängig gemacht.

Daher ist es angeraten, nicht nur *im Prozess* der Abwägung, sondern auch *im Prinzip* von einer Ungleichgewichtung der Menschenrechte auszugehen und zwischen äußerst elementaren und weniger fundamentalen Menschenrechten zu unterscheiden. Das Recht, nicht gefoltert zu werden, wiegt offenkundig schwerer als etwa das Recht auf Versammlungsfreiheit, und zwar deshalb, weil die von Folter bedrohten Rechtsgüter »Leben« und »Menschenwürde« – in der Regel zumindest[88] – als existenziell wichtiger und normativ höherwertiger einzustufen sind als die Freiheit, sich öffentlich zu versammeln.[89] Gleichwohl lässt sich daraus nicht schon die irrige Annahme ableiten, einzelne Menschenrechte seien deshalb entbehrlich. Nur weil z.B. die Tötung eines Menschen schwerer wiegt als etwa ein Diebstahl, käme deshalb doch auch niemand auf die Idee, den letzteren Tatbestand einfach aus dem Strafgesetzbuch zu streichen. Entsprechend gilt: Die Menschenrechte beanspruchen zu Recht Unteilbarkeit, auch wenn sie nicht in jedem Einzelfall gleich schwer wiegen. So wichtig die Forderung nach einer umfassenden Berücksichtigung aller Menschenrechte auch sein mag, so sehr sollte man doch das falsche Pathos vermeiden, die Zukunft der Menschheit hinge von der Verwirklichung jedes einzelnen dieser Menschenrechte gleichermaßen ab.

Kontroverse II: Zwischen einem minimalistischen und einem maximalistischen Universalismus

An verschiedenen Punkten dieser Einführung ist auf den Unterschied zwischen einer »minimalistischen« und einer eher »maximalistischen« Deutung des menschenrechtlichen Universalismus hingewiesen worden. Die Kontroverse betrifft zunächst die Frage, wie *umfangreich* der Inhalt der Menschenrechte bestimmt werden kann. Minimalisten raten zur Zurückhaltung, weil nur so Hoffnung auf eine globale Anerkennung der Menschenrechtsidee bestehe. Maximalisten hingegen warnen vor einer »falschen« Bescheidenheit, die den relativistischen Gegnern des Universalismus zu viel schenken würde.

Das Argument *für ein maximalistisches Verständnis der Menschenrechte* lautet so: Solange ein Begriff des »Menschen« Verwendung findet, und zwar, seinem Sinngehalt nach, kulturübergreifend, gehen jene, die diesen Begriff gebrauchen, notwendigerweise von allgemein menschlichen Eigenschaften und Bedürfnissen aus, die verletzt werden können. Selbst wenn die historischen Ereignisse, die den Siegeszug der Menschenrechte beschleunigt haben mögen, singulären, »westlichen« Charakter besitzen, warum sollten nicht die dabei erlittenen Unrechtserfahrungen verallgemeinerbar sein? Besteht denn aus der Sicht des Opfers ein Unterschied, ob man in einem Keller der Gestapo, in einem chinesischen Gefängnis oder aber in Abu Ghraib gefoltert wird? Und warum sollte das in weniger gravierenden Fällen menschenrechtlicher Verstöße und Unrechtserfahrungen anders sein? Der ohne Zweifel universelle, d.h. in diesem Fall: überall anzutreffende Umstand einer typisch menschlichen Verletzbarkeit in durchaus *komplexer* Hinsicht konstituiert eine nicht weniger komplexe Abhängigkeit der Menschen voneinander. Und diese Abhängigkeit wiederum lässt eine ebenso differenzierte Regelung durch moralisches und positives Recht notwendig werden. Minimalistische Konzepte, so die Kritik, verkennen, wie weit solche Regelungen ausgreifen müssen: Selbst wenn sie »nur« die körperliche Integrität gewährleisten sollen, müssen sie doch zugleich all das ebenfalls einfordern, was zur Erhaltung und Anerkennung einer entsprechenden öffentlichen Ordnung notwendig ist; etwa Rechte auf politische Partizipation und, um diese wiederum zu gewährleisten, auf soziale und kulturelle Teilnahme. Eine minimalistische Beschränkung der Menschenrechte auf einige wenige Gehalte (zumeist die klassischen liberalen Abwehrrechte) verkennt die Lehre aus der geschichtlichen Entwicklung der Menschenrechte, dass die Sicherung dieser Rechte nicht zu haben ist, ohne weitere Rechte zu gewährleisten. Die Menschenrechte sind »unteilbar«, wie es heißt.

Der *minimalistische Einwand dagegen* besteht vor allem in folgendem Argument: dass mit einem maximalistischen Verständnis des Gehalts der Menschenrechte die Möglichkeit in Frage gestellt wird, für die Menschenrechte universale Zustimmung zu gewinnen. Die Menschenrechte, so lautet dieser Einwand, haben nur dann eine Chance, der Tatsache des Pluralismus unterschiedlicher Kulturen gerecht zu werden, wenn sie in ihrem Umfang konsequent auf ein Minimum beschränkt werden. Maximalismus des Gehalts und Universalismus der Geltung schließen sich demnach aus. Der menschenrechtliche Minimalismus bestreitet also nicht die Wünschbarkeit eines anspruchsvollen Gehalts der Menschenrechte, sondern lediglich, dass Argumente für diesen Gehalt vorgebracht werden können, die selbst nicht kulturell partikular sind. Zwar muss der menschenrechtliche Minimalismus zugestehen, dass die Anerkennung der Sichtweisen anderer Kulturen selbst eine anspruchsvolle menschenrechtliche Forderung ist. Denn wie ließe sich das Recht auf Anerkennung verschiedener kultureller Deutungen anders begründen als im Rückgang auf das Recht der Menschen auf je *ihre* kulturellen Deutungen? Zugleich aber beansprucht der menschenrechtliche Minimalismus, umgekehrt zeigen zu können, dass der Maximalismus, in welcher Fassung auch immer, seinerseits nicht ohne Rückgriff auf normative Konzepte – Konzepte des Subjekts, des Rechts oder der Politik – auskommt, die eine spezifische kulturelle Herkunft und Prägung haben.

Der minimalistische Einwand, so zeigt sich damit, betrifft weniger die Frage, wie eng oder weit der Inhalt der Menschenrechte zu fassen ist, als vielmehr die Aussichten darauf, für diesen Inhalt universelle Zustimmung zu gewinnen. Dabei formuliert der Minimalismus eine wichtige Einsicht: Wer immer Menschenrechte erklärt, tut dies auf eine *bestimmte* Art und Weise, in einer bestimmten Sprache und mithilfe bestimmter weiterer Ideen und Ideale. Und diese stehen jeweils bestimmten *anderen* Weisen, Sprachen und Idealen gegenüber. Der Minimalismus ist jedoch inkonsequent darin, wie er diese Einsicht versteht. Denn er glaubt, dass es gleichwohl einige, eben jene vermeintlich »minimalen« Gehalte gebe, die von dieser Regel ausgenommen seien. Das sollen Gehalte sein, deren universale Gültigkeit unmittelbar feststehe, weil sie jenem Gesetz der Bestimmtheit und damit Relativität nicht unterliegen; deren Universalität also durch ihre *Neutralität* garantiert sein soll. Nur weil der Minimalismus die Universalität *so* deutet, kann er nicht verstehen, wie man menschenrechtlicher Maximalist und Universalist zugleich sein kann. Denn es erscheint ihm offenkundig, dass anspruchsvollere Gehalte der Menschenrechtsidee nicht in diesem Sinn »neutral« sein können.

Damit aber ist die maximalistische Position nicht schon widerlegt, denn sie muss die minimalistische Gleichsetzung von Universalität und Neutralität gar nicht teilen. Aus maximalistischer Sicht ist es kein prinzipieller Einwand gegen die universalistische Orientierung, dass jede Konzeption der Menschenrechte gar nicht anders denn als eine je bestimmte auftreten kann. Denn sie muss nicht schon behaupten, dass sie etwas zum Ausdruck bringt, das tatsächlich alle schon genauso sehen. Vielmehr wird sie in einem *Prozess* der Universalisierung dafür werben wollen, dass alle sich so verstehen und womöglich so verändern sollten, *dass* sie es genauso sehen. Wenn der Universalismus prozessual verstanden wird, gibt es keinen Grund mehr dafür, den Gehalt der Menschenrechte minimalistisch zu begrenzen. Denn dann müssen sich menschenrechtlicher Maximalismus und Universalismus nicht widersprechen.

III. Menschenwürde

Ein deutliches Anzeichen dafür, dass mit der Allgemeinen Erklärung der Menschenrechte keineswegs nur die alten Ideen natürlicher, angeborener Rechte jedes Menschen wiederbelebt werden, sondern auch begrifflich ein neuer Einsatz gemacht wird, ist die Rolle, die in ihr der Begriff der Menschenwürde spielt.[1] In den klassischen Menschenrechtserklärungen des 18. Jahrhunderts findet sich dieser Begriff nicht. Dagegen wird er zu dieser Zeit bereits in Rechts- (Pufendorf) und Moraltheorien (Kant) aus der antiken Tradition aufgegriffen und grundsätzlich neu formuliert. Diese Ansätze finden jedoch zunächst keine unmittelbare rechtstheoretische Fortsetzung. Wenn im 19. Jahrhundert von »menschenwürdig« die Rede ist, so zumeist im Zusammenhang mit Forderungen nach einer grundlegenden Veränderung der sozialen und ökonomischen Lebensverhältnisse des Proletariats. Eine allgemeine Bedeutung für das Verständnis der Menschenrechte ist damit jedoch nicht verbunden. Das ändert sich erst nach dem Zweiten Weltkrieg: Die Menschenwürde tritt nun zunehmend als die Idee hervor, auf die man sich angesichts der totalitären »Akte der Barbarei« als gemeinsame Grundlage verständigen kann. So spricht die Allgemeine Erklärung der Menschenrechte von 1948 gleich im ersten Satz ihrer Präambel von der »Anerkennung der angeborenen Würde und der gleichen und unveräußerlichen Rechte aller Mitglieder der Gemeinschaft der Menschen«. Und Art. 1 erklärt: »Alle Menschen sind frei und gleich an Würde und Rechten geboren.« Deutlicher noch stellt das deutsche Grundgesetz von 1949 ebenfalls in seinem ersten Artikel die Würde des Menschen als »unantastbare« Grundlage heraus: »Die Würde des Menschen ist unantastbar. Sie zu achten und zu schützen ist Verpflichtung aller staatlichen Gewalt.« (Art. 1 Abs. 1 GG) Diese Verknüpfung von Menschenrechten und menschlicher Würde ist in den folgenden Jahrzehnten wie selbstverständlich zur Grundlage des weltweiten Menschenrechtsregimes geworden.

Man kann gleichwohl nicht behaupten, dass die »Würde« des Menschen einen einheitlich verstandenen und verwendeten Begriff darstellt. In einem grundlegenden begriffsgeschichtlichen Artikel hat Panajotis Kondylis sogar behauptet, aufgrund des zu beobachtenden »vielfachen und widersprüchlichen philosophischen und politischen Sprachgebrauchs« sei der Begriff »›Menschenwürde‹ zu einer Leerformel neben anderen« verkommen.[2] Diese Diagnose beruht auf der These, dass der Begriff der Menschenwürde die Orientierungskraft, die er einmal – und zwar in den vernunftrechtlichen Konstruktionen der deutschen Aufklärung – hatte, einer spezifischen Lehre vom Menschen (Kondylis spricht von einer »dualistischen Vernunftanthropologie«) verdankte, die sich als unhaltbar erwiesen habe. Entfalle diese vernunfttheoretische Grundlage, so zeige der Würdebegriff die beklagte Vieldeutigkeit und Widersprüchlichkeit.

Diese These wollen die beiden folgenden Kapitel zurückweisen: Weder ist der Würdebegriff entbehrlich, wenn die grund- und menschenrechtliche Frage verhandelt wird, wem welche Rechte zukommen. Das haben nicht zuletzt die bioethischen Debatten seit den 1990er Jahren noch einmal deutlich gezeigt. Noch ist der Würdebegriff ungeeignet, die Frage nach dem Grund und Gehalt der Menschenrechte zu beantworten. Denn der Würdebegriff verdankt seinen Bedeutungsgewinn für die Menschenrechtspolitik seit dem Zweiten Weltkrieg keineswegs der sehr spezifischen Bedeutung, die die deutsche Aufklärung bei Pufendorf und Kant ihm gegeben hatte und deren vernunfttheoretische Grundlagen, wie Kondylis zu Recht feststellt, heute kaum noch überzeugen können. Der Würdebegriff hat vielmehr genau so viel und so weit an Bedeutung gewonnen, wie er sich davon zu lösen vermochte. So macht ein Blick in die Debatten, die der Formulierung der Allgemeinen Erklärung der Menschenrechte sowie des Grundgesetzes vorausgingen[3], eine entscheidende Funktion deutlich, die die neue Berufung auf die menschliche Würde darin erfüllte: Sie erlaubte es geistig und politisch so unterschiedlichen, ja gegensätzlichen Positionen wie etwa dem Liberalismus, dem Sozialismus und dem Katholizismus, sich auf einen Begriff zu verständigen, der eben deshalb ein gemeinsamer Leitbegriff werden konnte, weil er keiner der Positionen bereits zugehörte. Alle Positionen mussten sich verändern, wenigstens: neu beschreiben, um diesen Begriff verwenden zu können – ein Beispiel für die Universalisierung im *Prozess*, durch den allein ein weltweites Menschenrechtsverständnis gewonnen werden kann (vgl. Kapitel 3).

Die beiden folgenden Kapitel beschreiben einige Grundzüge dieses neu gefassten Begriffs der Menschenwürde, der keiner seiner traditionell verfügbaren Verwendungen entspricht. Dabei wird zunächst im Blick auf die grundsätzlichen Zweideutigkeiten, ja Spannungen, von denen diese Verwendungen durchzogen sind, ein Vorschlag zur Bestimmung des Inhalts des Würdebegriffs gemacht (Kapitel 5). In einem zweiten Schritt soll sodann geklärt werden, wie sich der Zusammenhang von Würde und Recht bestimmen lässt (Kapitel 6).

5. Der Inhalt der Würde

Auch wenn der rechtlich gebotene Schutz der Würde nach dem Zweiten Weltkrieg mehr und mehr in den Rang einer Fundamentalnorm erhoben wurde, ist bei genauerem Hinsehen doch unklar, was genau darunter zu verstehen ist. Nimmt man einmal die aus Art. 1 Abs. 1 GG vertraute Behauptung »Die Würde des Menschen ist unantastbar« wörtlich, so wird rasch deutlich, dass im Alltag durchaus auch gegenteilige Beobachtungen zu machen sind. Ja, gemeinhin ist überhaupt gar nicht umstritten, *dass* die Würde des Menschen angetastet und verletzt werden kann; etwa durch grobe Missachtung, Demütigung oder gar Folter. Wenn dem aber tatsächlich so ist, dann verbleibt hinsichtlich der in Art. 1 festgeschriebenen Unantastbarkeit ein schwerwiegendes Deutungsproblem: Ist die Würde des Menschen nun antastbar oder ist sie es nicht? Nach herrschender Meinung der Verfassungsrechtler haben wir es hier mit einer offenbar nicht ganz ungewollten grammatikalischen Ungenauigkeit zu tun. Der Indikativ »ist unantastbar« soll das Bestehen eines Sachverhaltes bloß suggerieren. In Wirklichkeit aber werde keine Tatsache im strikten Sinne deklariert, sondern lediglich eine besonders starke Forderung: Die Würde des Menschen *darf unter keinen Umständen* angetastet werden.[4] Aber sind die Verständnisschwierigkeiten damit bereits ausgeräumt? Und ist damit schon etwas über den konkreten Inhalt der Würdeidee ausgesagt?

Blickt man zunächst auf die historischen Quellen, aus denen sich die heutige Verwendung des Würdebegriffs speist, so offenbart sich ein Bedeutungswandel, der sich – grob gesehen – in drei Phasen vollzogen hat.[5] In der römischen Antike zielte der Würdebegriff (lat. *dignitas*) zumeist auf die herausgehobene Stellung einer besonderen Persönlichkeit des öffentlichen Lebens. Staatsmänner und Politiker genossen aufgrund der verantwortlichen Ämter, die sie innerhalb ihres Gemeinwesens bekleideten, einen besonderen Ruf, der ihre Dignität oder eben Würde begründete. Spätestens im Rahmen der mittelalterlichen Theologie jedoch wurde jene – die privilegierte Stellung einer einzelnen Persönlichkeit betreffende – Bedeutung des Würdebegriffs verallgemeinert und auf die herausgehobene Stellung *des* Menschen übertragen, die dieser innerhalb der göttlichen Gesamtordnung einnahm. Von nun an kam dem Menschen als solchem, d.h. ungeachtet all seiner Unterschiede, eine besondere Würde zu, weil ihm als dem »Ebenbild Gottes« eine gegenüber allen übrigen Lebewesen bevorzugte Rolle im göttlichen Schöpfungsplan zuerkannt worden war. Im Zuge der Renaissance, insbesondere durch Pico della Mirandola, und später mit der Aufklärung, vor allem durch Kant, wird dieser universalistisch gewendete Würdebegriff dann säkularisiert, d.h. von theologischen Begründungslasten »befreit«. Der Mensch besitzt Würde fortan nicht mehr deshalb, weil aus dem Jenseits ein göttlicher Abglanz auf ihn fällt, sondern weil der zu Vernunft und Selbstbestimmung fähige Mensch *selbst* zu einem geradezu anbetungswürdigen Wesen stilisiert wird.

Wenn in unseren Tagen von Würde die Rede ist, dann ist zumeist einer der beiden zuletzt genannten Bedeutungshorizonte, der theologische oder aber der säkulare, im Spiel. Glauben die einen Interpreten, bei der genaueren Bestimmung des Würdebegriffs gar nicht ohne Bezug auf eine göttliche Instanz auskommen zu können[6], so gehen andere – bei allen Unterschieden im Detail – davon aus, dass eine plausible Begründung der Menschenwürdeidee auch ohne theologische Argumente gelingen muss, wenn sie in einer modernen, pluralistischen Welt überzeugen können soll (vgl. unten).

(a) Vier Grundpositionen: Man erhält einen ersten Einblick in die philosophischen Grundpositionen der gegenwärtigen Wür-

dediskussion, wenn man sich aktuellen medizinethischen Fragen des Embryonenschutzes zuwendet. Die biopolitischen und verfassungsrechtlichen Debatten der letzten Jahre, z.B. um Stammzellforschung, Präimplantationsdiagnostik, Gentherapie, reproduktives und therapeutisches Klonen, haben unwiderruflich die Frage nach dem Umfang des Adressatenkreises aufgeworfen, dem grund- und menschenrechtlicher Würdeschutz zuerkannt werden soll.[7] Die unterschiedlichen Positionen in diesem Streit lassen sich anhand der beiden folgenden Fragekomplexe konturieren:

– Wer überhaupt zählt zu jener Gruppe von Menschen, denen Würde zugesprochen werden muss? Ist der Begriff der *Menschen*würde so zu verstehen, dass von vornherein jede menschliche Lebensform an ihr teilhat? Oder ist mit Würde eine Werteigenschaft gemeint, die der Mensch im Laufe seines Lebens erst noch erwirbt, so dass sie ihm gewissermaßen erst nachträglich zugesprochen werden kann (»Würde gegeben« vs. »Würde erworben«)?

– Ist die Menschenwürde als ein unveräußerliches, nicht-abstufbares Gut zu verstehen, das jedem ihrer Träger gleichermaßen zukommt? Besitzen tiefgefrorene, befruchtete Eizellen genau dieselbe Würde wie der erwachsene Grundrechtsträger? Oder können bzw. müssen hier rechtliche und moralische Abstufungen vorgenommen werden (»nicht-abstufbarer Würdebegriff« vs. »abstufbarer Würdebegriff«)?

Der Unterschied zwischen diesen beiden Fragekomplexen lässt sich wie folgt markieren: Im ersten Problemzusammenhang geht es um die Frage, ob zwischen Menschen »im vollen Sinn« und »sonstigen« menschlichen Lebensformen unterschieden werden muss bzw. darf, wobei gegebenenfalls eben nur den Ersteren Würde zukommen mag. Dagegen ist im zweiten Problemzusammenhang mit der Möglichkeit zu rechnen, dass Würde in unterschiedlichem Ausmaß vorhanden sein kann, selbst wenn bereits jede menschliche Lebensform ausnahmslos an der Menschenwürde partizipiert. Aus einer Kombination dieser beiden Problemstellungen ergeben sich vier Grundpositionen, die in den gegenwärtigen bioethischen Debatten vertreten werden.

(1) Würde gegeben/nicht-abstufbar: Die erste und zugleich größte Partei geht davon aus, dass Würde von vornherein bei jeder menschlichen Lebensform gegeben ist, und zwar in allen Fällen auf die gleiche nicht-abstufbare Weise. Dabei ist die Überzeugung zentral, dass jede wertende Unterscheidung zwischen unterschiedlichen Entwicklungsstadien menschlichen Lebens letzten Endes willkürlich sein muss und daher zu verwerfen ist. Zumeist gilt als unwiderruflicher Zeitpunkt der die Würde begründenden Menschwerdung bereits jener Moment, in dem Ei- und Samenzelle verschmelzen; spätestens jedoch der Moment der Nidation, d.h. der Einnistung der Zygote in die Gebärmutter. Es ist hier ganz gleich, ob dabei eine biologische, anthropologische, theologische oder auch vernunftrechtliche Begründung bevorzugt wird: Würde, so die gemeinsame These, kommt dem Menschen *als* Menschen zu, und zwar jedem und vom frühestmöglichen Zeitpunkt an. Demnach ist die Würde als eine Art »Mitgift« qua biologischem Menschsein zu begreifen, d.h. als ein unverlierbarer und unteilbarer Wert, der universelle Anerkennung verdient, weil er ausnahmslos jeder Form von menschlichem Leben innewohnt. Diese Mitgift darf niemandem streitig gemacht oder auch nur eingeschränkt zuerkannt werden.[8]

(2) Würde gegeben/abstufbar: Die zweite Gruppe von Interpreten stimmt mit der ersten zwar ausdrücklich in der Auffassung überein, dass prinzipiell jede menschliche Lebensform an der Menschenwürde teilhat, doch will man im Einzelfall zwischen einem Mehr und einem Weniger an Würde unterscheiden

können. Die zentrale Annahme lautet hier: Zwar trägt jeder einzelne Mensch aufgrund seiner Zugehörigkeit zur biologischen Gattung den *Kern* der Menschenwürde bereits in sich, weshalb jeder dann auch gleichermaßen Achtung verdient. Doch die volle Entfaltung dieses Kerns, d.h. die Frage, in welchem Ausmaß das würdevolle Leben subjektiv Realisierung findet, hängt nicht zuletzt auch von objektiven Bedingungen bzw. von einer menschenwürdigen Lebenssituation ab. Demnach muss die Würde als ein »Potenzial« begriffen werden, an dem jeder Mensch als Mensch zwar partizipiert, ohne es deshalb aber schon in gleichem Maße zu verwirklichen. Der faktische Besitz an Würde lässt graduelle Abstufungen zu – auch wenn das explizit nicht bedeuten darf, dass einzelne Mitglieder der Menschengemeinschaft allein dadurch aus dem Adressatenkreis des Würdeschutzes herausfallen.[9]

(3) Würde erworben/nicht-abstufbar: Die dritte Fraktion will bestreiten, dass von vornherein alle menschlichen Lebensformen an der Menschenwürde teilhaben. Hier werden z.B. im Hinblick auf die embryonale Frühentwicklung des Menschen moralisch relevante Schnitte angesetzt, und zwar zwischen unterschiedlichen Vorformen menschlichen Daseins und solchen Entwicklungsstadien, in denen sich besondere Charakteristika menschlichen Personseins (z.B. »Schmerzempfinden«, »Überlebensinteresse«, »Selbstachtung« oder auch »Autonomie«) herausbilden. Erst dann, so heißt es, sei der Würdestatus des jeweiligen Einzelmenschen begründet, so dass ihm gewissermaßen nachträglich Würde zuerkannt werden könne. Zugleich jedoch soll gelten, dass, solange der Mensch Person ist, ihm dieser Würdestatus auch nicht mehr streitig gemacht werden darf – weder grundsätzlich noch graduell. Für Personen gilt uneingeschränkt: Einmal Würde, immer Würde. Demnach zielt der Würdebegriff auf eine spezifisch personale »Fähigkeit«, die nur

eine Teilmenge der Menschheit aufweist, eben Personen, dies jedoch in sämtlichen Einzelfällen gleichermaßen. Lediglich solche Mitglieder der menschlichen Spezies, denen das jeweils als zentral erachtete Personenkriterium nicht anhaftet, müssen Würde entsprechend vermissen lassen.[10]

(4) Würde erworben/abstufbar: Die vierte Gruppe teilt zwar die auch für die dritte Fraktion maßgebliche Auffassung, dass zwischen »bloßem« und »personalem« menschlichen Leben differenziert werden müsse, doch kommen deren Vertreter zugleich mit der Ansicht der zweiten Fraktion überein, dass der faktische Besitz von Würde graduelle Abstufungen zulasse. Dabei rückt eine Überzeugung ins Zentrum der Aufmerksamkeit, die in auffälliger Nähe zum antiken Würdeverständnis steht (vgl. oben). Der Mensch, so die Annahme, muss seine Würde nicht bloß erwerben, sondern im Laufe seines Lebens zudem selbstbewusst verteidigen. Einer Person wird von anderen nur dann eine besondere Dignität und damit auch ein entsprechendes Schutzrecht zuerkannt werden, wenn sie sich gesellschaftlich auf entsprechende Weise ausgezeichnet hat. Nun erst wird sie seitens ihrer Mitmenschen jene soziale Achtung erfahren, die mit der Zuerkennung von Würde einhergeht. Demzufolge muss Würde als eine Art »Leistung« verstanden werden, die im sozialen Miteinander erst noch zu erbringen ist. Folgerichtig können nicht alle Menschen und auch nicht alle gleichermaßen Würde besitzen. Auf die bioethische Problematik menschlicher Embryonen etwa kann eine solche Begriffsbestimmung überhaupt gar keine Anwendung finden.[11]

Würde	gegeben/Schutz kategorisch	erworben/Schutz kontingentiert
Besitz nicht-abstufbar	Mitgift	Fähigkeit
Besitz abstufbar	Potenzial	Leistung

(b) Verkörperte Selbstachtung: Es ist nun auffällig, dass in der bioethischen Diskussion nur zu oft der Umstand übersehen wird, dass die doppelte Frage, ob tatsächlich allen menschlichen Lebensformen Würde zukommt und in welchem Grad, von einer Antwort auf die vorgängige Frage abhängt, wie genau der *Inhalt* der Würdeidee zu bestimmen ist. Denn je nachdem, ob man unter Würde eine Mitgift, ein Potenzial, eine Fähigkeit oder aber eine Leistung verstehen will, muss die Identifizierung des Adressatenkreises der Menschenwürde bereits im Ansatz unterschiedlich ausfallen. Wie auch immer man sich hier entscheiden mag: Zunächst herrscht unter den verschiedensten Interpreten des Würdebegriffs doch weitgehend Einigkeit darüber, dass ein universalistischer, die Gattung Mensch betreffender Begriff der Würde auf spezifisch menschliche Charakteristika verweisen muss, die es gerechtfertigt erscheinen lassen, eine besondere Dignität der eigenen Lebensform zu behaupten. Um welche Eigenschaften handelt es sich?

Als philosophiegeschichtlich bedeutendster Kronzeuge eines solchen universalistischen Würdeverständnisses gilt Immanuel Kant. Dieser hatte den Würdebegriff in einen notwendigen Zusammenhang mit dem spezifisch menschlichen Vermögen zur vernünftigen, d.h. bei ihm: zur moralisch-sittlichen Selbstbestimmung gebracht (vgl. Kapitel 2). Nach Kant kommt dem Menschen deshalb Würde zu, weil dieser sich zum Herrscher über die eigenen Affekte und Neigungen oder, um es mit Sigmund Freud zu sagen, zum Herrn im »eigenen Haus« aufzuschwingen vermag. Das Vermögen zur moralischen Selbstgesetzgebung, d.h. zur Einsicht in die Geltungskraft des kategorischen Imperatives, begründet den durch keinen »Preis« zu ersetzenden, unteilbaren »Wert« der Würde des Menschen: »Autonomie ist also der Grund der Würde der menschlichen und jeder vernünftigen Natur.«[12]

Während bis heute viele Interpreten an dieses kantische Verständnis der Würde anknüpfen, ist es doch von zahlreichen anderen für die darin vorgenommene Engführung auf Fragen der Moral kritisiert worden.[13] Vielmehr lasse sich die Würde des Menschen nicht zuletzt an der Art und Weise ablesen, ob und wie der Mensch seine unterschiedlichsten – nicht nur moralischen – Interessen, Motive und Lebensvollzüge miteinander in Einklang zu bringen vermag; freilich ohne sie von vornherein zugunsten des Sittengesetzes entscheiden zu müssen. Ganz gleich jedoch, ob man hier Kant oder aber seinen Kritikern folgen will, in beiden Fällen zielt der Würdebegriff auf so etwas wie ein menschliches *Minimum*, an dem eine Person partizipieren können muss, wenn sie ein wahrhaft menschenwürdiges Leben führen will.

Wie aber genau, so lautet noch immer die Frage, ist der Inhalt dieses Minimums zu bestimmen? Genau an dieser Stelle herrscht in der Würdedebatte größte Uneinigkeit und Verwirrung. Daher sollen hier zunächst nur ein paar der gängigen definitorischen Merkmale versammelt werden, deren Reihenfolge jedoch zugleich das wachsende Ausmaß widerspiegelt, in dem diese Merkmale in der gegenwärtigen Diskussion umstritten sind.[14]

(1) Fragt man zunächst nach eben jenem Spezifikum des Menschen, das diesen überhaupt in den Adressatenkreis des

grund- und menschenrechtlichen Würdeschutzes rücken lässt, so ist es, wie schon angedeutet, zunächst seine bloße Zugehörigkeit zur menschlichen Gattung, die ihn als – zumindest potenziellen – Träger der Würde qualifiziert. Das Menschsein als solches, so die in begrifflicher Hinsicht nahezu triviale Prämisse, ist notwendige Voraussetzung dafür, dass ein Lebewesen überhaupt an der Würde des Menschen partizipieren kann: Auch Tiere mögen eine Würde haben, nicht jedoch *Menschen*würde.

Exkurs 3: Tierethik und Tierrechte

Im Zusammenhang der Tierethik wird derzeit nicht nur allgemein über moralische Verpflichtungen des Menschen gegenüber Nicht-Menschen diskutiert, z.B. im Zusammenhang »artgerechter Tierhaltung«, sondern auch darüber, ob etwa ganz bestimmten Tieren, z.B. Primaten, nicht sogar Menschenrechte und Menschenwürde zuerkannt werden müssen. Schließlich seien sich erwachsene Menschen und z.B. Schimpansen in moralrelevanter Hinsicht sehr viel ähnlicher als etwa menschliche Personen und menschliche Embryonen.[15] Zumeist geht diese Diskussion mit dem nicht selten polemisch vorgetragenen Vorwurf einher, die Rede von Menschenrechten sei »anthropozentrisch« oder »speziesistisch«, sofern sie das Menschengeschlecht als eine »auserwählte Art« auszeichne. Doch wird dabei zumeist ein wichtiger Punkt übersehen: Die Menschenrechte haben keineswegs den diskriminierenden Sinn, den Menschen vom Tier zu unterscheiden und ihm etwaige höherwertige Rechte gegenüber »niederen« Lebensformen zuzuerkennen. Sie zielen lediglich auf ein *zwischenmenschliches* Rechtsverhältnis, das auch dann der Regelung bedürfte, *wenn* Tiere ähnliche Rechte haben sollten.

Die Menschenrechte sind demnach *per definitionem* Rechte für Menschen, nicht für Tiere. Damit ist nicht schon kategorisch ausgeschlossen, dass Tiere ähnliche oder sogar substanziell die gleichen moralischen Rechte haben. Es bleibt der Tierethik daher unbenommen, auch über Rechte von Primaten, Delfinen, Hunden, Katzen, Hühnern, Amöben und weiteren Tierarten nachzudenken, nur ist es begrifflich wenig sinnvoll, auch hier von »Menschenrechten« zu sprechen. Gleichwohl wird man eines von der Speziesismus-Kritik lernen können: Wenn sich in substanzieller Hinsicht eine moralisch relevante Grenzziehung zwischen Mensch und Tier tatsächlich als unzulässig herausstellen sollte – denn auch der Mensch ist bekanntlich ein *zoon* –, dann können die Menschenrechte durchaus (was aber vielleicht nicht allzu ernst genommen werden sollte) als Regeln einer *artgerechten Tierhaltung des Menschen*, die Letzterer sich selbst gibt, verstanden werden.

(2) Die besondere Form der sozialen Anerkennung, die Menschen anderen zuteil werden lassen, wenn sie ihnen Würde attestieren, wird gemeinhin »Achtung« genannt. Wenn sich eine Person in dem Sinne menschenwürdig behandelt fühlt, dass sie von anderen als ein ebenbürtiges Wesen »aus Fleisch und Blut« und nicht etwa als Ding, Maschine oder als Tier wahrgenommen wird, dann mag sie spüren, dass sie als gleiche unter Gleichen Bestätigung findet, d.h. geachtet wird.[16]

(3) Aus dem Wissen, von anderen geachtet zu werden, resultiert ein spezifisches Selbstverhältnis von Personen, das für die Würde von zentraler Bedeutung ist. »Selbstachtung« nennen wir jenes durch soziale Anerkennung vermittelte Gefühl der Selbstsicherheit, von dem ein Mensch getragen wird, wenn er sich vor Augen führt, dass er als ein gleichwertiges Mitglied der moralischen Gemeinschaft respektiert wird.[17]

(4) Während die Selbstachtung zunächst als eine innere Einstellung beschrieben werden muss, so kann diese *zum Ausdruck* kommen, wenn eine Person sie anderen gegenüber glaubhaft zu verkörpern vermag. Gemeint ist hier das äußere Erscheinungsbild der betreffenden Person, welches der inneren Überzeugung, Respekt zu verdienen, mal mehr, mal weniger adäquat sein kann. Man lobt dann gegebenenfalls die würdevolle »Haltung«, die ein Mensch annimmt, man attestiert ihm »Rückgrat« oder spricht vom »aufrechten Gang«[18].

(5) Der überaus wichtige Umstand, dass Menschen ihre Würde nach außen hin verkörpern wollen, macht sie anfällig für Angriffe und Verletzungen. Dort, wo eine Person menschenunwürdige Lebensbedingungen vorfindet, stellt sich unweigerlich die Frage, wie ihre Selbstachtung aufrechterhalten werden kann, wenn sie nicht zugleich auch den sozialen Freiraum besitzt, gemäß ihrer Selbstachtung zu leben und zu agieren. Dabei werden Angriffe auf die Menschenwürde für gewöhnlich Akte der »Missachtung«, »Demütigung«, »Diskriminierung« oder eben der »Entwürdigung« genannt.[19]

Aus diesen zunächst fünf Bestimmungen ergibt sich ein auf den ersten Blick eher befremdliches Begriffsbild: Auch wenn der Schutz der Menschenwürde (1) ein universelles Gut ist, an dem jedes Individuum bereits qua Menschsein partizipiert und das uns (2) in der Achtung durch andere zuteil wird, so ist dieses Gut doch nur dann vollständig realisiert, wenn (3) die betroffene Person von einem entsprechenden Gefühl der Selbstachtung getragen wird, wenn sie (4) ihre Selbstachtung nach außen hin zu verkörpern vermag und dabei (5) adäquate Lebensumstände vorfindet, in denen ihr ein aufrechter Gang möglich ist. Diese komplexe Begriffsbestimmung mag deshalb auf Anhieb fragwürdig anmuten, weil sie die Annahme zu beinhalten scheint, dass die Würde des Menschen nicht zuletzt eine auf Selbstachtung basierende, eigene *Haltung* darstellt.[20] Sollte dies zutreffend sein, dann könnte eine konkrete Einbuße an Würde durch eine soziale Missachtungserfahrung zwar angestoßen werden, letztlich aber müsste sie als das Ergebnis eines Mangels an Selbstachtung gedeutet werden.[21] Anders gesagt: Auch wenn die Wahrung der eigenen Selbstachtung in menschenunwürdigen Lebenssituationen mitunter geradezu unmöglich erscheinen muss, z.B. angesichts von Demütigung oder gar Folter, so muss sie sich schließlich doch nicht als gänzlich unmöglich erweisen, wenn das Opfer der Entwürdigung seine Selbstachtung zu bewahren vermag.

Das hieße nun aber, dass (6) die Bewahrung der Menschenwürde immer zumindest *auch* von der Kraft der Betroffenen abhängt und es daher (7) keinen direkten Automatismus geben kann zwischen dem Angriff auf die Würde eines Menschen und deren tatsächlichem Verlust.[22] So umstritten diese Annahme in der derzeitigen Würdedebatte auch sein mag, auf überraschende Weise deutet sich hier doch die Möglichkeit an, dass die Würde des Menschen in einem ganz bestimmten Sinne tatsächlich unantastbar »ist«. Zwar sind Menschen nicht selten massiven Übergriffen ausgesetzt. Dadurch können sie Gefahr laufen, aufgrund der ihnen versagten Anerkennung schließlich auch ihre Selbstachtung einzubüßen. Aber ihre Würde kann ihnen nicht schon gänzlich von außen genommen werden, weil ihre Selbstachtung einen Rest an Unzugänglichkeit aufweist.

(c) Würdebesitz und Würdeschutz: Allerdings hätte man an dieser Stelle sogleich das Missverständnis zu vermeiden, dass eine faktische Einbuße der Selbstachtung bereits eine Teilschuld am Verlust der eigenen Würde bewirke. Aus Gründen, die überwiegend nicht in ihrer Macht liegen, haben manche Menschen schlicht mehr Kraft als andere, angesichts von Unterdrückung, Missachtung, Demütigung ihre Würde zu bewahren. Vertreter der Selbstachtungsthese wollen lediglich behaupten: Es gibt keinen Verlust der Würde *ohne* Verlust der Selbstachtung. Das bedeutet selbstverständlich nicht, dass die Betroffenen darum schon allein oder auch nur weitgehend für die Bewahrung ihrer Würde verantwortlich wären. Es gilt durchaus, dass ein Mensch Würde dann – und nur dann – besitzen kann, wenn er von nichts und niemandem in seinen Lebensvollzügen derart beeinträchtigt wird, dass er seine Selbstachtung einbüßen muss. Akte der Demütigung oder Entwürdigung sind und bleiben eine Gefahr für die

Menschenwürde, eben weil sie den Betroffenen jene sozialen Freiräume streitig machen, innerhalb derer sie ihre Selbstachtung aufrechterhalten und verkörpern wollen.

Daraus würde folgen – und damit nähern wir uns der menschenrechtlichen Pointe der Würdedebatte –, dass es ein spezifisches Grund- und Menschenrecht stets nur auf »Schutz« der Würde geben kann, und zwar im Sinne eines Schutzes des Freiraums der Würdedarstellung[23], nicht aber ein Recht »auf« Würde. Der wie auch immer geringe Eigenanteil, den alle Menschen zur Bewahrung der eigenen Würde beizusteuern haben, macht es ihnen unmöglich, sich die Menschenwürde selbst schon wechselseitig zu garantieren. Sie können sich allenfalls deren bestmögliche soziale und rechtliche Absicherung versprechen. Daher ist genau an dieser Stelle eine entscheidende und oft übersehene Differenz zu markieren: Die Frage, ob ein Mensch Würde *besitzt* und, wenn ja, in welchem Ausmaß, muss sorgfältig von dem nicht weniger elementaren, aber dennoch abweichenden Problem unterschieden werden, ob ihm ein *gleiches Recht auf Schutz* der Würde zusteht.

Das diesbezügliche Grund- und Menschenrecht soll eben diesen Schutz und nicht schon die Würde selbst gewährleisten, indem es den Freiraum achtet und schafft, innerhalb dessen der Mensch ein aufrechtes und ungehindertes Leben – frei von Demütigung – in Selbstachtung und Würde zu führen vermag. Folgerichtig wird die Aufgabe des Staates in Art. 1 Abs. 1 GG unmittelbar im Anschluss an die Erklärung der Unantastbarkeit der Würde präzisiert: »Sie zu achten und zu schützen ist Verpflichtung aller staatlichen Gewalt.«

Der Streit um unterschiedliche Inhalte der Würdeidee kann also zunächst eingeklammert werden: Die uneingeschränkte Geltung des Menschenrechts auf Würdeschutz kann unabhängig von der Frage behauptet werden, ob die Würde in einem je bestimmten Leben tatsächlich uneingeschränkt oder bloß eingeschränkt realisiert ist. Insofern wir jeder menschlichen Lebensform ein Interesse an einer menschenwürdigen Behandlung unterstellen können – advokatorisch auch dem Embryo[24] –, ist entsprechend die Menschenwürde selbst als ein universelles Anliegen zu verstehen. Weil aber dieses universelle Anliegen als *universelles* Anliegen allein in Wechselseitigkeit zu realisieren ist, wenn also jede Person die entsprechenden Freiräume der anderen respektiert, kann ein ebenso wechselseitiges Recht auf Schutz eben jener sozialen Bedingungen angenommen werden, die für ein menschenwürdiges Leben notwendig sind.

Am Ende wird das universelle Recht auf Würdeschutz in seiner elementaren grund- und menschenrechtlichen Funktion überhaupt erst dann verständlich und operationalisierbar, wenn entsprechend zwischen Würdeschutz und Würdebesitz unterschieden wird. Warum? Wenden wir uns dazu zunächst noch einmal den vier oben skizzierten Würdebegriffen und damit der Frage zu, ob aus menschenrechtlicher Sicht eine Entscheidung zugunsten eines dieser Begriffe naheliegt. Den Bestimmungen des Inhalts der Würde (1)-(7) ist zu entnehmen, dass alle menschlichen Lebensformen insofern als gleich zu achten sind, als wir ihnen von vornherein unterstellen können, dass ihnen allen an einem Leben in Würde und Selbstachtung gelegen ist. Menschen sind jedoch graduell verschieden in dem Ausmaß, in dem sie faktisch Selbstachtung ausbilden bzw. verkörpern und daher in Würde leben können.

Daraus würde folgen: Nicht alle Menschen und nicht einmal alle Personen haben die volle Würde, aber sie alle haben an der Würde teil und besitzen deshalb das gleiche universelle Schutzrecht. Selbstredend haben, was gänzlich widersinnig wäre, nicht nur jene Menschen dieses Recht, denen Würde bereits in vollem Maße zukommt. Diese Menschen brauchen ein derartiges Recht vielleicht am wenigsten. Stattdessen hat jeder Mensch qua Menschsein ein Recht auf Würdeschutz, gerade weil er aufgrund von Verletzungen und fehlender Selbstachtung nur in jeweils unterschiedlichem Ausmaß Würde zu verkörpern vermag. Ja, menschenrechtlicher Schutz muss vielmehr jenen ganz besonders zukommen, deren Würde akut gefährdet ist.

Nach dieser Interpretation unterlägen Theorien, die unter Würde eine »Mitgift« verstehen, einem aufschlussreichen Missverständnis: Sie zielen – mit guten Gründen – auf einen allgemeinen Schutzanspruch, wenn sie – zu Unrecht – einen allgemeinen Würdebesitz konstatieren. Wenn alle Menschen immer schon die gleiche Würde besäßen, und zwar unverlierbar, warum sollte man sie dann unter Schutz stellen müssen? »Leistungstheorien hingegen neigen zu dem umgekehrten Fehler: Sie verneinen fälschlicherweise einen universellen Schutzanspruch, bloß weil sie mit guten Gründen Würde nur in unterschiedlichem Ausmaß verwirklicht sehen. Warum jedoch sollte das Schutzrecht, das gerade jene besonders benötigen, deren Würde verletzungsanfälliger ist, nur denen zukommen, die es akut viel weniger brauchen? Aber auch die Anhänger der Idee, dass sich die Würde einer typisch personalen »Fähigkeit« verdankt, sind im Irrtum. Zwar gehen sie mit guten Gründen von einem uneingeschränkten Schutzrecht aus, doch fälschlicherweise wollen sie dieses Recht nur denjenigen zuerkennen, die bereits Personen sind. Warum aber sollte man hier dann noch von »Menschenwürde« und nicht etwa von »Personenwürde« sprechen?

Kurz: Alle diese drei Begriffsansätze scheinen zu verkennen, dass die Würde des Menschen gerade deshalb unter einen nichtabstufbaren Schutz gestellt werden muss, weil sie de facto abstufbar ist. Zumindest aus menschenrechtlicher Sicht liegt daher die Vermutung nahe, dass die Würde des Menschen weder Mitgift noch Leistung noch Eigenschaft ist, sondern ein in Realisierung begriffenes »Potenzial«, an dem zwar jede menschliche Lebensform qua Menschsein von vornherein teilhat, das aber nur dann vollständig verwirklicht werden kann, wenn die Betroffenen grund- und menschenrechtlichen Schutz genießen. Anders gesagt: Der uneingeschränkte Würdebesitz ist nicht etwa die Voraussetzung, sondern das *Worumwillen* eines ebenso uneingeschränkten Würdeschutzes. Die Menschenwürde ist ein zerbrechliches Gut – eben darum ist sie auf rechtliche Sicherung und soziale Schonung angewiesen.

6. Das Recht der Würde

Die These am Schluss des vorhergehenden Kapitels lautete, dass nicht jeder Mensch Würde wie eine einfach vorliegende Eigenschaft besitzt, sondern dass jeder Mensch das Potenzial, die Möglichkeit und Fähigkeit hat, ein Leben in Würde zu führen. Darauf bezieht sich der Anspruch der Menschenrechte: Jeder Mensch soll in seinem Potenzial zu einem würdevollen Leben geschützt, ja die Entfaltung dieses Potenzials soll ermöglicht werden. Dass dieses Potenzial zu einem würdevollen Leben allen Menschen, bloß als Menschen, zukommt, erklärt, weshalb wir von den berechtigten Ansprüchen, die sich daraus an die politische Ordnung ergeben, als *Menschen*rechten sprechen. Weshalb aber handelt es sich dabei um Menschen*rechte*? Weshalb also kann das allgemeinmenschliche Potenzial zu einem würdevollen Leben nur dann geschützt und in seiner Entfaltung ermöglicht werden, wenn jeder Mensch in seiner politischen Ordnung grundlegende, unveräußerliche Rechte hat, auf die er sich berufen kann?

Wir haben oben bereits, am Schluss der Diskussion um Relativismus und Universalismus (Kapitel 3, S. 96 f.), darauf hingewiesen, dass viele ethische und politische Systeme in Geschichte und Gegenwart nicht auf diese Voraussetzung angelegt sind. Ihr Ausgangspunkt sind nicht Rechte, sondern Verpflichtungen. Von einem Recht zu reden heißt, dass jemand das »Vermögen« hat, andere zu verpflichten (Kant). Das sind sogenannte »subjektive Rechte«: Ansprüche Einzelner, die Verpflichtungen anderer begründen. Menschenrechte sind Ansprüche, die diese Form jedoch in universaler Ausdehnung haben: Jeder Einzelne kann durch sie alle anderen verpflichten. Denn Menschenrechte sind Vermögen, andere zu verpflichten, die Einzelne nicht erst erworben haben, sondern die jedem ohne vorherige Leistung zukommen. Daraus ergibt sich der Anspruch der Menschenrechte, gegenüber allen anderen Ansprüchen, auch allen anderen erst erworbenen Rechten vorrangig zu sein. Es sind Ansprüche, die alle andersartigen Ansprüche – Ansprüche etwa auf Wohlergehen, Interessenbefriedigung, Wunscherfüllung – ausstechen, die sie »übertrumpfen«.[25]

Das ist die Form der Menschenrechte: Sie sind grundlegende (oder vorrangige) subjektive Rechte. Diese Form ist nicht neutral. Das heißt: Die Form grundlegender subjektiver Rechte ist unterbestimmt, wenn man sie lediglich als ein mehr oder weniger geeignetes Instrument zur Gewährleistung individueller Ansprüche oder als ein funktionales Erfordernis zur Integration hochgradig differenzierter Gesellschaften ansieht.[26] Die Form grundlegender subjektiver Rechte ist vielmehr eine Form, die selbst einen normativen Gehalt hat: Sie geht mit einem Verständnis der Träger dieser Rechte als »Subjekten« einher. Der Begriff »subjektiver Rechte« besagt nicht nur, dass es sich um berechtigte Ansprüche von Einzelnen handelt, sondern dass die berechtigten Einzelnen darin *als* Personen verstanden werden; dass diejenigen, die als Träger grundlegender Rechte angesehen werden, damit *zu* Subjekten gemacht werden.

Ein Aspekt der »Subjektivierung«, die mit der Form des Rechts einhergeht, ist die Aktivierung, die das Bewusstsein, ein Recht zu haben, hervorbringen kann: Die Menschenrechte machen ihre Träger dann insofern zu »Subjekten«, als sie ihnen die Fähigkeit verleihen, aktiv zu werden, ihre Ansprüche zu reklamieren.[27] Grundlegender noch gehört zur Form subjektiven Rechts aber ein Verständnis ihrer Träger, das man als »individualistisch« bezeichnen kann. Das zeigt sich an der Urform des subjektiven Rechts: dem Eigentumsrecht. Denn etwas als Eigentum zu haben heißt, ein subjektives Recht auf eine Sache zu haben, das zugleich einen Anspruch *gegen* die Begehrlichkeiten anderer wie einen Anspruch *auf* einen beliebigen Umgang mit dieser Sache darstellt.[28] Ein subjektives Recht gewährleistet einen subjektiven Freiheitsspielraum. Das gilt auch für diejenigen grundlegenden oder vorrangigen subjektiven Rechte, die die Menschenrechte bilden: Sie sind bereits allein durch ihre Form Rechte auf subjektive Freiheit. Darauf zielte die Kritik der Menschenrechte, die wir am Schluss der Diskussion um Relativismus und Universalismus erwähnt haben. In diesem Kapitel wollen wir nun diesen umstrittenen normativen Gehalt näher beschreiben: Worin liegt der Subjektivismus oder Individualismus, der mit der Form grundlegender Rechte verbunden ist, in der die Menschenrechte auftreten? Diese Frage lässt sich beantworten, indem der Begriff der Menschenwürde weiter bestimmt wird. Der Begriff der Menschenwürde, so wurde gesagt, bezeichnet das Potenzial jedes Menschen, ein Leben in Selbstachtung zu führen. Wie ist es zu verstehen, dass damit zugleich Menschenrechte gegeben sind; dass dies einen Anspruch bedeutet, der die Form grundlegender Rechte verlangt?

(a) Zwei Seiten einer Medaille: Wo die Allgemeine Erklärung der Menschenrechte sich auf die »Würde des Menschen« bezieht, lässt sie offen, wie deren Verhältnis zu den Rechten des Men-

schen genau zu verstehen ist: Sie verbindet beide durch ein bloßes »und«; gefordert wird in der Präambel »die Anerkennung der angeborenen Würde *und* der gleichen und unveräußerlichen Rechte aller Mitglieder der Gemeinschaft der Menschen«. Artikel 1 des deutschen Grundgesetzes dagegen schafft hier scheinbar Eindeutigkeit: Er erklärt in einem Dreischritt (1) die Würde des Menschen für unantastbar, er stellt sodann (2) fest, dass sich das deutsche Volk »darum zu unverletzlichen und unveräußerlichen Menschenrechten als Grundlage« bekennt, und sagt schließlich (3), dass »die nachfolgenden Grundrechte« die staatlichen Gewalten »als unmittelbar geltendes Recht« binden.

> Grundgesetz der Bundesrepublik Deutschland von 1949, Artikel 1
>
> (1) Die Würde des Menschen ist unantastbar. Sie zu achten und zu schützen ist Verpflichtung aller staatlichen Gewalt.
>
> (2) Das Deutsche Volk bekennt sich darum zu unverletzlichen und unveräußerlichen Menschenrechten als Grundlage jeder menschlichen Gemeinschaft, des Friedens und der Gerechtigkeit in der Welt.
>
> (3) Die nachfolgenden Grundrechte binden Gesetzgebung, vollziehende Gewalt und Rechtsprechung als unmittelbar geltendes Recht.

Der Dreischritt in Artikel 1 lautet also: Menschenwürde – Menschenrechte – Grundrechte.[29] Wie sind die beiden Übergänge zu verstehen? Wie also hängt zunächst die Anerkennung der Menschenwürde mit dem Bekenntnis zu Menschenrechten und sodann das Bekenntnis zu Menschenrechten mit der Erklärung von Grundrechten zusammen?

Der zweite Teil der Frage – nach dem Verhältnis von Menschen- und Grundrechten – führt ins Zentrum einer Politik der Menschenrechte; das werden wir in Teil IV diskutieren. Hier geht es um den ersten Teil der Frage, um das Verhältnis zwischen Menschenwürde und Menschenrechten. So kontrovers die rechtstheoretische und -philosophische Diskussion um dieses Verhältnis auch war, so ist es doch zumeist übereinstimmend so beschrieben worden, dass es zwei Aspekte miteinander vereint, deren Zusammenhang freilich das eigentliche Problem darstellt. Der eine Aspekt besteht darin, die Menschenwürde als ein den Menschenrechten zugrunde liegendes »Fundament« oder »Prinzip« zu verstehen.[30] Deshalb sagt Abs. 2, das Deutsche Volk bekenne »sich *darum* zu unverletzlichen und unveräußerlichen Menschenrechten«, weil die Menschenwürde unantastbar sei. Den anderen Aspekt hat Theodor Heuss benannt, als er in den Verhandlungen des Parlamentarischen Rates über das wenig später verabschiedete Grundgesetz von dem Menschenwürdesatz als einer »nicht interpretierten These«[31] gesprochen hat: Dem Begriff der Menschenwürde eignet ein konstitutives Moment von Unbestimmtheit. Heuss meint dies im positiven Sinn so, dass sich deshalb alle auf sie einigen können. Negativ aber besagt das auch: Der Bezug auf die Menschenwürde hat, als Grundlage der Menschenrechte, nicht selbst den Charakter einer wohlbestimmten Norm, aus der sich andere Normen ableiten ließen; der Zusammenhang zwischen Menschenwürde und Menschenrechten ist kein »deduktiver Zusammenhang«.[32]

Was aber für eine Art von Grundlage bietet dann die Menschenwürde, wenn sich die Menschenrechte nicht aus ihr ableiten lassen? Man kann sich einer Antwort nähern, wenn man auf die andere Merkwürdigkeit von Art. 1 Abs. 1 GG schaut: In ihm wird die Menschenwürde etwas »Unantastbares« genannt und damit zu einer Eigenschaft erklärt, die jeder Mensch unverlierbar besitzt. Und zwar einfach deshalb, weil er ein Mensch ist. Würde das Grundgesetz sagen, dass die Menschenwürde nicht angetastet werden *soll*, so würde es sofort zu der Rückfrage nach dem Warum einladen. Der Satz: »Die Menschenwürde ist unantastbar« gibt eine Antwort auf diese Frage, die die Frage selbst zurückweist. Denn die Antwort des Grundgesetzes besagt nicht, dass es kein Verhalten gebe, das deshalb verwerflich ist, weil es gegen die Menschenwürde verstößt. Im Gegenteil ist die Erinnerung an ein solches Verhalten, eben das der totalitären Politik, ein wesentlicher Antrieb dafür, dass das Grundgesetz sich in seinem ersten Artikel auf die Menschenwürde beruft. Indem das Grundgesetz die Menschenwürde für unantastbar erklärt, sagt es mithin, dass Verhaltensweisen, die die Menschenwürde ihrer Opfer bestreiten, keinerlei Auswirkungen auf deren tatsächlichen Besitz der Menschenwürde haben. Denn die Menschenwürde ist nichts anderes als die Eigenschaft der Achtungswürdigkeit, die jedem Menschen allein dadurch zukommt, dass er ein Mensch ist. Menschsein *heißt* – so erklärt das Grundgesetz gleich zu Anfang – der gleichen Achtung »würdig« zu sein. Die Menschenwürde im Sinn des Grundgesetzes ist daher nicht der Inhalt, sondern der Grund menschenrechtlicher Achtung; nicht das Was, sondern das Warum der Achtung. Bloß weil er Mensch ist, hat jeder Mensch Würde – den unverlierbaren Anspruch darauf, geachtet zu werden.

Das gilt aber offensichtlich nur aus einer bestimmten Perspektive. Es gilt nicht, wenn man das Menschsein naturwissenschaftlich bestimmt. Und es gilt erst recht nicht für eine politische Konzeption wie die totalitäre, die den Begriff der Menschenwürde bestreitet. Der unauflösliche Zusammenhang zwischen Menschsein und Menschenwürde besteht vielmehr nur innerhalb einer Perspektive, die wir vorher (Kapitel 2) als die der Anerkennung jedes Einzelnen beschrieben haben. Man muss diese Perspektive einnehmen, um die Behauptung von Art. 1 Abs. 1 GG verstehen, gar teilen zu können: die Behauptung, dass jeder Mensch, allein weil er Mensch ist, der gleichen Achtung würdig ist. *Innerhalb* dieser Perspektive, also für jemanden, der an der Praxis der Anerkennung jedes Einzelnen teilnimmt, *bedeutet* Menschsein Menschenwürde. Dass das Menschsein bereits Menschenwürde, den Anspruch auf gleiche Achtung enthält, ist also kein Grund, der von außerhalb dieser Perspektive dafür geltend gemacht werden könnte, allererst in diese Perspektive einzutreten; denn einen solchen externen Grund für die gleiche Achtung aller Menschen gibt es nicht. Das Grundgesetz beruft sich auf einen Grund, den es nur in dieser Berufung gibt.[33]

Der Sinn von Art. 1 Abs. 1 GG ist es daher zu erklären, dass dies der unhintergehbare Ausgangspunkt alles dessen ist, was das Grundgesetz im Folgenden sagt. Demgegenüber liegt der Sinn von Abs. 2, der den Schritt zu den Menschenrechten tut, darin, näher zu beschreiben, *wie* das im Folgenden verstanden werden soll. Abs. 1 erklärt, dass hier von vornherein die Einstellung gleicher Achtung eingenommen wird. In dieser Perspektive hat jeder Mensch Würde, also den berechtigten Anspruch, gleichermaßen geachtet zu werden. Abs. 2 geht insofern darüber hinaus, als er sagt, was das heißt: Dass jeder Mensch so gesehen wird, dass er der gleichen Achtung würdig ist, *bedeutet* nach Abs. 2 schon, dass jeder Mensch unverletzliche und unveräußerliche Rechte hat.

Menschenwürde und Menschenrechte sind hier mithin zwei unterschiedliche Aspekte ein und derselben Einstellung der gleichen Achtung aller Menschen. Dabei bezeichnet die Menschenwürde den Anspruch aller Menschen, *überhaupt* gleichermaßen geachtet zu werden – einen Anspruch, den als berechtigten nur erkennen kann, wer die Perspektive gleicher Achtung bereits einnimmt. Im Unterschied dazu bezeichnen die Menschenrechte die *einzelnen* unbedingt verbindlichen Ansprüche jedes Menschen, die wir in der Perspektive gleicher Achtung anerkennen. Die Anerkenntnis der Würde eines jeden Menschen und die Anerkenntnis der Rechte eines jeden Menschen gehören zusammen. Es sind nicht zwei Akte, die getrennt vollzogen werden können. Es kann, erstens, keine Anerkennung der Würde des Menschen geben, ohne ihn damit zugleich als jemanden anzuerkennen, dem unverlierbare Rechte zukommen. Zwar folgt aus der Anerkennung der Menschenwürde nicht unmittelbar, *welche*, aber *dass* jeder Mensch grundlegende Rechte hat; das formuliert die These von der »Unbestimmtheit« des Menschenwürdesatzes. Ebenso kann es, zweitens, keine Anerkennung der Rechte des Menschen geben, ohne zugleich damit seine Würde anzuerkennen. Denn ohne vorauszusetzen, dass alle Menschen Würde haben, bleiben alle menschenrechtlichen Verträge bloße Übereinkünfte zum wechselseitigen Vorteil; darauf weist die These von der Menschenwürde als »Fundament« hin. Menschenwürde und Menschenrechte hängen so zusammen – und sind zugleich so unterschieden – wie die Tatsache, *dass* jeder Mensch gleiche Achtung verdient, und die weiteren Bestimmungen dessen, *was* die gleiche Achtung jedes Menschen verlangt.

(b) Ideengeschichtlicher Rückblick: Wir haben zunächst den Bezug auf die Menschenwürde in Art. 1 Abs. 1 GG so verstanden, dass damit die Einstellung gleicher Achtung zum unverrückbaren Ausgangspunkt erklärt wird. Wir haben dann gesehen, dass Abs. 2 feststellt, dass in dieser Einstellung gleicher Achtung jedem Menschen unverletzliche und unveräußerliche Menschenrechte zukommen. Das folgt aber nicht schon allein aus der Einstellung gleicher Achtung. Es gibt ethisch-politische Positionen wie das antike Christentum und die stoische Philosophie, die zwar eine Einstellung gleicher Achtung aller Menschen vertreten, diese Einstellung aber nicht so verstehen, dass sie mit der Idee von Menschenrechten verbunden ist. Der Be-

griff der Menschenwürde, den das deutsche Grundgesetz verwendet, muss also etwas Engeres, Präziseres meinen als nur, dass jeder Mensch der gleichen Achtung würdig ist. Er muss meinen, dass jeder Mensch einer *so verstandenen* gleichen Achtung würdig ist, dass ihm unveräußerliche und unverletzliche Menschenrechte zukommen. Zwar eignet, wie gesehen (Kapitel 3), der Einstellung gleicher Achtung ein konstitutives Moment der Unbestimmtheit: Die Anerkennung jedes anderen verpflichtet dazu, niemanden vorgegebenen Bestimmungen seiner Bedürfnisse und Ziele zu unterwerfen. Solche Unbestimmtheit des Begriffs der Menschenwürde heißt jedoch nicht »Inhaltsleere«. Und so muss der Begriff der Menschenwürde wenigstens so viel an Bestimmung enthalten, dass verständlich wird, warum nur die Einstellung, die den anderen in seinen Menschenrechten respektiert, seiner Würde angemessen ist; die also erklärt, weshalb die Einstellung der Anerkennung jedes Einzelnen als Anerkennung seiner grundlegenden *Rechte* verstanden werden muss.

Man kann sich dieser Frage auf dem Weg eines Vergleichs nähern: zwischen dem menschenrechtlichen Begriff der Menschenwürde und traditionellen Konzeptionen der »Würde des Menschen«. Damit sind Würdekonzeptionen gemeint, wie sie sich weit verbreitet in den monotheistischen Religionen, den asiatischen Hochkulturen und den philosophischen Ethiken finden. Ihnen ist gemeinsam, dass sie den Menschen unterschiedslos der gleichen Achtung für würdig erklären: »Würde des Menschen« heißt auch hier, dass alle verdienen, gleichermaßen berücksichtigt zu werden. In diesem geschichtlich und kulturell weitverbreiteten Würdeverständnis sehen einige daher eine tragfähige Grundlage für ein globales Menschenrechtsregime.[34] Zugleich ist aber unübersehbar, dass in diesen traditionellen Konzeptionen der Würdebegriff nicht so verstanden wurde, dass er intern mit einem Begriff gleicher (Menschen-)Rechte verbunden war. Die direkte Verbindung von Menschenwürde und Menschenrechten taucht in der Geschichte des Würdebegriffs erst spät und lokal begrenzt auf, und zwar mit der Reformulierung der traditionellen Würdebegriffe in der Rechts- und Moraltheorie des 17. und 18. Jahrhunderts.[35]

Damit diese Verbindung möglich wurde, musste der Begriff der Würde selbst neu und anders gefasst werden. Das zeigt eine Gegenüberstellung mit dem traditionellen Würdekonzept der stoischen Philosophie. Auch hier, beispielhaft in Ciceros *Von den Pflichten*, wurde die Würde bereits so verstanden, dass sie eine Einstellung gleicher Achtung gegenüber allen Menschen begründet – unabhängig von ihren Unterschieden in Stand und Amt. Aufgrund ihrer Würde »muss man den Menschen auch eine gewisse Achtung erweisen, und zwar sowohl gerade bei den Vornehmen als auch bei den übrigen«[36]. Darin ähnelt die stoische Philosophie Grundmotiven der jüdischen und der christlichen Religion, die die gleiche Achtung des Menschen aufgrund seiner Gottesebenbildlichkeit fordern (Genesis 1,26-27).

Zwar waren es diese traditionellen Verständnisse gleicher Achtungswürdigkeit aller Menschen, aus denen im 17. und 18. Jahrhundert das neue, spezifisch menschenrechtliche Würdeverständnis entwickelt wurde. Man würde aber jene Traditionen grundsätzlich missverstehen, wenn man auch den engen Zusammenhang von Menschenwürde und Menschenrechten bereits in ihnen finden zu können glaubte.[37] Die gleiche Achtung, derer alle Menschen würdig sind, schließt nämlich weder nach traditionell christlichem noch nach traditionell philosophischem Verständnis aus, den Menschen in wesentlichen Hinsichten zugleich *nicht* als Gleichen zu achten. Sie beschränken die gleiche Achtung auf einen ganz bestimmten Bereich, den sie zum wesentlichen erklären; für Cicero etwa ist das die allgemeine »Rolle« des Menschen, für Paulus die Bruderschaft in Christo. Wenn wir uns bloß als Menschen treffen, also im philosophischen Gespräch oder in der religiösen Gemeinschaft, herrscht daher Gleichheit unter uns. In allen anderen Rollen und Bereichen des Lebens kann dagegen, *neben* der gleichen Achtung, Knechtschaft und Unterdrückung herrschen.[38] Die traditionelle Konzeption der Würde des Menschen bezieht sich zwar auf alle Menschen, auch auf alle gleichermaßen, dabei aber auf jeden Menschen nur in einer begrenzten Rolle. Die gleiche Achtung, derer alle Menschen würdig sind, wird hier so verstanden, dass sie sich auf den Menschen in einer zwar wesentlichen, aber beschränkten Rolle, nicht jedoch auf den Menschen *überhaupt* bezieht.

Das verändert sich erst grundlegend, wenn die gleiche Achtung aller Menschen als die Achtung ihrer Menschenrechte verstanden wird. Denn die Grundidee der Menschenrechte ist, dass die Einstellung gleicher Achtung nicht aufgeteilt werden kann. In der traditionellen Vorstellung soll die gleiche Achtung für alle Menschen nur in einer beschränkten Hinsicht, in einem begrenzten sozialen Bereich – der religiösen Gemeinde im Christentum, der »Gemeinschaft der menschlichen Gattung« nach Cicero – gelten. Die Idee der Menschenrechte versteht dagegen die Einstellung gleicher Achtung so, dass sie überall im menschlichen Leben gelten muss. Die Menschenrechte richten sich zwar *nur* an die öffentliche Ordnung und die für sie Verantwortlichen, aber sie sind Ansprüche darauf, dass Regeln erlassen und durchgesetzt werden, die für *alle* sozialen Bereiche verbindlich sind. So gilt zum Beispiel das Menschenrecht auf körperliche Unversehrtheit für jede soziale Rolle, die jemand spielen kann; in der Familie ebenso wie in der Wirtschaft, in der Erziehung ebenso wie gegenüber Verwaltung und Polizei. Menschenrechte sind nicht nur *universal* – sie schließen alle Menschen ein –, sondern auch *ubiquitär*: Sie gelten in allen Lebensbereichen. Zugleich sind sie in ihrem Umfang *minimal*: Sie fordern die gleiche Anerkennung jedes Menschen in jedem Lebensbereich, aber nicht in allem, was Menschen wollen und anstreben, sondern in strukturell begrenzter Hinsicht. Jenseits dieser Minimalbedingungen mag es zwischen den Menschen Ungleichheiten aller Art geben: an Einkommen, Ehre, Ansehen, Autorität usw. Aber das dürfen nach menschenrechtlichem Verständnis keine Ungleichheiten sein, die eine grundsätzliche Missachtung des anderen ausdrücken – so wie es das traditionelle Verständnis gleicher Achtung zulässt, wenn es soziale Knechtschaft und politische Unterdrückung erlaubt.

Dieser Unterschied der Menschenrechte gegenüber dem traditionellen Verständnis gleicher Achtung ist zugleich ein Unterschied gegenüber dem traditionellen Verständnis der Würde. Das neue, menschenrechtliche Verständnis der Würde des Menschen besagt: Jeder Mensch verdient nicht nur überhaupt, sondern *ungeteilte* gleiche Achtung – gleiche Achtung in jedem Bereich seines Lebens. Erst dann wird der Mensch in seiner Würde, seiner Menschenwürde geachtet. Ihn in einer seiner sozialen Rollen zu missachten heißt, seine Würde überhaupt zu verletzen. Deshalb braucht der Mensch Rechte – grundlegende subjektive Rechte. Denn dass sie grundlegend sind, heißt, dass sie vorrangig sind und damit an keiner Grenze haltmachen, die einen sozialen Bereich von einem anderen trennt. Menschenrechte sind durchschlagende Rechte: Sie durchschlagen die Gültigkeit solcher sozialer Bereichsabgrenzung. Nur so verstandene Rechte können gewährleisten, dass es keinen Bereich des menschlichen Lebens, kein Feld gesellschaftlicher Praxis gibt, in dem nicht die minimalen Bedingungen erfüllt sind, die den Anspruch auf gleiche Achtung sicherstellen.

(c) Moderne Subjektivität: In dem neuen, spezifisch menschenrechtlichen Verständnis der Menschenwürde kommt ein neues Verständnis vom Menschen zum Ausdruck. Dieses neue Ver-

ständnis des Menschen hat seinen Grund in einer neuen Wirklichkeit der Gesellschaft. Diese neue Wirklichkeit der Gesellschaft, die sich zwischen dem 17. und 19. Jahrhundert herausbildet und in ihren Grundzügen bis heute anhält, wird von der Soziologie als »funktionale Differenzierung« (Niklas Luhmann) beschrieben: Moderne Gesellschaften sind nicht mehr so organisiert, dass sie sich in Bereiche teilen, in denen einzelne Menschen jeweils ihr gesamtes Leben zubringen, wie etwa die Stände mittelalterlicher Gesellschaften. Moderne Gesellschaften sind vielmehr in soziale Sphären oder Systeme mit jeweils eigenen gesellschaftlichen Reproduktionsaufgaben geteilt, zwischen denen sich die einzelnen Menschen hin und her bewegen: die Sphären oder Systeme der Ökonomie, Familie, Politik, Erziehung, Wissenschaft, Religion, Kunst. Dieser neuen Form sozialer Differenzierung entspricht eine »Individualisierung« oder »Subjektivierung« der Menschen: Sie müssen sich unter den neuen sozialen Bedingungen so verstehen, dass sie in Verknüpfung ihrer verschiedenen sozialen Rollen (von denen keine sie in Gänze bestimmt) selbst, also selbstbestimmt und frei ihr eigenes Leben führen.

Es ist diese Idee sozial freigesetzter Subjektivität, die den Kern des neuen Verständnisses der Menschenwürde ausmacht.[39] Und es ist auch diese Idee freier Subjektivität, die den Zusammenhang des neuen Verständnisses der Menschenwürde mit dem Konzept grundlegender Menschenrechte erklärt. Nach diesem neuen Verständnis besteht die Menschenwürde darin, dass jeder Mensch verdient (oder eben: würdig ist), gleichermaßen als ein frei sein eigenes Leben führendes Subjekt geachtet zu werden. Diese gleiche Achtung als frei sein eigenes Leben führendes Subjekt, der jeder Mensch würdig ist, verlangt die Form grundlegender Menschenrechte. Denn Menschenrechte sollen gewährleisten, dass der Mensch in allen seinen verschiedenen Rollen so behandelt wird, dass er sie als Teil seiner freien Lebensführung zu spielen vermag. Die Menschenrechte sind demnach jene grundlegenden Rechte, die sicherstellen sollen, dass alle Felder der gesellschaftlichen Praxis diejenigen minimalen Anforderungen erfüllen, die es jedem Menschen möglich machen, so an ihnen teilzunehmen, dass er darin seinen Anspruch, freies Subjekt zu sein und nach eigenem Urteil zu leben, gegenüber allen anderen Ansprüchen verwirklichen kann.

Dass die Würde des Menschen darin besteht, frei sein eigenes Leben zu führen, haben zum ersten Mal die Würdetraktate der Renaissancehumanisten gesagt. Nach Pico della Mirandolas *Rede über die Würde des Menschen* (1486) besteht die den Menschen auszeichnende Freiheit darin, »zu haben, was er wünscht« und »zu sein, was er will«; als Mensch kannst du dich nach deinem »Ermessen« als dein »eigner, in Ehre frei entscheidender, schöpferischer Bildhauer selbst zu der Gestalt [ausformen], die du bevorzugst«[40]. »Denn wir können es, wenn wir wollen«, ist die zentrale Formel dieses Subjektbegriffs. Dadurch ist der Mensch bei Pico nicht mehr, wie große Teile der mittelalterlichen Theologie ihn sahen, ein erbärmlicher Erdenwurm, sondern den Engeln, ja den Göttern an Rang und Würden gleichgestellt. Der neue Würdebegriff beginnt im Renaissancehumanismus als (Selbst-)Vergottung des menschlichen Subjekts.

Damit wird ein grundlegendes Problem des Zusammenhangs von Menschenwürde und Menschenrechten deutlich. Wenn es zutrifft, dass der Begriff der Menschenrechte strukturell mit einem Verständnis des Menschen als eines freien Subjekts verknüpft ist, weil nur aus diesem Zusammenhang die Rechtsförmigkeit der Menschenrechte erklärt werden kann – bedeutet dies dann, dass die Idee der Menschenrechte intern mit einem spezifisch modernen Verständnis von Subjektivität und Freiheit verbunden ist, dass also, ohne dieses moderne Verständnis von Subjektivität zu teilen, auch die Idee der Menschenrechte nicht geteilt werden kann? Und wenn ja: Ist das moderne Verständnis von Subjektivität und Freiheit, das den Kern der Idee der Menschenwürde ausmacht und mit der Struktur moderner Gesellschaft verknüpft ist, angemessen erfasst durch die Ideologie gottgleicher Subjektivität und Freiheit, die Pico della Mirandola entwirft? Bezeichnet diese Ideologie den wesentlichen Gehalt des modernen Verständnisses von Subjektivität und Freiheit?

Beginnen wir mit der letzten Frage. Die Antwort auf sie ist: Nein. Dass die Menschenrechte die neue Idee der Menschenwürde zur Voraussetzung haben, darf nicht so verstanden werden, dass die Menschenrechte mit einer Ideologie der Subjektivität verbunden sind, ja diese Ideologie in sich tragen und weltweit durchzusetzen suchen, deren Kern eine vermessene und daher maßlose Selbstüberhebung über alle natürlichen Gegebenheiten, sozialen Bedingungen und geschichtlichen Abhängigkeiten bildet. So werden die Menschenrechte gern von einer kulturkonservativen Modernekritik dargestellt.[41] Aus der (doppelten) Einsicht, dass die Menschenrechte die neue Idee der Menschenwürde zur Voraussetzung haben und dass die Idee der freien Subjektivität den Gehalt des menschenrechtlichen Würdebegriffs bildet, folgt dies jedoch nicht. Es ist vielmehr so, dass das Subjekt der Menschenrechte eher jenem anderen Bild des Menschen gleicht, das die politische Philosophie der Neuzeit seit Thomas Hobbes gezeichnet hat: Es ist ein grundlegend bedürftiges, verletzliches und abhängiges Subjekt, ein Subjekt, das auf seine Achtung in der Form von Rechten angewiesen ist.[42] Die Freiheit, die dieses Subjekt sich zutraut und die es für sich beansprucht, deren Anerkennung es sich für würdig hält und für deren Sicherung es der Menschenrechte bedarf, ist nicht die Freiheit »arbiträrer« Selbsterschaffung, sondern die Freiheit, selbst darüber zu urteilen, was richtig und falsch ist, und nach dieser eigenen Einsicht sein Leben zu führen. Man kann dies als eine

Freiheit »humaner Selbstbehauptung« (Hans Blumenberg) verstehen, die wesentlich endlich und fragil ist: weil sie für ihr Urteilen keine letzte Selbstgewissheit reklamiert und für ihr Leben keine Selbstgenügsamkeit.

Das bedeutet jedoch mit Blick auf die erste Frage nicht schon, dass zwischen der Idee der Menschenrechte und einem spezifisch modernen Verständnis von Subjektivität *kein* interner Zusammenhang besteht. Man kann die Idee der Menschenrechte nicht teilen, man kann sie nicht verstehen und vertreten, ohne nicht Grundelemente eines modernen Verständnisses von Subjektivität zu teilen. Der menschenrechtliche Würdebegriff enthält mehr als nur ein unspezifisches Verständnis von Subjektivität, wie es sich in allen Kulturen und zu allen Zeiten finden lässt.[43] Zwar ist es zutreffend, dass der menschenrechtliche Würdebegriff nicht eine Ideologie menschlicher Selbstübersteigerung zur Voraussetzung hat. Aber diese Ideologie ist auch nicht bestimmend für den modernen Subjekt- und Freiheitsbegriff. In dessen Zentrum steht vielmehr der ganz anders zu verstehende Anspruch, dass jeder Mensch in jeder Hinsicht, in jeder gesellschaftlichen Rolle, die er spielt, ein Leben führt, das insofern »frei« genannt werden kann, als es stets und überall ein Leben nach eigener Einsicht ist. Menschenrechte sind jene grundlegenden Rechte, die die Anerkennung dieses Anspruchs in jedem Feld gesellschaftlicher Praxis sicherstellen sollen. Dass die Menschenrechte das neue Verständnis der Menschenwürde zur Voraussetzung haben, besagt daher, dass die Anerkennung der Freiheit des Subjekts zur eigenen Lebensführung die Voraussetzung für den Begriff der Menschenrechte ist. Man kann nur verstehen, weshalb die Menschenrechte als Rechte, als grundlegende subjektive Rechte auftreten, wenn man den Menschen so versteht, das heißt: wenn man diesen Freiheitssinn teilt.

Von diesem Schluss her lässt sich besser verstehen, weshalb es attraktiv erscheinen kann, den Zusammenhang der Menschenrechte mit der Menschenwürde zu bestreiten oder aufzulösen; also eine Konzeption der Menschenrechte zu entwickeln, die *nicht* von dem neuen, modernen Verständnis der Menschenwürde abhängig ist. Das Motiv, das diesen Versuch antreibt, besteht darin, die Menschenrechte zu denken, *ohne* solche normativen Vorstellungen wie die moderne Idee subjektiver Freiheit ins Spiel bringen zu müssen. Denn diese Idee ist offenkundig ebenso anspruchsvoll, wie sie kulturell partikular ist – eine Idee also, von der keineswegs abzusehen ist, dass sie weltweit so geteilt werden kann, wie es für die Menschenrechte gefordert wird.

Wir treffen damit wieder auf ein Problem, auf das wir bereits am Ende der Diskussion über die Universalität oder Relativität der Menschenrechte gestoßen sind (Kapitel 3). Wir hatten dort gesehen, dass in vielen, vielleicht allen Kulturen normative Potenziale vorausgesetzt werden können, die sich zu Regelungen entfalten lassen, die wesentlichen Gehalten der Menschenrechte entsprechen. Wir hatten dort jedoch auch gesehen, dass der Herausbildung von Menschenrechten in anderen Kulturen Grenzen gezogen sein können. Als eine wichtige Grenze wurde dort die Form grundlegender subjektiver Rechte genannt. Wir haben nun in diesem Kapitel einen Grund dafür in der Idee freier Subjektivität gefunden. Es ist diese Idee – der Anspruch darauf, in allen sozialen Rollen ein freies Leben nach eigenem Urteil zu führen –, die den Unterschied zwischen dem traditionellen und dem modernen Verständnis der Würde und einen entscheidenden Grund für die Menschenrechte ausmacht. Damit beruhen die Menschenrechte aber auf einer Freiheitsidee, die sich im Westen unter spezifischen kulturellen und sozialen Voraussetzungen entwickelt hat. Ohne diese Idee zu teilen, können in Gesellschaften zwar Regelungen herrschen, die *inhaltlich* in vielem

163

den Menschenrechten gleichen. Ohne diese Idee zu teilen, können Gesellschaften aber nicht die Rechtsform der Menschenrechte einführen.

Kontroverse III: Zwischen einem gelingens- und einem freiheitstheoretischen Würdebegriff

In beiden Kapiteln dieses vierten Teils wird eine Position zu dem Verhältnis von Menschenwürde und Menschenrechten vertreten, die sich von zwei extremen Ansichten abhebt, wie sie in gegenwärtigen Debatten durchaus vertreten werden: dass es entweder *gar keinen* Zusammenhang zwischen ihnen gebe, weil die Erklärung von Menschen- und Grundrechten erfolgen kann, ohne den Begriff der Menschenwürde in Anspruch zu nehmen, oder aber dass es einen direkten *Ableitungs*zusammenhang zwischen ihnen gebe, da die einzelnen Menschenrechte lediglich ausfalten, was der Begriff der Menschenwürde bereits in sich enthält. Dagegen lautet die hier vertretene Position: Der Begriff der Menschenwürde bezeichnet die *Sinnbedingung*, ohne deren Annahme Menschenrechte nicht erklärt, weil nicht verstanden werden können (aus der Menschenrechte aber auch nicht abgeleitet werden können, da sie selbst nicht-rechtlicher Form ist). Nur wer von der Menschenwürde ausgeht, für den haben Menschenrechte Sinn.

Gleichwohl gibt es einen wichtigen Unterschied in der Weise, in der beide Kapitel diese Position formulieren. Nicht nur besteht zwischen den in beiden Kapiteln formulierten Argumenten ein Dissens darüber, ob ein Begriff des »Guten« oder aber ein Begriff der »Freiheit« der Grundbegriff der Politischen Philosophie ist: Es stehen sich hier eine *gelingenstheoretische* und eine *freiheitstheoretische* Konzeption der Menschenwürde gegenüber. Die Gelingenskonzeption (Kapitel 5) versteht unter »Menschenwürde« die grundlegende Bestimmung eines gelungenen Lebens. Menschen haben demnach Würde, wenn und soweit es ihnen gelingt, ihrem Leben eine bestimmte Form zu geben, ein Leben in expressiver Selbstachtung zu führen. Die Freiheitskonzeption der Menschenwürde (Kapitel 6) versteht unter »Menschenwürde« dagegen die grundlegende Fähigkeit der Subjektivität, nach eigenem, freiem Urteil zu handeln. Würde ist demnach kein Ziel, nach dem Menschen streben, sondern eine Eigenschaft, die sie (nicht als Einzelne, aber als Gattung) haben. Auch dass die Menschenwürde, wie beide Konzeptionen sagen, die »Sinnbedingung« der Menschenrechte ist, lässt sich daher zweifach verstehen: Entweder ist die Menschenwürde das sinngebende *Ziel* einer Realisierung der Menschenrechte oder aber sie ist die sinngebende *Voraussetzung* eines richtig verstandenen Begriffs der Menschenrechte. Ersteres wird von der gelingenstheoretischen Konzeption in Kapitel 5, Letzteres von der freiheitstheoretischen Konzeption in Kapitel 6 behauptet.

Beide Argumente verstehen das Verhältnis von Menschenwürde und Menschenrechten genau umgekehrt: Nach dem gelingenstheoretischen Argument in Kapitel 5 setzt die Menschenwürde die Menschenrechte voraus, und zwar *empirisch*: Die Menschenwürde ist ein fundamentales Ziel für Individuen, das nur dann erreicht werden kann, wenn die Politik entsprechende Bedingungen in Form von Menschenrechten zu gewährleisten vermag. Die Menschenrechte können das (ethische) Ziel gelingenden Lebens zwar nicht schon hervorbringen – denn das ist letztlich Sache der Individuen –, wohl aber schützende und unterstützende Voraussetzungen schaffen. Das freiheitstheoretische Argument in Kapitel 6 hingegen versteht die Menschenrechte so, dass diese ihrerseits die Menschenwürde voraussetzen, und zwar *begrifflich*: Die Menschenwürde ist eine fundamentale Eigenschaft von Individuen, der die Politik in Form von Menschenrechten gerecht werden muss. Menschenrechte sind dann diejenigen Regeln, die für alle Bereiche menschlicher Praxis angeben, welche Konsequenzen es für den politischen Umgang mit Menschen hat, die Eigenschaft freier Subjektivität, also die Menschenwürde, anzuerkennen.

IV. Politik

Zu den hervorstechenden Gemeinsamkeiten der amerikanischen Unabhängigkeitserklärung von 1776 und der Französischen Erklärung der Menschen- und Bürgerrechte von 1789 gehört, dass sie zwei Grundprinzipien – das Rechtsstaats- und das Demokratieprinzip – direkt miteinander verknüpfen: Sie erklären zugleich, dass alle Menschen gewisse »unveräußerliche« Rechte haben und dass, wie es in der Präambel der amerikanischen Unabhängigkeitserklärung heißt, »zur Versicherung dieser Rechte Regierungen unter den Menschen eingeführt worden sind, welche ihre gerechte Gewalt von der Einwilligung der Regierten herleiten«. Grund- bzw. Menschenrechte und Demokratie gehören demnach zusammen. Dieser Zusammenhang ist nicht nur, wie es in dieser Formulierung scheinen mag, ein instrumenteller; die demokratische Regierungsform ist nicht nur das beste Instrument zur »Versicherung« subjektiver Rechte. Denn die Erklärung dieser unveräußerlichen Rechte versteht sich selbst schon als einen Akt demokratischer Selbstregierung. Das gilt deutlicher noch für die Französische Erklärung: Sie stellt in ihrem dritten Artikel fest, dass das Volk der »Ursprung jeder Souveränität« ist, und deshalb ist nach der Präambel dieser Erklärung das französische Volk, durch seine Vertreter, auch das Subjekt oder der Autor der Erklärung der Menschenrechte.[1]

> Französische Erklärung der Menschen- und Bürgerrechte vom 26. August 1789
>
> Präambel: Die Vertreter des französischen Volkes, die als Nationalversammlung konstituiert sind, haben in der Erwägung, dass die Unkenntnis, das Vergessen oder die Missachtung der Menschenrechte die alleinigen Ursachen für die öffentlichen Missstände und die Verderbtheit der Regierungen sind, beschlossen, in einer feierlichen Erklärung die natürlichen, unveräußerlichen und geheiligten Rechte des Menschen niederzulegen [...].
>
> Artikel 1: Die Menschen werden frei und gleich an Rechten geboren und bleiben es. Gesellschaftliche Unterschiede dürfen nur im allgemeinen Nutzen begründet sein.
>
> Artikel 2: Der Zweck jeder politischen Vereinigung ist die Erhaltung der natürlichen und unantastbaren Menschenrechte. Diese sind das Recht auf Freiheit, das Recht auf Eigentum, das Recht auf Sicherheit und das Recht auf Widerstand gegen Unterdrückung.
>
> Artikel 3: Der Ursprung jeder Souveränität liegt ihrem Wesen nach beim Volke. Keine Körperschaft und kein Einzelner kann eine Gewalt ausüben, die nicht ausdrücklich von ihm ausgeht.

Dieser Zusammenhang ist in der Allgemeinen Erklärung der Menschenrechte von 1948 zerrissen. Zwar heißt es auch hier, der »Wille des Volkes« bilde »die Grundlage für die Autorität der öffentlichen Gewalt«. Aber das versteht die Allgemeine Erklärung lediglich so, dass jeder Einzelne »das Recht [hat], an der Gestaltung der öffentlichen Angelegenheiten seines Landes unmittelbar oder durch frei gewählte Vertreter mitzuwirken«. (Art. 21) Das heißt: Die Allgemeine Erklärung versteht nicht auch *sich selbst* als Ausdruck des »Willens des Volkes«. Ebenso sind die »Völker der Vereinten Nationen«, die nach der Präambel der UN-Charta durch die Generalversammlung vertreten werden, trotz aller rhetorischen Ähnlichkeit, nicht »Wir, das Volk« oder die »Vertreter des französischen Volkes«, die als Subjekte der traditionellen Erklärungen auftraten. Damit kommt in der Allgemeinen Erklärung der Menschenrechte eine Tendenz zum Ausdruck, die den Menschenrechtsdiskurs seit 1945 weitgehend bestimmen wird: die Tendenz, Menschenrechtsdeklarationen und -pakte nicht mehr als einen Akt politischer Selbstregierung, sondern als die Bekräftigung einer vorgängigen moralischen Einsicht zu verstehen.

Das Motiv dafür, Menschenrechtserklärungen nicht mehr als Akte demokratischer Selbstbestimmung zu verstehen, ist die eingangs erläuterte Erfahrung totalitärer Politik. Denn diese Erfahrung lehrt, dass gerade diejenige Politik, die in der ersten Hälfte des 20. Jahrhunderts zum »Ende der Menschenrechte« (Hannah Arendt) geführt hat, sich dafür zugleich auf das Prinzip der demokratischen Selbstregierung berufen hat. In Radikalisierung des Nationalstaatsprinzips des 19. Jahrhunderts versteht die totalitäre Politik die demokratische Selbstregierung als die Freiheit des »Volkes« (das als »Ethnie« oder »Klasse« definiert werden kann), die das Recht zur Ausgrenzung, bis zur Vernichtung, seiner »existenziellen« Feinde umfasst. Daher verwirklicht sich nach Ansicht vieler Kritiker in der totalitären Politik nur die der Demokratie inhärente Tendenz, die Macht des ganzen Volkes *über* die Rechte des einzelnen Menschen zu stellen.

Eine Konsequenz, die aus dieser Diagnose gezogen worden ist, lautet, dass die Menschenrechte der demokratischen Selbstregierung als moralische Prinzipien *vorgegeben* sein müssen. Daraus folgt dann weiterhin, dass es, um diese moralischen Prinzipien effektiv durchsetzen zu können, einer politischen Instanz bedarf, die den sich demokratisch selbst regierenden Völkern *übergeordnet* ist: einer institutionalisierten Staatengemeinschaft oder gar eines Weltstaats. Damit sind die beiden Grundfragen einer »Politik« der Menschenrechte genannt: In welchem Verhältnis stehen Menschenrechte und Demokratie zueinander (Kapitel 7)? Und wie lassen sich Instanzen der Menschenrechtspolitik oberhalb der Ebene einzelner (National-)Staaten denken (Kapitel 8)?

7. Menschenrechte und Demokratie

Den historischen Ausgangspunkt des gegenwärtigen Menschenrechtsregimes bildet die Erfahrung totalitärer Politik, die häufig als eine politische Mobilisierung *im Namen* demokratischer Selbstbestimmung und *gegen* die Menschenrechte beschrieben worden ist (vgl. unten, b). Es scheint also, als stünden sich das Demokratie- und das Menschenrechtsprinzip unversöhnlich gegenüber. Es gibt gleichwohl in den gegenwärtigen Debatten kaum eine Position, die daraus die Konsequenz ziehen wollte, dass es *gar keinen* Zusammenhang zwischen Demokratie und Menschenrechten gibt. Drei Arten, diesen Zusammenhang zu denken, lassen sich unterscheiden.

(a) Drei Arten der Verknüpfung: Die erste Verknüpfungsart besteht darin, die Demokratie als einen der vielen *Inhalte* der Menschenrechte zu verstehen. Es gehört demnach zu den Rechten eines jeden Menschen, wie es zum Beispiel in Art. 21 der Allgemeinen Erklärung heißt, in gleicher Weise auch »an der Gestaltung der öffentlichen Angelegenheiten seines Landes« beteiligt sein zu können. Das folgt nach Roland Dworkin und Stefan Gosepath aus der menschenrechtlichen Grundidee der gleichen Achtung jedes Einzelnen: »Eine Gesellschaft, die der gleichen Berücksichtigung verpflichtet ist, muss eine Demokratie sein.«[2] Denn es gibt keinen Grund, die Gleichheit aller nicht auch in dieser Hinsicht, der der *Regierung*, zur Geltung zu bringen. »Politische

Einfluß- und Partizipationsmöglichkeiten sollen allen in gleicher Weise offen stehen. [...] Andernfalls wären sie keine Gleichen bei der Festlegung der politischen und juridischen Ordnung.«³ Eine andere Begründung für dieselbe Forderung, die Demokratie unter die Menschenrechte aufzunehmen, lautet, dass die Einzelnen ansonsten nicht nur keine Gleichen, sondern auch keine Freien wären. Denn zu jener Freiheit, die die Menschenrechte gewährleisten wollen, gehört nach Jürgen Habermas und Robert Alexy nicht nur, in seiner privaten Lebensführung nach eigener Einsicht verfahren zu können. Zu dieser Freiheit gehört auch »öffentliche« Autonomie, d.h. die

»gemeinsam mit anderen zu treffende Wahl und Realisierung einer politischen Konzeption des Gerechten und Guten. Wollte man die Menschenrechte auf die private Autonomie beschränken, gäbe es für den einzelnen nur eine Selbstbestimmung im Rahmen fremdbestimmter Gesetze. Das widerspräche jedoch der Idee der Autonomie. [...] Die Autonomie läßt sich nicht teilen.«⁴

Weil also die Menschenrechte die gleiche Freiheit aller gewährleisten sollen, müssen sie dies auch im politischen Bereich der Regierung tun.

Die zweite Weise, Demokratie und Menschenrechte zu verknüpfen, besteht darin, die Demokratie als *Instrument* der Menschenrechte zu verstehen. Diese Auffassung ist in den gegenwärtigen Debatten weit umstrittener als die erste These, dass das Recht zur demokratischen Teilhabe an der Regierung einer der Inhalte der Menschenrechte sein müsse. Den Grund dafür haben wir einleitend bereits genannt: Er liegt darin, dass die totalitäre Politik, die die Menschenrechte bestreitet, ja gerade behauptet, Ausdruck des Volkswillens und darin (»wahrhaft«) demokratisch zu sein. »Die« Demokratie scheint also keineswegs ein zuverlässiges Instrument menschenrechtlicher Politik zu sein, sondern kann sich gegen sie richten. Andererseits sprechen selbst diejenigen Autoren, die diese Skepsis teilen, der Demokratie in einer Hinsicht doch eine wichtige Funktion für die Menschenrechte zu: Es gehört zu den Eigenschaften von Menschen- und Grundrechtserklärungen, dass sie von großer Allgemeinheit sind. Was die Menschenrechte im Einzelnen fordern und bedeuten, welche konkreten Gesetze und Maßnahmen aus ihnen folgen, muss daher erst noch festgelegt werden: Die Menschenrechte müssen *interpretiert* werden. Für diese Interpretation der Menschenrechte, in der sie »näher bestimmt und ausgeformt« werden, können, neben Gerichten, die Verfahren demokratischer Debatte und Entscheidung eine wesentliche und nützliche Rolle spielen.[5]

Eine dritte Weise der Verknüpfung von Demokratie und Menschenrechten wird von denjenigen vertreten, die an den Anspruch der klassischen Menschenrechtserklärungen anknüpfen und in der Demokratie den *Grund* der Menschenrechte sehen. Die Menschenrechte gehören demnach zu denjenigen Ansprüchen, die in einem jeden Akt demokratischer Selbstregierung von vornherein als berechtigt anerkannt werden. Eine Form der Regierung, die die Menschenrechte nicht anerkennt, kann auch nicht demokratisch heißen. Diese dritte Position soll nun in ihrem Für und Wider etwas ausführlicher erörtert werden. Dazu ist es hilfreich, sich zunächst die Gegenposition etwas genauer vor Augen zu führen.

(b) Die menschenrechtliche Kritik der Demokratie: Ausgangspunkt der menschenrechtlichen Kritik der Demokratie ist die Feststellung, dass es Formen demokratischer Herrschaft gibt, die die Menschenrechte nicht respektieren. Die Demokratie kann daher zu einer Bedrohung der Menschenrechte werden, so dass umgekehrt die Menschenrechte als eine kritische Begrenzung der Demokratie verstanden und eingesetzt werden müssen. Man kann zunächst zwei Versionen dieser Kritik unterscheiden.

Die erste Version der Kritik der Demokratie im Namen der Menschenrechte ist die *liberale*. Einer ihrer Grundtexte ist John Stuart Mills Abhandlung *Über die Freiheit* (1859).[6] Die zentrale These Mills, die sich unter anderem auf Alexis de Tocquevilles Beobachtungen *Über die Demokratie in Amerika* (1835) stützt, lautet, dass mit dem Sturz der Monarchie und der Einführung der Demokratie, entgegen einer verbreiteten Meinung, ein grundlegendes Problem nicht gelöst wird, sondern fortwirkt, ja sich noch verschärft: das der »Begrenzung der Regierungsgewalt«. Diese Begrenzung »verliert daher nichts von ihrer Dringlichkeit, wenn die Verwalter der Macht [...] der Gemeinschaft, d.h. ihrer stärksten Partei, regelrecht verantwortlich sind«, wie dies in Demokratien der Fall ist. Das Ziel der Demokratie »war eine Gleichstellung der Herrscher mit dem Volk, so daß ihre Belange und ihr Wille in den Belangen und dem Willen der Nation aufging«. Daher stammt die irrtümliche »Meinung, daß das Volk es nicht nötig hat, seine Macht über sich selbst zu beschränken«. Diese Meinung, so Mill, ist falsch; auch das demokratisch sich selbst regierende Volk kann zum Tyrannen werden: Es kann »sich selbst tyrannisieren«. Das Gegenmittel gegen diese tyrannische Tendenz der Demokratie sind »die Rechte des einzelnen gegen die Gesellschaft«. Während diese Rechte traditionell nur auf religiösem Gebiet zur Geltung gebracht wurden, muss der Schutz der Freiheit des Einzelnen *gerade* in Demokratien, gegen deren Tendenz zur Tyrannei, auf den ganzen Bereich des Sozialen und Kulturellen ausgedehnt werden.

Die These der liberalen Kritik besagt mithin, dass die Demokratie als Mehrheitsherrschaft eine Bedrohung der Rechte des Einzelnen und seiner Freiheit, anders zu sein, darstellt. Die zweite, die *konservative* Version der Kritik der Demokratie im Namen der Menschenrechte hingegen sieht die Gefahr der Demokratie darin, zu einer Massenherrschaft des »Pöbels« zu werden, die die Stabilität der staatlichen Ordnung und daher auch die Sicherheit der Einzelnen bedroht, die diese Ordnung gewährleistet. So beschreibt Gerhard Ritter kurz nach dem Zweiten Weltkrieg und im Licht der Erfahrung totalitärer Politik das grundlegende Problem, das die Französische Revolution hervorgebracht hat, als sie nicht nur die Rechte des Menschen, sondern zugleich auch die Souveränität des Volkes erklärte:

»Wenn es der Sinn der Menschenrechte war, die staatliche Souveränität einzuschränken zugunsten individueller Bewegungsfreiheit, so war dieses Problem nicht wirklich zu lösen mit Hilfe einer radikal verstandenen, zu direkter Massenherrschaft führenden Volkssouveränität. [...] Man verschob nur die Macht des Monarchen auf das Volk. Aber das Volk, sobald es zur ungegliederten Masse, zum Kollektiv wird, ist ein noch größerer Feind individueller Freiheit als der absolute Monarch.«[7]

Die »unheimliche innere Logik« des von Rousseau formulierten radikal-demokratischen Freiheitsideals besteht nach Ritter mithin darin, »die modernen Nationen in eine wahre Gluthitze der politischen und geistigen Integration« zu bringen: »mit höchster Gewaltsamkeit vernichtet der Wille zu nationaler und politischer Einförmigkeit alle Fragmente geistiger, politischer, völkischer Eigenart und Eigenständigkeit innerhalb eines Volksganzen. [...] Alles, was nicht in die Norm paßt, stößt er aus oder läßt er verbrennen.« Damit kommt es zu einer paradoxen Entwicklung, die mit der revolutionären Erklärung von Menschenrechten *und* Volkssouveränität beginnt, an deren Ende jedoch nach Ritter die »Gestalt des modernen Totalstaates, der keine Menschenrechte mehr kennt«, steht.

In dieser konservativen Version der menschenrechtlichen Kritik an der Demokratie tritt deutlich jene Annahme hervor, die auch der liberalen Version zugrunde liegt: die Annahme, dass

Demokratie und Menschenrechte, wie immer man sie jeweils bewerten mag, zwei Prinzipien der Politik sind, die *unabhängig* voneinander sind. Die demokratische Überzeugung, dass alle legitime politische Gewalt vom Volk ausgeht, und die menschenrechtliche Überzeugung, dass jeder einzelne Mensch als Gleicher zu achten ist, haben nach dieser Deutung normativ nichts miteinander zu tun. Von dieser These der normativen Selbständigkeit von Demokratie und Menschenrechten aus gesehen, ist es dann nur konsequent, von einer grundsätzlichen, unaufhebbaren Spannung zwischen beiden auszugehen. Diese Konsequenz haben – am jeweils entgegengesetzten Ende des politischen Spektrums – Karl Marx und Carl Schmitt tatsächlich auch gezogen und im Gegenzug eine demokratietheoretische Kritik an den Menschenrechten formuliert. Darin verstehen beide die Idee von Grund- und Menschenrechten als eine Erfindung des bürgerlichen Liberalismus, gegen die sie die politische Idee der Demokratie in Stellung bringen: Sie kritisieren die Menschenrechte als eine Bedrohung der Demokratie – die Karl Marx und Carl Schmitt freilich auf wiederum gänzlich unterschiedliche Weise verstehen.[8] Dabei teilen sie aber mit der oben skizzierten menschenrechtlichen Kritik *an* der Demokratie die entscheidende Voraussetzung: die These von der normativen Unabhängigkeit von Menschenrechten und Demokratie.

Eben diese gemeinsame Voraussetzung ebenso der menschenrechtlichen Kritik der Demokratie wie der demokratietheoretischen Kritik der Menschenrechte ist wenig überzeugend. Die Gleichzeitigkeit, mit der Menschenrechte und Volkssouveränität in der Amerikanischen und der Französischen Erklärung die politische Bühne betreten, beruht vielmehr auf ihrem inneren Zusammenhang. Stefan Gosepath hat das so formuliert, dass es »ein beiden Idealen gemeinsames drittes, höheres Prinzip« gebe, das beide in einem Zug begründe.[9] Dieses dritte, höhere Prinzip sei das moralische Prinzip der gleichen Achtung aller; es liege sowohl den Menschenrechten als auch der Demokratie zugrunde. Entgegen der liberalen und konservativen menschenrechtlichen Kritik der Demokratie einerseits, der demokratietheoretischen Kritik der Menschenrechte in der Doppelgestalt von Marx und Schmitt andererseits sind Demokratie und Menschenrechte also nicht unabhängig voneinander, sondern gründen in derselben moralischen Überzeugung gleicher Achtung.

Unabhängig von der komplizierten Architektur dieser Konstruktion bei Gosepath ist damit für die Diskussion des Verhältnisses von Menschenrechten und Demokratie ein wichtiger Schritt getan. Denn diese Diskussion, so wird deutlich, kann nicht angemessen geführt werden, wenn nicht zuvor der Demokratiebegriff inhaltlich angemessen bestimmt und normativ eigens begründet wird. Demokratie, so wie sie in der Amerikanischen und der Französischen Erklärung *zugleich* mit den Menschenrechten proklamiert wird, meint nicht, wie bei Mill, eine unbegrenzte Herrschaft der Mehrheit oder, schlimmer noch, wie bei Ritter, die Herrschaft des als eine homogene Einheit verstandenen Volkskörpers. Und sie meint auch mehr als nur bestimmte Verfahren der Entscheidungsfindung und -umsetzung. Demokratie bedeutet vielmehr: *Selbstregierung der Gleichen*. Demokratie in diesem anspruchsvollen Sinn heißt nicht nur, dass wir uns regieren. Demokratie meint vielmehr, dass wir uns so regieren, dass *jeder Einzelne* von uns daran *als Gleicher* teilnimmt. Die Demokratie – »die« Demokratie, welche die Menschenrechtserklärungen des 18. Jahrhunderts im Sinn haben – muss also selbst als Gestalt jener Praxis der Anerkennung jedes Einzelnen verstanden werden, von der sich in Kapitel 2 gezeigt hat, dass sie die grundlegende Voraussetzung jeder Konstruktion von Menschenrechten ist. Nimmt man die Erläuterung der grundlegenden Praxis der Anerkennung jedes Einzelnen in Teil III hinzu, so kann man zudem sagen: Die Demokratie im Sinn der revolutionären Menschenrechtserklärungen ist diejenige Gestalt des Politischen, die die moderne Konzeption der Menschenwürde zum Ausdruck bringt.

Auch für diesen anspruchsvollen Begriff der Demokratie will Gosepath jedoch an der liberalen Kritik festhalten, dass sie in Gegensatz zu den Menschenrechten geraten kann – und deshalb der Begrenzung durch die Menschenrechte bedarf: Selbst wenn die »Demokratie als Verfahren der legitimen Gesetzgebung [...] selbst moralisch gerechtfertigt werden« kann, gibt es »eine konzeptuelle Lücke zwischen unserem geteilten demokratischen Ideal einer Prozedur, die allen gleiche und adäquate Partizipationsmöglichkeiten einräumt, und dem apriorischen, universalen, moralischen Ideal der Menschenrechte«[10]. Gosepaths Argument für diese begriffliche Lücke und damit die praktische Möglichkeit des Konflikts zwischen Demokratie und Menschenrechten folgt aus der skizzierten Architektur seiner Überlegungen: Menschenrechte und Demokratie folgen beide aus dem Grundprinzip gleicher Achtung. Weil dieses Grundprinzip nach Gosepath selbst jedoch ein moralisches sein soll, sollen sich die (moralischen) Menschenrechte »unmittelbar« aus ihm ergeben, während die (politische) Demokratie nur »indirekt« aus ihm folge; daher seien sie aus der Sicht des Grundprinzips gleicher Achtung nicht »gleichrangig«.[11]

Wir werden im Folgenden die Gegenposition rekonstruieren, die die im Namen der Menschenrechte operierende kritische Begrenzung der Demokratie zurückweist, indem sie bereits die Möglichkeit ihres Konflikts bestreitet. Nach dieser Alternativposition geht es im Verhältnis von Demokratie und Menschenrechten gar nicht um die Beziehung zwischen Politik und Moral, sondern um das Verhältnis zweier *Aspekte* des Politischen, die sich wechselseitig erläutern. Ein Grund dafür, die Sache so zu sehen, ist ein Problem, das sich für Positionen wie diejenige Gosepaths ergibt: Sie müssen voraussetzen, dass uns die Normen, die sich aus der Grundforderung der gleichen Anerkennung eines jeden ergeben, unabhängig von Akten demokratischer Selbstregierung »gegeben« sind. Woher aber wissen wir denn, was die Grundforderung der gleichen Anerkennung bedeutet? Der rasche Blick in die Allgemeine Erklärung der Menschenrechte wird hier kaum weiterhelfen. Denn woher wissen wir, dass *diese* Auslegung der Grundforderung gleicher Anerkennung die richtige ist? Die moralische Konzeption der Menschenrechte (vgl. oben, Kapitel 1) hat auf diese Fragen eine einfache Antwort: Wir wissen dies, sofern wir moralisch zurechnungsfähige Subjekte sind; dies sagt uns also unser moralisches Gewissen. Wie aber kommen wir vom moralischen Gewissen des Einzelnen zu für uns alle verbindlichen Rechten? Das wiederum kann nur geschehen, indem *wir* uns fragen, was wir als legitime Regeln akzeptieren wollen oder können – durch einen demokratischen Prozess also. Die unterschiedlichen, auch einander widerstreitenden Vorstellungen einzelner Individuen darüber, worin die Menschenrechte bestehen, sind nicht als moralische Gewissensentscheidungen, sondern als politische Beiträge zu diesem demokratischen Prozess von Bedeutung.

Gosepath hingegen meint: »Die Kategorie der moralisch universalen Grundrechte hat aus begrifflichen Gründen einen demokratieunabhängigen Inhalt.«[12] Das Problem ist, dass die Kategorie der universalen Grund- bzw. Menschenrechte dann *gar keinen* bestimmten Inhalt mehr hätte. Denn einen Inhalt gewinnt sie nur durch demokratische Meinungsbildungs- und Entscheidungsprozesse. So schreibt Albrecht Wellmer: »Grundrechte, abstrakt gesprochen, sind ja nicht als Axiome eines Ableitungsverfahrens, sondern nur als Prinzipien der Urteilsbildung ›gegeben‹, und sie ›existieren‹ immer nur in einer geschichtlich konkreten Gestalt, nämlich als ein System von Institutionen und Interpretationen.«[13]

Die Demokratie ist daher nicht nur ein »Inhalt« und auch nicht nur ein »Instrument« der Menschenrechte; die Demokratie ist das *Medium*, in dem und durch das die grundlegende Einstellung der Anerkennung eines jeden überhaupt erst diejenige Bestimmung gewinnt, die ihr die Form eines Systems von Menschenrechten gibt.

(c) Die demokratische Begründung der Menschenrechte: Damit tritt die zentrale Alternative zu einer kritischen Begrenzung der Demokratie durch Menschenrechte hervor: die Begründung der Menschenrechte *in* der Demokratie. Den Versuch einer solchen Begründung unternehmen gegenwärtig vor allem Positionen, die sich aus einer kritischen Transformation des Marxismus entwickelt haben: in Deutschland die Kritische Theorie von Jürgen Habermas und Albrecht Wellmer, in Frankreich so unterschiedliche Autoren wie Étienne Balibar und Claude Lefort. Aus ihrer Sicht ist die simple Entgegensetzung von Menschenrechten und Demokratie, so Lefort, von der Unfähigkeit gekennzeichnet, »die Differenz zwischen Totalitarismus und Demokratie zu begreifen«[14]. Und zwar gilt das sowohl für die liberale Kritik der Demokratie im Namen der Menschenrechte wie auch für die spiegelbildliche marxistische Kritik der Menschenrechte im Namen der (»wahren«, sozialistischen) Demokratie. Beide, Liberalismus und Marxismus, sind nach Lefort von derselben Weigerung geprägt: der »Verweigerung, das Politische zu denken«. Versteht man hingegen das Politische richtig, nämlich als Demokratie, dann löst sich der Gegensatz zu den Menschenrechten auf, den ebenso der Liberalismus wie der Marxismus zu Unrecht behaupten.

Die Durchführung dieser Thesen muss zwei Aufgaben bewältigen: Sie hat, erstens, zu zeigen, dass zu einer demokratischen Selbstregierung die Erklärung und Anerkennung der *Rechte der*

Einzelnen gehört; dass also in der – richtig verstandenen – Demokratie nicht, wie die liberale Kritik einwendet, sich alle zusammen gegen Einzelne durchsetzen, sondern alle zusammen jeden Einzelnen anerkennen. Und sie muss, zweitens, zeigen, dass diese Anerkennung nicht nur die Rechte der Mitglieder des jeweiligen politischen Gemeinwesens, sondern die Rechte *aller Menschen* umfasst; dass also in der Demokratie nicht, wie die konservative Kritik einwendet, wir uns gegen andere zusammenschließen, sondern wir jeden Menschen anerkennen.

Zur ersten Aufgabe: Die These, dass die Menschenrechte in der Demokratie begründet sind, kann den Begriff der Demokratie offensichtlich nicht in einem engen institutionellen Sinn verstehen. In seinem institutionell engsten Sinn bezieht sich der Demokratiebegriff auf nur eine der drei staatlichen Gewalten: die gesetzgebende Gewalt in ihrer typischerweise parlamentarischen Gestalt. Selbstverständlich ist es so, dass demokratische Parlamente Entscheidungen fällen können, die den Grund- und Menschenrechten widersprechen; daher gibt es in vielen Staaten Verfassungsgerichte, die parlamentarische Entscheidungen daraufhin überprüfen.[15] Es ist aber nicht nur die gesetzgebende Gewalt, die wir »demokratisch« nennen, sondern das Ganze dieses politischen Systems, eingeschlossen die Verfassung, anhand derer parlamentarische Entscheidungen verfassungsgerichtlich geprüft werden. Und zwar heißt das *Ganze* dieses politischen Systems dann demokratisch, wenn es seinen Grund in der »Gewalt« des Volkes hat: Es ist im Ganzen *Ausdruck* der Selbstregierung des Volkes.

Das ist die Idee der Volkssouveränität, die in der Amerikanischen und der Französischen Erklärung zugleich mit den Menschenrechten formuliert wurde. Dabei wird der Bezug dieser Erklärungen auf die »Gewalt« des Volkes häufig so verstanden, als hieße das: Das Volk hat das Recht zu tun, was immer es will.

Der wesentliche Sinn dieses Bezugs auf die »Gewalt« des Volkes ist aber die Formulierung eines grundlegenden Maßstabs politischer Legitimität: Nur solche Ordnungen können politisch legitim sein, denen diejenigen, die diesen Ordnungen unterworfen sind, zugestimmt haben. Demokratie oder Volkssouveränität heißt: Das Volk muss sich nur derjenigen politischen Ordnung unterwerfen, die es selbst hervorgebracht hat. Es gibt, so radikalisiert etwa Rousseau den neuzeitlichen Gedanken des Gesellschaftsvertrags, keine andere Quelle der Legitimität für politische Macht als die »Gewalt« des Volkes.[16]

Weshalb aber muss diese politische Ordnung zugleich eine solche sein, die die unverletzlichen Rechte jedes Einzelnen anerkennt? Hat denn die liberale wie konservative Kritik der Demokratie nicht recht darin, dass – gerade im Gegenteil – das Volk auch eine Ordnung über sich verhängen kann, die seine einzelnen Mitglieder entrechtet? In diesen Fragen, die der menschenrechtlichen Kritik an der Demokratie zugrunde liegen, kommt eine wichtige Beobachtung zum Ausdruck: dass es offenbar einen tief greifenden Unterschied gibt zwischen dem Volk, das der Urheber der politischen Ordnung ist, und dem Volk, das ihr unterworfen ist. Das Volk, das der Urheber der politischen Ordnung ist, sind *wir alle zusammen*; das Volk hingegen, das der politischen Ordnung unterworfen ist, ist *jeder Einzelne von uns*. In eben dieser Differenz zwischen Autoren und Adressaten, die die Demokratie vereinigen will, nistet die Gewalt: Wir alle zusammen können durchaus uns als Einzelnen Unrecht zufügen.

An dieser Stelle setzt das entscheidende Argument einer demokratischen Begründung der Menschenrechte ein. Diese Position glaubt nicht daran, dass die Unterdrückung Einzelner durch uns alle zusammen dadurch verhindert werden kann, dass dem sich selbst regierenden Volk moralische »Vorschriften« gemacht werden. Diese Unterdrückung kann vielmehr nur dadurch verhindert werden, dass der Prozess der demokratischen Selbstregierung grundlegend anders verstanden und vollzogen wird: nicht so, dass darin ein kompaktes Wir, d.h. die geschlossene, homogene Einheit des Volkes zum Ausdruck kommt, sondern dass darin tatsächlich jeder Einzelne *als* Einzelner, ja Besonderer eine wesentliche Stimme hat. Lefort hat dies auf die Formel gebracht, dass in der Demokratie – im Sinn der revolutionären französischen oder amerikanischen Erklärungen – eine »Dekorporierung von Macht und Recht«[17] stattfindet: Der demokratische Souverän, das sich selbst regierende Volk, ist nicht mehr die geschlossene »Einheit« eines (Volks-)Körpers, sondern eine Vielheit unterschiedlicher, ja einander bekämpfender Individuen. In der Demokratie geht es gar nicht um die Herstellung einer Einheit – der Einheit des Volkes – gegen diese Einzelnen, sondern um ein »Werk der Teilung«, in dem das Recht der vielen Einzelnen zum Ausdruck kommt, ihre Stimme zu erheben.

Die demokratische Selbstregierung, so hat Jürgen Habermas denselben Grundgedanken formuliert, ist eine »Praxis des öffentlichen Gebrauchs kommunikativer Freiheiten«, die deshalb selbst schon auf Menschenrechten beruht: zumindest auf dem Recht jedes Einzelnen, an dem Prozess demokratischer Selbstregierung gleichermaßen beteiligt zu sein.[18] Wenn aber in einem demokratischen Prozess von vornherein das Menschenrecht jedes Einzelnen auf gleiche Beteiligung berücksichtigt ist, dann kann dieser Prozess auch nicht zu Ergebnissen führen, die der gleichen Berücksichtigung jedes Einzelnen widersprechen, aus der die grundlegenden Rechte folgen. Wenn nämlich die Menschenrechte die Funktion haben, »die Ausübung der Volkssouveränität [zu] ermöglichen«, dann können und *brauchen* sie »dieser Praxis nicht als Beschränkung von außen auferlegt werden«. Demokratische Teilnahme meint nicht die Integration des Einzelnen in einen Volkskörper, sondern die Anerkennung des Einzelnen im politischen Prozess und daher auch in dessen Resultat. Politische Ordnungen berauben nur dann die Einzelnen ihrer grundlegenden Rechte, wenn diese Einzelnen nicht effektiv an ihrer Hervorbringung beteiligt sind – also: wenn diese politischen Ordnungen undemokratisch sind. Kurzum: Die Menschenrechte sind in eins Voraussetzung und Ergebnis der Demokratie.

Zur zweiten Aufgabe: Gegen dieses zentrale Argument einer demokratietheoretischen Begründung der Menschenrechte kann eingewendet werden, dass es allenfalls ein Argument für die Rechte aller Mitglieder des *jeweiligen* sich selbst regierenden Volkes ist – nicht aber ein Argument für die Rechte *aller* Menschen. Die demokratische Selbstregierung ist immer die einer bestimmten Gruppe von Menschen. Also kann der behauptete Zusammenhang von demokratischer Selbstregierung und grundlegenden Rechten sich auch nur auf diese Gruppe und ihre Mitglieder beziehen. Am schärfsten formuliert diesen Einwand Carl Schmitt, indem er bestreitet, dass der Begriff des Menschen überhaupt eine politische Kategorie sei:

»Der Hinweis auf das allgemeine Menschentum kann gewisse Härten mildern und mäßigend und relativierend wirken, aber keinen Begriff konstituieren. Im Gegenteil: wenn die allen gemeinsame menschliche Gleichheit das allein Maßgebliche und Entscheidende sein soll, so ist es nicht mehr möglich, irgendeine spezifische Unterscheidung durchzuführen.«

Dagegen gilt nach Schmitt:
»Der demokratische Begriff der Gleichheit ist ein politischer Begriff und nimmt, wie jeder echte politische Begriff, auf die Möglichkeit einer Unterscheidung Bezug.«[19]

Jede politische Gemeinschaft, auch die demokratische, ist eine wesentlich begrenzte. Ihr kann es daher nur um die Rechte ihrer Mitglieder gehen. Oder: Der Begriff des Menschen ist keine politische Kategorie, sondern kann allenfalls von außen, etwa aus der Moral, in die Politik hineingetragen werden. Die Gegenthese jener Positionen, die eine demokratische Begründung der Menschenrechte unternehmen, lautet, dass dieser Einwand auf einem falschen Verständnis der Demokratie beruht: Versteht man sie richtig, wie die revolutionären Erklärungen des späten 18. Jahrhunderts sie neu gefasst haben, dann sieht man, dass der Begriff des Menschen, d.h. der Bezug auf alle Menschen, darin eine grundlegende Rolle spielt. Nach einer Formulierung von Étienne Balibar ist ein wesentlicher Zug dieses neuen, revolutionären Verständnisses, »daß die Demokratie nicht nur ein Staat ist, der auf gleichem Recht beruht, d.h. auf gleichförmiger Behandlung ihrer Mitglieder [...], sondern auch ein historischer Prozeß, indem diese Rechte auf die ganze Menschheit ausgedehnt werden«[20].

Die Demokratie bezieht in diesem neuen, revolutionären Verständnis nicht nur alle ein, die zu uns gehören, sondern alle überhaupt. Den Grund dafür sieht Balibar in dem inneren Zusammenhang zweier Prozesse demokratischer »Universalisierung«, die er als »intensive« und »extensive« Universalisierung bezeichnet. Dabei ist die *intensive* Universalisierung für die demokratische Praxis grundlegend. Damit meint Balibar den unabschließbaren Prozess selbstkritischer Infragestellung und Revision derjenigen Grundannahmen über das, was die Teilnehmer der demokratischen Praxis sind und wollen, auf denen die demokratische Selbstregierung beruht. Jeder Akt demokratischer Selbstregierung macht ganz bestimmte Annahmen darüber, worin dieses ›Selbst‹ besteht – was also die gemeinsamen Eigenschaften der Mitglieder der Gruppe sind, die sich demokratisch selbst regiert. Es gehört jedoch zur Demokratie, diese Eigenschaften nicht als natürlich gegeben vorauszusetzen, sondern als zugeschrieben und damit veränderbar zu verstehen. In Jacques Derridas Worten: Das scheinbar geschlossene und vorausgesetzte »Selbst« der demokratischen Selbstregierung muss sich als wesentlich »Anderes« verstehen: als in sich plural und als geschichtlich veränderbar.²¹

Balibar hat diesen Gedanken weiter so erläutert: Die Mitglieder einer sich demokratisch selbst regierenden Gruppe können nicht schon voraussetzen, dass alle anderen Mitglieder, bloß weil sie derselben Gruppe angehören, dieselben Eigenschaften haben, die sie von den Mitgliedern anderer Gruppen unterscheiden. Wenn der demokratische Prozess darin besteht, dass darin jeder Einzelne gleichermaßen berücksichtigt wird, dann darf diese Berücksichtigung nicht dem Anderen als Gruppenmitglied mit jeweils bestimmten, vorgegebenen Eigenschaften gelten, sondern muss den Anderen – so zitiert Balibar Robert Musils berühmten Romantitel – als »Mann ohne Eigenschaften« nehmen. Das aber heißt nach Balibar nichts anderes als: Am demokratischen Prozess haben die Einzelnen nicht als so und so bestimmte Mitglieder, sondern als unbestimmte Einzelne oder eben als *Menschen* teil. Die »intensive« Universalisierung, die zum richtig verstandenen demokratischen Prozess gehört, »begründet die politische Teilnahme in der gemeinsamen Menschheit – dem Gattungswesen, wie Hegel und Feuerbach dies genannt haben«².

Das ist Balibars Argument dafür, dass der Begriff des Menschen, gegen Schmitt, *doch* eine grundlegende politische, genauer: eine demokratische Kategorie ist. Wenn die Demokratie darin besteht, jedes einzelne Mitglied der Gruppe gleichermaßen an ihrer Selbstregierung zu beteiligen, dann kann die Demokratie das nur tun, wenn sie den Einzelnen nicht bloß *als* Mitglied dieser Gruppe beteiligt, wenn sie ihn also nicht als jemanden mit bestimmten (Gruppen-)Eigenschaften behandelt, sondern als jemanden *wie jeder* – wie jeder Mensch.

Wenn aber, so Balibars nächster Schritt, in der demokratischen Selbstregierung einer Gruppe jedes einzelne ihrer Mitglieder als Mensch berücksichtigt wird, dann gibt es auch keinen Grund mehr dafür, den *Bereich* der Berücksichtigung auf die Mitglieder dieser Gruppe zu beschränken. Nach Schmitts Verständnis des politischen Prozesses geht es darin immer darum, eine »Unterscheidung« zwischen »Wir« und den »Anderen« vorzunehmen und zu verteidigen. Balibar hingegen beschreibt das neue, revolutionäre Verständnis der Demokratie so, dass dieser Unterschied zwischen »Wir« und den »Anderen« darin nicht mehr grundlegend ist; dieser Unterschied legt nicht länger die Hinsicht und daher auch nicht den *Bereich* der politischen Berücksichtigung des Einzelnen fest. Daher folgt aus der intensiven Universalisierung der Demokratie ihre *extensive* Universalisierung – die Ausdehnung auf alle Menschen. Es gehört daher notwendig zur Idee der Demokratie, dass sie nicht nur jedes einzelne ihrer Mitglieder gleichberechtigt teilnehmen lässt, sondern dabei zugleich alle Menschen gleichermaßen berücksichtigt. Die Demokratie ist, richtig verstanden, nicht auf Einzelstaaten begrenzt, sondern hat stets schon einen »kosmopolitischen Horizont« (Balibar).

8. Auf dem Wege zur Weltrepublik?

Die am Ende des letzten Kapitels skizzierte demokratietheoretische Lesart der Menschenrechte hat zu der Einsicht geführt, dass die demokratische Selbstregierung einer Gruppe notwendig – um als wahrhaft demokratisch gelten zu können – auf *alle* Menschen Rücksicht zu nehmen hat. Es liegt nahe, diese Forderung in einer der beiden folgenden Weisen misszuverstehen: In einer ersten Fassung verlangt sie, dass unmittelbar alle Menschen in den Entscheidungsprozess eines demokratischen Gemeinwesens einbezogen werden. In einer zweiten Fassung verlangt sie gar, dass alle Menschen zu Bürgern eines einzigen weltumspannenden demokratischen Gemeinwesens werden. Solche Forderungen sind, wie man im Anschluss an Kant und dessen Schrift *Zum ewigen Frieden* (1795) wird feststellen müssen, nicht nur unrealistisch, sondern auch in normativer Hinsicht problematisch: Nicht nur werden die sich selbst regierenden (nationalen) Kollektive niemals freiwillig auf ihre (nationale) Souveränität verzichten, auch müssen nach Kants Einsicht »Gesetze mit dem vergrößten Umfange der Regierung immer mehr an ihrem Nachdruck einbüßen«[23]. Anders gesagt: *Verbindliche* kollektive Selbstregierungsprozesse setzen annähernd überschaubare politische Entscheidungszusammenhänge voraus.

(a) Demokratieexport: Die unmittelbare Konsequenz aus einer demokratietheoretischen Fundierung der Menschenrechte kann daher zunächst nur ein *abgestuftes* Konzept demokratischer Politik sein, das auf drei Ebenen – Gemeinwesen, Territorium und Welt – mit jeweils unterschiedlichen Rechtsbegriffen operiert: Die Demokratie respektiert, erstens, die gleichen *Bürgerrechte* aller Mitglieder des demokratischen Gemeinwesens und versteht sie dabei so, dass sowohl diese Rechte selbst als auch deren Adressatenkreis in Inhalt und Umfang einer dauernden Revision unterliegen; sie anerkennt, zweitens, *Grundrechte* eines jeden Menschen auf jeweils dem Territorium, auf dem das jeweilige demokratische Gemeinwesen seine Regierungsgewalt ausübt; sie respektiert, drittens, die Menschenrechte als den berechtigten Anspruch weltweit jedes Menschen, ebenfalls Mitglied (irgend-)eines sich demokratisch selbst regierenden Gemeinwesens zu sein.

Dieser letzte Punkt ist zentral für die demokratietheoretische Lesart der Menschenrechte: Aus ihr ergibt sich die weitreichende Forderung, dass weltweit jeder Mensch berechtigt ist, aktives Mitglied und damit Autor einer sich demokratisch selbst regierenden Rechtsgemeinschaft zu sein. Denn nur dann sind Menschen nicht bloß passive Empfänger menschenrechtlicher »Wohltaten« seitens anderer: Sie haben ihre grundlegenden Rechte dann vielmehr so, dass sie selbst an deren Erklärung, Formulierung und Verteidigung beteiligt sind. Da allerdings die Aufnahmebereitschaft der heute bereits existierenden Demokratien aus unterschiedlichsten Gründen begrenzt ist, ergibt sich aus einer demokratietheoretischen Lesart der Menschenrechte unmittelbar auch die weitere Konsequenz, dass aus jenen Staaten, die bislang *keine* Demokratien sind, Demokratien erst noch werden müssen. Demnach wird ein demokratietheoretisches Verständnis der Menschenrechte zwar nicht schon notwendig auf eine grenzensprengende Weltdemokratie, wohl aber auf einen grenzübergreifenden *Demokratieexport* setzen müssen: Man wird den Menschenrechten nur dann weltweit zur Durchsetzung verhelfen können, wenn man zugleich der Demokratie weltweit zur Durchsetzung verhilft.

Auch wenn man auf den ersten Blick den Eindruck gewinnen mag, als sei genau dies das Ziel jener heute – oftmals direkt im Namen der Menschenrechte – betriebenen Interventionspolitik des Westens[24], setzt sich die demokratietheoretische Lesart der Menschenrechte doch in entscheidender Hinsicht von der derzeitigen weltpolitischen Entwicklung ab: Ebenso aus realpolitischen wie normativen Gründen kann es ihr nicht darum gehen, dem internationalen Menschenrechtsregime direkt *gegen* die nicht-demokratischen Staaten dieser Welt zur Durchsetzung zu verhelfen; d.h. notfalls auch mit Waffengewalt und ohne den »Umweg« der Demokratisierung dieser Staaten. Vielmehr müssen sich die betreffenden Staaten zunächst *selbst*, d.h. aus sich heraus demokratisieren, damit anschließend der demokratische Selbstregierungsprozess vor Ort die Geltungskraft und Einhaltung der Menschenrechte verbürgen kann. Freilich können auch diese innerstaatlichen Demokratisierungsprozesse von außen angestoßen, gefördert und mitunter sogar erzwungen werden.[25] Der entscheidende Punkt jedoch ist folgender: Die Durchsetzung der Menschenrechte setzt, um legitim (und erfolgreich) zu sein, demokratische Transformationsprozesse, d.h. die Herausbildung und den Erhalt überschaubarer demokratischer Entscheidungsstrukturen *voraus*.[26]

Mit dem Projekt einer hegemonial betriebenen Politik, die den anderen Staaten eine Demokratie nach westlichem Vorbild von außen vorschreiben will, ist aber nur eine mögliche Gegenposition benannt, von der sich der kosmopolitische Anspruch der demokratietheoretischen Konzeption absetzt. Vor allem im Blick auf die gegenwärtig in der Philosophie geführte Menschenrechtsdebatte zeigt sich, dass darüber hinaus ein drittes Modell zunehmend an Bedeutung gewinnt: Statt primär auf weltweite, jedoch jeweils *innerstaatliche* Demokratisierungsprozesse zu setzen, sind nunmehr zahlreiche Interpreten der Menschenrechtsidee zu der Auffassung gelangt, dass diese innerstaatlichen Prozesse supranational »umgangen« werden können. Doch soll dies nicht etwa durch eine mitunter aggressive humanitäre oder gar militärische Interventionspolitik geschehen, sondern durch die schrittweise Einrichtung eines wie auch immer gearteten »Weltstaates«, in dem alle Menschen gleichberechtigte Mitglieder wären.[27] Will man diese Diskussion nicht von vornherein als weltpolitisch unrealistisch oder auch normativ verfehlt abtun, stellt sich unweigerlich die Frage: Inwieweit besteht am Ende nicht doch berechtigte Aussicht auf eine supranationale »Weltinnenpolitik« oder »Global Governance«[28], die den Menschenrechten, wenn nötig auch gegen die jeweiligen Staaten, zur weltweiten Durchsetzung verhelfen würde und dabei doch *zugleich* ein ausreichendes Maß an demokratischer Legitimation besäße?

(b) Fünf Modelle einer politischen Weltordnung: In der neueren philosophischen Debatte um den Weltstaat, die zumeist im Anschluss an Kants Friedenschrift geführt wird, lassen sich vor allem fünf Alternativen unterscheiden, wie eine politisch verfasste Weltgesellschaft institutionell zu gestalten wäre.[29] Die beiden ersten Alternativen hatte Kant selbst schon aufgezeigt.

(1) Seine Abhandlung *Zum ewigen Frieden* ist bis heute wichtigster ideengeschichtlicher Bezugspunkt und anhaltende Provokation für die rechtsphilosophische und völkerrechtliche Weltstaatsdebatte.[30] Als strikter Gegner des Angriffskrieges hatte Kant den konstitutiven Kern des klassischen Völkerrechts, so wie es für das europäische Staatensystem nach dem Westfälischen Frieden und bis zum Ersten Weltkrieg maßgeblich war, in Frage gestellt: das Recht der als souverän aufgefassten Staaten, anderen Staaten den Krieg zu erklären. Das klassische, vor allem durch Hugo Grotius[31] geprägte Völkerrecht hatte den wechselseitigen Umgang der Nationalstaaten zwar in eine international gültige Rechtsform überführt, doch zu einer dauerhaft stabilen Staatenordnung war es dadurch nicht gekommen. Im Gegenteil: Die völkerrechtliche Gleichstellung der sich wechselseitig als souverän anerkennenden Nationalstaaten war um den Preis der Anerkennung eines gleichen Rechts auf Kriegführung als dem legitimen Ausdruck jener staatlichen Souveränität erkauft worden.[32]

Genau an diesem Punkt setzt die nach Art eines fiktiven zwischenstaatlichen Friedenvertrags konzipierte Schrift Kants an: Zwar wird darin gleichermaßen das Bild einer Gemeinschaft prinzipiell gleichberechtigter Staaten gezeichnet, doch werden sämtliche zwischenstaatlichen Beziehungen dem obersten Ziel einer internationalen Friedensstiftung untergeordnet. Jeder Staat *verzichtet* auf einen Teil seiner äußeren Souveränität, und zwar auf eben jenes Recht des Angriffskrieges, und dafür wird ihm im Gegenzug der Schutz einer zwischenstaatlich koordinierten Friedensordnung zugesichert. Hier also verhält es sich umgekehrt wie im klassischen Völkerrecht: Die *richtig* verstandene Gleichheit der Staaten wird durch den Verzicht auf das Recht auf Kriegführung allererst hergestellt. Kants eigentliche Provokation jedoch ist diese: Mit dem partiellen, aber grundlegenden Verzicht der Nationalstaaten darauf, ihre äußere Souveränität im vollen Maße auszuüben, steht die Souveränität der Staaten *als solche* in Frage. Zwar will Kant ausdrücklich an dem Gebot der Nichteinmischung in innerstaatliche Streitigkeiten und Angelegenheiten festhalten. Der fünfte Präliminarartikel des von Kant entworfenen Friedensvertrags besagt: »Kein Staat soll sich in die Verfassung und Regierung eines andern Staats gewalttätig einmischen.«[33] Doch mit der Begrenzung staatlicher Souveränität kommen allmählich die einzelnen Mitglieder der jeweiligen Staaten als eigentliche Nutznießer der internationalen Friedenssicherung und damit als Völkerrechtssubjekte *sui generis* in den Blick.

Hier deutet sich bereits eine republikanische Umdeutung nationalstaatlicher Souveränität in *Volkssouveränität* an, die bei Kant zugleich auch eine Transformation des klassischen Völkerrechts in ein »Weltbürgerrecht« bewirken wird; auf diese Transformation werden wir erst in der Schlusskontroverse unserer Einführung eingehen. An dieser Stelle ist zunächst die Frage nach der genaueren Gestalt jener überstaatlichen Friedensordnung von Relevanz. Außer Frage steht für Kant, dass es für die Staaten »nach der Vernunft« keinen anderen Ausweg aus dem »gesetzlosen Zustande« permanenter Kriegsgefahr geben könne, als auf die »wilde (gesetzlose) Freiheit« zu verzichten und »sich zu öffentlichen Zwangsgesetzen [zu] bequemen, und so einen (freilich immer wachsenden) Völkerstaat (civitas gentium), der zuletzt alle Völker der Erde befassen würde«, zu errichten.[34] Demnach wäre der einzig denkbare, ja geradezu gebotene Weg die

Einrichtung eines globalen *Weltzentralstaates,* einer »Universalmonarchie«, wie Kant sagt. Ihr hätten sich die vormals souveränen Einzelstaaten unterzuordnen wie freie und gleiche Staatsbürger dem für Sicherheit sorgenden Monarchen. Eine zentrale Weltregierung würde demnach an die Stelle der nationalstaatlichen Einzelregierungen treten, die jeweiligen Staatsvölker lösten sich in eine Republik von »Weltbürgern« auf.

Gegen diese radikale Konsequenz eines zentralistischen Weltstaates hat Kant selbst jedoch, wie bereits angedeutet, bis heute maßgebliche Bedenken formuliert. Auch wenn die Idee der Weltrepublik »nach der Vernunftidee« gefordert sein mag, so sei es nicht nur gänzlich unrealistisch zu glauben, souveräne Einzelstaaten würden je freiwillig auf ihre Souveränität oder gar auf ihre Staatsgrenzen verzichten. Zugleich müsse mit der wachsenden Reichweite einer derart zentralisierten Weltregierungsgewalt auch der »Nachdruck« ihrer friedenssichernden Gesetze schwinden. Eben dies werde sich eines Tages als überaus kontraproduktiv erweisen: Eine Weltstaatsmacht, die immer mehr Macht und Gewalt an sich reißen müsste, um bei der Friedenssicherung erfolgreich zu sein, drohe mehr und mehr in einen »seelenlosen Despotismus« und letztlich erneut in Anarchie umzuschlagen.

(2) Obwohl Kant also zunächst feststellt, dass die Einrichtung eines einheitlichen Weltstaates *vernunftgemäß* wäre, fällt sein eigener Vorschlag am Ende bescheidener, ja pragmatisch aus. Weil, so versteht Habermas den entsprechenden Haupteinwand Kants,

»die Völker mit der Souveränität ihrer Staaten eine nationale Unabhängigkeit verlieren würden, die sie bereits errungen hatten, müsste die Autonomie der jeweils eigenen kollektiven Lebensformen in Gefahr geraten. Nach dieser Lesart besteht der ›Widerspruch‹ darin, dass die Bürger einer Weltrepublik die Gewährleistung von Frieden und bürgerlicher Freiheit mit dem Verlust jener substantiellen Freiheit bezahlen müssten, die sie als Angehörige eines nationalstaatlich organisierten Volkes besitzen.«[35]

An die Stelle der Idee einer allumfassenden Weltrepublik muss daher, so Kant, das »negative Surrogat«[36] eines Völkerbundes gleichberechtigter souveräner Nationalstaaten treten, der sich auf elementarster *inter-* und nicht schon *supra*nationaler Ebene allein um Aufgaben der Friedenssicherung, nicht aber um alle nur erdenklichen weltpolitischen Regierungsgeschäfte zu kümmern hat. Ein solcher Völkerbund – wie er nach dem Ersten Weltkrieg tatsächlich Wirklichkeit werden und trotz seines späteren Scheiterns Vorbild für die Gründung der UN bleiben sollte[37] – verzichtet auf eine übergeordnete, zentrale Regierungsgewalt und belässt den souveränen Einzelstaaten, um deren Souveränität willen, die *gemeinsame* Verantwortung für die Überwachung geltender Friedensverträge sowie für die kooperative Abwehr von Kriegsgefahren:

»Mit dem Projekt des Völkerbundes verbindet sich die Vorstellung einer sich immer weiter ausbreitenden Föderation von Handel treibenden Republiken, die sich zwar die Möglichkeit zum Austritt vorbehalten, aber Angriffskriegen abschwören und sich moralisch verpflichtet fühlen, Konflikte untereinander einem internationalen Schiedsgericht zu unterwerfen.«[38]

(3) Weltzentralstaat oder Völkerbund – sind das die beiden einzigen ernst zu nehmenden Alternativen? Eben dies wird von zahlreichen Interpreten der Friedenschrift bestritten. Auch Habermas' Kritik setzt genau an diesem Punkt an: Im Anschluss an Überlegungen von Wolfgang Kersting[39] geht er davon aus, dass Kant sich deshalb zum Rückzug auf die Idee des Völkerbundes gezwungen sah, weil er sich die Weltrepublik nach dem Vorbild des französischen Zentralstaats dachte, anstatt sich etwa an dem ganz anders verfassten nordamerikanischen Modell einer »föderalen« Staatengemeinschaft zu orientieren. Nach diesem Modell würde die Souveränität der einzelnen Staaten und Völker

nicht durch die einer sie umfassenden Einheit ersetzt, sondern in sich »geteilt«. So hätte Kant sich nach Habermas klar machen können, dass die Bürger unabhängiger Staaten weder ihre kollektive Freiheit noch ihre kulturelle Eigenart und Identität verlieren müssen, wenn sie ihre Souveränität zugunsten einer friedensstiftenden »Bundesregierung« einschränken.

Folgt man diesem Modell, dann tritt – im Weltmaßstab – das Bild einer Gemeinschaft gleichberechtigter Staaten vor Augen, die als ein föderales Mehr-Ebenen-System organisiert wäre[40]: Auf *nationaler* Ebene würde die Regelung der zweifellos meisten politischen Angelegenheiten in der Eigenverantwortung der sich souverän selbst regierenden Gemeinschaften verbleiben. Auf *transnationaler* Ebene hätten regional organisierte Institutionen und Verhandlungssysteme nach dem Vorbild der Europäischen Union in wichtigen überstaatlichen Fragen, z.B. der Ökonomie oder der Ökologie, zu rechtsverbindlichen Vereinbarungen zu kommen. Auf *supranationaler* Ebene schließlich hätte – jenseits rivalisierender Einzelstaaten – eine reformierte UNO für die Durchsetzung friedenserhaltender Maßnahmen sowie für die Durchsetzung elementarer Menschenrechte zu sorgen. Gleichwohl, so Habermas, darf aber auch diese Idee einer »politisch verfassten Weltgemeinschaft« nicht schon als Welt*staat* missverstanden werden. Der an der Spitze des hier skizzierten Mehr-Ebenen-Systems stehenden Weltorganisation käme nicht schon der Charakter einer zentralen Weltregierung zu, da sie sich allein um »lebenswichtigste« Funktionen der Friedenssicherung und der Menschenrechtspolitik zu kümmern hätte.[41] Der *föderale* Charakter einer Gemeinschaft gleicher souveräner Einzelstaaten, die zwar »Mitglieder«, nicht aber subordinierte »Gliedstaaten« wären, stünde im Vordergrund.

(4) Hier zeigt sich eine große Nähe, aber auch ein entscheidender Unterschied zu der derzeit im deutschen Sprachraum

am weitesten entwickelten Konzeption von Weltstaatlichkeit: zu Otfried Höffes Idee einer »föderalen, subsidiären Weltrepublik«.[42] Auch Höffe zieht aus einer kritischen Würdigung Kants die Konsequenz, dass die Souveränität der Nationalstaaten nicht etwa durch die Souveränität des einen Weltstaats ersetzt, sondern im Rahmen eines föderalen Staatenverbundes – im anspruchsvollen Sinn – »aufgehoben« werden müsse: Die Souveränität der Staaten soll, grundlegend verändert, erhalten bleiben. Im Gegensatz zu Habermas glaubt Höffe gleichwohl, dass es dabei zur Herausbildung einer mit deutlich weiter reichenden Befugnissen ausgestatteten Weltregierung und damit auch zur Einrichtung einer »Weltrepublik« kommen könnte, *ohne* dass damit – wie Kant dies nach Auffassung von Habermas befürchtete – die Einzelstaaten die Fähigkeit einbüßen müssten, die Autonomie kollektiver Lebensformen auszudrücken und zu gestalten. Neben Fragen der Friedenssicherung und der Menschenrechte denkt Höffe hier an eine Reihe derjenigen Materien, die im habermasschen Modell durch eine Fülle sich teilweise überlappender und überlagernder globaler »Rechtsregime«[43] geregelt werden: z.B. weltwirtschaftliche und ökologische Probleme, der internationale Terrorismus, grenzüberschreitende Kriminalität oder die Verbreitung von ABC-Waffen. Dennoch, so Höffe, dürfe auch diese Weltrepublik nicht schon als ein »homogener« Weltstaat im von Kant und Habermas kritisierten Sinn verstanden werden, sondern als ein föderaler, subsidiärer und vor allem: *komplementärer* Weltstaat. Was aber heißt das?

Während sich Höffe den föderalen und subsidiären Charakter dieser politischen Weltgemeinschaft, ganz ähnlich wie Habermas, als ein Mehr-Ebenen-System mit »horizontal« (zwischenstaatlich) geteilten und »vertikal« (national, regional, supranational) gestuften Verantwortungen vorstellt, ist der entscheidende Unterschied an deren »komplementärem« Charakter festzumachen: Weil ja die Einzelstaaten bereits rechtsförmig organisiert und für die Rechtssicherheit ihrer Bürger verantwortlich sind, genügt für die globale Organisation ihrer Koexistenz eine »sekundäre« Weltstaatsordnung, die lediglich den verbleibenden »Rest an Rechtlosigkeit« mit Blick auf jene oben benannten globalen Rechtsmaterien zu bearbeiten hat. Dabei aber ist die Einrichtung einer Weltrepublik nicht etwa nur eine wünschenswerte Alternative zu anderen Konzeptionen von Global Governance, sondern sie ist nach Höffe aus rechtlich-normativen Gründen ebenso *geboten*, wie es bereits jene Verrechtlichung der Beziehungen zwischen den Menschen war, die zur Errichtung der Einzelstaaten geführt hat. Die Globalisierung habe einen veränderten, einen *zweistufigen* völkerrechtlichen Regelungsbedarf geschaffen, der unterhalb der Weltrepublik gar nicht bearbeitet werden kann:

»Nach der zwischenstaatlichen, ›völkerrechtlichen‹ Seite ist die Weltrepublik für die rechtsförmige Koexistenz der Staaten zuständig, nach der zwischengesellschaftlichen ›weltbürgerlichen‹ Seite für die rechtsförmige Koexistenz der nichtstaatlichen Subjekte. Dort wird eine Rechtsbeziehung zwischen allen Staaten, hier eine Rechtsbeziehung zwischen allen Bürgern der Erde geschaffen.«[44]

Aus dem Unterschied dieser beiden globalen Rechtsmaterien – zwischenstaatliches Völkerrecht und grenzüberschreitendes Privat- und Strafrecht – sowie der entsprechenden Differenz zweier unterschiedlicher Rechtsadressaten – Staaten und Weltbürger – ergibt sich laut Höffe die Notwendigkeit eines »weltrepublikanischen Doppelvertrages« und dessen Realisierung unter der Ägide einer Weltregierung, deren höchstes Organ entsprechend aus zwei Kammern zu bestehen hätte: einem »Weltrat« als der Staatenkammer und einem »Welttag« als der Weltbürgerkammer. Erst ein solcher republikanischer Doppelvertrag – das ist die demokratietheoretische Pointe von Höffes Modell – würde zugleich auch für die demokratische Legitimation der Weltrepublik sorgen:

»Die Weltrepublik gewinnt ihre demokratische Legitimation durch eine Verbindung von Bürgerlegitimation mit Staatenlegitimation. [...] Einerseits, im ›völkerrechtlichen‹ Gesellschaftsvertrag, rechtfertigt sich die Weltrepublik von den Einzelstaaten, andererseits, im ›weltbürgerlichen‹ Gesellschaftsvertrag von den einzelnen Bürgern her [...] Alle Gewalt der Weltrepublik geht von ihrem doppelten Staatsvolk aus, von der Gemeinschaft aller Menschen und der aller Staaten.«[45]

(5) Angesichts der weltpolitischen Entwicklungen unserer Tage und der mitunter völkerrechtswidrigen militärischen Konflikte in der Folge des 11. September 2001 mag man die Diskussion um einen wie immer gearteten Weltstaat für – im besten Fall – verfrüht, für gänzlich utopisch, wenn nicht gar für Unsinn halten. Hat nicht das neuerliche Ringen der USA um eine militärische Vormachtstellung in der Welt jede weitere Chance auf eine weltrepublikanische Reform oder auch Transformation der UN in weite Ferne rücken lassen?

Auch Habermas hält es für fraglich, ob das Projekt einer »Konstitutionalisierung des Völkerrechts« angesichts dieser Entwicklung noch eine Chance hat. Doch genau dies müsse Anlass für eine erneute Beschäftigung mit der in Kants Friedensschrift aufgeworfenen Frage nach einer republikanisch verfassten Weltgemeinschaft sein. Der Punkt ist nämlich: Habermas deutet die aggressive amerikanische Außenpolitik der letzten Jahre nicht etwa als eine Absage an weltpolitische Ordnungsvorstellungen, sondern als eine gefährliche konzeptionelle Alternative *innerhalb* des Bezugsrahmens rechtsphilosophischen Nachdenkens über eine mögliche Weltordnung.[46] Auch die US-amerikanische

Regierung träume von einer politisch verfassten Weltgesellschaft. Allerdings fänden sich in dieser keine souveränen und gleichberechtigten Partner zusammen, um eine gemeinsame demokratische Weltordnung zu etablieren. Vielmehr gehe es den USA um eine unipolare und -laterale Weltordnung unter eigener hegemonialer Regie. Diese Weltordnung bezieht all jene mit ein, die, so lässt sich im Anschluss an Carl Schmitt sagen, als »Freund« im Kampf gegen den islamistischen Terror mitwirken wollen, während der »Feind« bekanntlich zur »Achse des Bösen« gezählt und bekämpft wird.

Damit, so lässt sich folgern, bringt das hegemoniale Weltmachtstreben der USA nicht weniger als den von Habermas und Höffe auf unterschiedliche Weise gedachten, aber gemeinsam geforderten weltbürgerlichen »Verfassungsgebungsprozess« im Ganzen in Gefahr. Oder umgekehrt: Das Nachdenken über eine legitime suprastaatliche Weltregierung muss als der Versuch verstanden werden, dem hegemonialen Modell der Kontrolle durch eine einzige verbliebene Weltmacht ein Konzept entgegenzusetzen, das an den Grundwerten von Freiheit und Gleichheit orientiert bleibt. Deshalb ist eine erneute philosophische Beschäftigung mit der Frage nach dem Weltstaat nicht etwa eine utopische Schwärmerei, sondern eine politische Notwendigkeit. Es geht dabei nicht nur um einen innerphilosophischen Streit um die richtige Interpretation der Weltstaatsidee, sondern zugleich auch um eine realpolitische Alternative.

(c) Aufgaben des Menschenrechtsregimes: Liberale Konzeptionen einer politisch verfassten Weltgemeinschaft, die zwar auf supranationaler Ebene koordiniert, aber gleichwohl dezentral, d.h. föderal und subsidiär regiert werden würde, sind von zwei Seiten heftiger Kritik ausgesetzt. Manchen Kritikern geht auch dieses dezentrale Organisationsmodell *viel zu weit*: Anhänger einer »Governance without Government«[47], eines globalen Re-

gierens ohne Weltregierung, setzen auf zwischenstaatlich agierende Institutionen und Verhandlungssysteme, die zwar *jenseits* des Nationalstaates, aber doch *unterhalb* des Weltstaates angesiedelt sind.[48] Anderen Kritikern, etwa Charles Beitz, Thomas Pogge oder Peter Singer, geht das liberale Modell nicht weit genug: Diese »Globalisten« sind der Auffassung, dass einer supranational agierenden, reformierten UNO ein weit umfassenderer Aufgabenbereich zufallen sollte.[49] Beginnen wir mit dieser zweiten Kritikfraktion, und konzentrieren wir uns dabei auf Fragen der Menschenrechte.

(1) Nach Auffassung der Globalisten leidet das liberale Weltstaatsdenken in der Folge Kants vor allem daran, strikt auf Fragen der internationalen Friedenssicherung und auf den Schutz *elementarer* Menschenrechte zugeschnitten zu sein. Kant hatte seinerzeit das neuzeitliche Völkerrecht zwar revolutioniert, indem er in seiner Friedenschrift die Kategorie des »weltbürgerlichen Rechts« einführte, doch begrenzte er dieses Recht zugleich auf ein allgemeines »Besuchsrecht« (das vor allem friedlichen Handelsbeziehungen dienen sollte).[50] In dieser Bescheidenheit beerben ihn viele seiner liberalen Anhänger, indem sie lediglich einen Kernbestand der Menschenrechte in den unmittelbaren Verantwortungsbereich globalen Regierens stellen: Liberale Weltordnungskonzepte sind in menschenrechtlicher Hinsicht zumeist auf negative Freiheitsrechte beschränkt.[51] Dort, wo sie stärker republikanisch ausgerichtet sind, kommt der Schutz politischer Teilnahmerechte hinzu.[52] Dagegen werden die sozialen Menschenrechte in der Regel vernachlässigt.[53] So lehnt etwa Rawls sie mit dem Hinweis ab, dass die weltweite Ungleichverteilung von Reichtum und Armut völkerrechtlich deshalb irrelevant sei, weil sie entweder auf die »Zufälligkeit der Verteilung natürlicher Ressourcen« oder aber auf den Entwicklungsstand der »politischen Kultur« in den jeweiligen Ländern, etwa auf korrupte Eli-

ten, zurückgeführt werden müsse[54]; im ersten Fall hätte somit niemand Schuld an der weltweiten Ungleichverteilung, im zweiten Fall wäre die Armut jener Länder letztlich selbstverschuldet.

Gerade dies bestreiten Autoren wie Beitz, Pogge und Singer. Sie setzen voraus, dass Staaten voneinander abhängige Gebilde sind, die wechselseitig sehr viel weiter reichende Verpflichtungen als die Garantie elementarer Bedingungen der Friedenssicherung und basaler Menschenrechte haben. Diese Verpflichtungen resultieren, erstens, aus den historischen, ökonomischen, ökologischen etc. Verstrickungen der internationalen Staatenwelt. So gehen aus der Einsicht, dass der Reichtum einzelner wohlhabender Länder immer auch auf Kosten ärmerer Länder angehäuft worden ist und wird, zwischenstaatliche Verantwortlichkeiten der Armutsbekämpfung hervor.[55] Weitere Verpflichtungen resultieren, zweitens, aus der Tatsache, dass die weltweite Verteilung natürlicher Rohstoffe zwar nicht »ungerecht« im Sinn einer menschengemachten Benachteiligung ist, so doch aber zumindest kontingent und daher aus Sicht der ärmeren Länder ein unverschuldeter Nachteil, der globalmoralisch kompensiert werden muss.[56] Schließlich weisen diese Kritiker, drittens, darauf hin, dass das liberale Paradigma schlicht die menschenrechtliche Tatsache übersieht, dass die Einzelnen ihre Ansprüche auf soziale Menschenrechte auch dann nicht verlieren, *wenn* ihnen korrupte Regierungen vorstehen. Menschenrechte sind Rechte für einzelne Menschen, nicht für Regierungen, Völker oder Staaten. Selbst wenn man also der Auffassung ist, dass einem »Schurkenstaat« keine Unterstützung zustehe, bedeutet das nicht, dass nicht dennoch der jeweils notleidenden Bevölkerung oder besser: den bedrohten *Individuen* Menschenrechte auf Sicherung ihrer wichtigsten Lebensbedingungen zuständen.[57]

Exkurs 4: ›Schurkenstaaten‹ und ›failed states‹

Seit den 1990er Jahren, insbesondere jedoch seit dem 11. September 2001 kursiert in sicherheitspolitischen Zusammenhängen internationaler Beziehungen der denunziatorische Begriff »Schurkenstaat« (engl. »rogue state«). Nach geläufiger Auffassung sind es vor allem vier Charakteristika, die einen solchen Staat kennzeichnen: »Schurkenstaaten« werden diktatorisch regiert, sie unterstützen den globalen Terrorismus, sind an der Herstellung von Massenvernichtungswaffen interessiert und aggressiv um eine Destabilisierung ganzer Weltregionen bemüht. Gemeint sind z.B. jene Staaten, die von der US-Regierung unter George W. Bush im sogenannten Krieg gegen den Terror zur »Achse des Bösen« gezählt worden sind: zunächst Irak, Iran und Nordkorea, später dann auch Sudan, Syrien und Kuba.

Der Begriff »Schurkenstaat« wird oft in einem Atemzug mit einem zweiten, kaum weniger pejorativen und daher ebenfalls kontroversen Terminus der internationalen Politikanalyse genannt, mit dem er aber nicht verwechselt werden darf. Gemeint ist der Terminus »failed states«, der zur Benennung solcher Staaten verwendet wird, die aufgrund der fehlenden Durchsetzungskraft ihrer institutionellen Ordnung entweder nicht fähig oder aber nicht willens sind, auf ihrem Territorium ein nachhaltiges Gewaltmonopol zu errichten. »Failed states« werden – gemessen an der »Norm« funktionierender demokratischer Rechtsstaaten westlicher Prägung – als scheiternde Modelle von Staatlichkeit und die Schwäche ihrer Regime als Ursache von Gewalt, Bürgerkriegen, ethnischen Konflikten und Zerfall angesehen.

Die weitverbreitete und oft berechtigte Kritik[58] an der ideologischen Verwendung beider Termini kann jedoch nicht schon darüber hinwegtäuschen, dass diese auf eine völkerrechtlich zentrale Frage aufmerksam machen wollen: Welche institutionellen Bedingungen müssen staatliche Ordnungen erfüllen, damit andere Staaten ihnen gegenüber zu zwischenstaatlichem Respekt verpflichtet sind? Verdient ein diktatorisches und außenpolitisch aggressives Regime, das die Menschenrechte seiner Bürger missachtet, tatsächlich dieselbe weltpolitische Anerkennung wie ein demokratischer Rechtsstaat? Falls nicht, wo genau wäre die Grenze zu ziehen zwischen »achtbaren« und »nicht achtbaren« Staaten, und schließlich: Welche völkerrechtlichen Konsequenzen ergeben sich daraus?[59]

Grenzziehungen dieser Art können politisch entweder bewirken, dass all jene Staaten, die als »Schurkenstaaten«, »failed states« oder auch als »Unrechtsregime« klassifiziert werden, mit internationalen Sanktionen belegt oder aus dem Kreise völkerrechtlicher Kooperation ausgeschlossen werden. Oder aber – und dies wäre die weit stärkere Konsequenz – man gelangt zu der Auffassung, dass diese Unrechtsstaaten durch eigenes Fehlverhalten ihr völkerrechtlich verbrieftes Recht auf Souveränität einbüßen. Wenn man der ersten, der schwächeren Auffassung ist, dann lässt man diesen Staaten das Recht zumindest auf *innere* Selbstbestimmung. Man beschränkt oder beendet lediglich die äußere Kooperation und schützt sich vor gewaltsamen Übergriffen seitens dieser Staaten. Deren innere Angelegenheiten jedoch bleiben unangetastet. Ist man aber der zweiten, der stärkeren Überzeugung, dann mag eine humanitäre oder gar militärische Intervention – und sei es: im Namen der Menschenrechte – gerechtfertigt erscheinen.[60]

Daraus folgt: Das Völkerrecht – als zwischenstaatliches Recht – hat in einer bedeutenden Hinsicht eine andere Struktur als das Menschenrecht. Die Subjekte des Völkerrechts können – sofern es sich um einzelne Staaten handelt – durch eigenes Fehlverhalten Ansprüche auf internationale Anerkennung verwirken, die Subjekte der Menschenrechte können dies hingegen nicht.

Gleichwohl tendieren Globalisten wie Pogge, Beitz und Singer dazu, über das Ziel einer weltweiten Grundversorgung hinauszuschießen, indem sie letztlich auf einen »moralischen« Begriff der Menschenrechte im oben erläuterten Sinn zurückgreifen (vgl. Kapitel 1). Sie gehen davon aus, dass für die Menschenrechte die unmittelbaren moralischen Verpflichtungen jedes Menschen gegenüber jedem anderen *grundlegend* sind, und deshalb glauben sie, die Standards innerstaatlicher Gerechtigkeit auf die gesamte Welt übertragen zu können. Soziale Menschenrechte fordern dann nichts anderes als »globale Gerechtigkeit«[61]. Das aber ist ein Missverständnis, denn soziale Menschenrechte zielen auf weniger. Es geht ihnen nicht schon um »das Ganze der Gerechtigkeit«, sondern um Fragen einer sozialen »Grundsicherung«, d.h. um die Garantie von Mindeststandards menschenwürdigen Lebens.[62] Dies mag schon sehr viel sein – diese Mindeststandards müssten in allen Teilen dieser Welt gegeben sein –, doch Fragen einer *umfassenden* Umverteilung des gesamten weltweit verfügbaren Wohlstands zielen weit über das hinaus, was in einer politisch verfassten Weltgemeinschaft als Anspruch auf soziale *Menschenrechte* einzuklagen wäre.

Wichtiger aber noch ist das Folgende: Der legitime Anspruch jedes Menschen auf soziale Grundsicherung kann gar nicht *primär* ein Anspruch an die Staatengemeinschaft sein. Die durch den Begriff der Grundsicherung nahegelegte Analogie von Sozialstaat und »Weltsozialstaat« ist irreführend; nicht etwa deshalb, weil die einzelnen Staaten *allein* für die Grundversorgung ihrer Bürger verantwortlich wären, wie es das liberale Paradigma suggeriert, sondern weil die geforderte Weltrepublik – solange sie kein Welt*zentral*staat ist – keine von den Einzelstaaten unabhängige Institution wäre, die etwas *Eigenes* zu verteilen hätte. Die Einzelstaaten selbst müssten via Weltrepublik umverteilen. Insofern richtet sich ihre Verantwortung primär gegen sich selbst als Vertragspartner entsprechender völkerrechtlicher Vereinbarungen. Nur wenn sie bei der Bereitstellung menschenwürdiger Mindeststandards versagen, tritt *sekundär* – nach Art einer Ausfallbürgschaft – die Staatengemeinschaft hinzu.

(2) Die Auffassung, dass eine globale Umverteilung menschenwürdiger Mindeststandards angezeigt ist, dürfte kaum strittig sein, fraglich ist jedoch, wie realistisch sie ist. Die Menschenrechte, auch die sozialen, beanspruchen universelle Anerkennung.

Solange wir es aber in internationalen Beziehungen weder allein mit demokratischen Gemeinwesen, in die die Geltung der Menschenrechte bereits notwendig eingeschrieben ist (vgl. Kapitel 7), noch mit einer wie auch immer gearteten Weltregierung zu tun haben, die den bereits geltenden Menschenrechtsverträgen mit starker Sanktionsgewalt zur Durchsetzung verhelfen könnte, stellt sich die Frage: Wie verbindlich ist »verbindlich«? Man mag die unzureichende Institutionalisierung der Menschenrechte bemängeln, doch besitzt das globale Menschenrechtsregime längst eine Reihe alternativer Instrumente, um ihnen auch ohne weltweite Demokratisierung, auch ohne oder unterhalb der Weltrepublik zur sukzessiven Verwirklichung zu verhelfen.[63]

Auf der Ebene der UN sind neben den völkerrechtlich verbindlichen Menschenrechtskonventionen sowie dem Menschenrechtsrat in Genf[64] vor allem die sogenannten *treaty bodies* zu erwähnen. Diese Ausschüsse wurden eigens zur Überwachung der einzelnen Menschenrechtspakte eingerichtet: Die Unterzeichnerstaaten unterliegen einer regelmäßigen Berichtspflicht, können bei Vertragsverstößen Rügen erhalten oder gar ganz aus dem Vertragswerk ausgeschlossen werden.[65] Einige der Verträge sehen zudem die Möglichkeit von Staaten- und Individualbeschwerden vor: Menschenrechtsverletzungen in einem bestimmten Staat können von anderen Staaten oder einzelnen Bürgern vor die entsprechenden Ausschüsse gebracht werden. Im Hinblick auf das jeweils überwachte Vertragsdokument besitzen die *treaty bodies* überdies eine Art Deutungshoheit. Die von ihnen verfassten »General Comments« ähneln verfassungsrichterlichen Interpretationen, die eine offizielle UN-Linie bei der Ausdeutung einzelner Menschenrechte vorgeben.[66]

Auf der Ebene des »regionalen« Menschenrechtsschutzes haben sich eigene Überwachungssysteme herausgebildet.[67] Diese Entwicklung fußt auf der Überzeugung, dass in eher überschaubaren kulturellen Kontexten mit einer größeren Homogenität der Lebensverhältnisse und deshalb auch mit größeren Chancen auf eine kontextsensible Durchsetzung kulturell spezifizierter Menschenrechtsvereinbarungen zu rechnen ist. Von besonderer Bedeutung sind hier vor allem Vereinbarungen und Durchsetzungsmechanismen auf der Ebene des Europarates; vor allem der weltweit noch immer singuläre Europäische Gerichtshof für Menschenrechte in Straßburg. Aber auch die Organisation Amerikanischer Staaten (OAS), die Organisation Afrikanischer Einheit (OAU) oder die Gemeinschaft Unabhängiger Staaten (GUS) haben Konventionen und Mechanismen eines regional ausgerichteten Menschenrechtsschutzes etabliert, auch wenn deren Effektivität bislang noch sehr zu wünschen übrig lässt. Ähnliches gilt für Versuche einer Vermittlung zwischen islamischem Recht und Menschenrechten; etwa in der oben (vgl. Kapitel 3) schon etwas genauer betrachteten Kairoer Erklärung der Menschenrechte von 1990 oder auch in der Arabischen Charta der Menschenrechte aus dem Jahre 1994.[68]

Mit Blick auf die sich herausbildende politische Weltöffentlichkeit gibt es das »blaming and shaming«: Verstöße gegen die Menschenrechte können öffentlich angeprangert und die Täter bzw. die verantwortlichen Staaten damit unter moralischen sowie politischen Druck gesetzt werden. Dabei spielen transnational agierende NGOs, z.B. Amnesty International oder Human Rights Watch, eine zentrale Rolle. Deren Wirken sorgt nicht nur für eine zunehmende Sensibilisierung der Weltöffentlichkeit, etwa indem die Opfer von Menschenrechtsverletzungen eine Stimme bekommen. Oftmals werden staatliche Verstöße gegen die Menschenrechte durch investigative Recherchen seitens der NGOs überhaupt erst aufgedeckt.[69] Zudem haben die UN zur Überwachung einzelner menschenrechtlicher Standards, z.B. des Folterverbots, des Rechts auf Bildung oder des Rechts auf Ernährung, Sonderberichterstatter (»special rapporteurs«) berufen, die sich jeweils vor Ort ein Bild vom Stand der menschenrechtlichen Entwicklung machen und deren Berichte mitunter für großes Aufsehen sorgen.[70]

Nicht immer aber wird die politische Auseinandersetzung um Menschenrechte in aller Öffentlichkeit geführt. Längst hat sich auch in Menschenrechtsfragen eine Praxis »stiller Diplomatie« entwickelt, die oft mehr erreicht als öffentliche Verhandlungen, bei denen es rasch zu unüberbrückbaren Gegensätzen kommt und die Verhandlungspartner um ihr Ansehen fürchten müssen.[71] Unter »stiller Diplomatie« versteht man gemeinhin das verdeckte Bemühen einer eher neutralen Partei, etwa des UN-Generalsekretärs, der aufgrund seines Amtes hohes Ansehen genießt, zwischen den jeweiligen Konfliktparteien indirekt, z.B. in getrennten Verhandlungen, zu vermitteln. Als »gute Dienste« bezeichnet man darüber hinaus die Schaffung logistischer Voraussetzungen für *direkte* Verhandlungen zwischen den Konfliktparteien; etwa durch Bereitstellung geeigneter Verhandlungsorte.

Was aber, wenn all diese Maßnahmen einer menschenrechtlichen »Governance without Government« nicht greifen; wenn das bestehende Menschenrechtsregime schwerwiegende und massenhafte Verletzungen der Menschenrechte, z.B. Vertreibung und Völkermord, weder verhindern noch stoppen kann? In den letzten Jahre ist intensiv darüber diskutiert worden, ob militärische Auseinandersetzungen und Kriege *im Namen* der Menschenrechte gerechtfertigt sein können; ob die Opfer und Schäden einer militärischen Intervention von der Wiederherstellung menschenrechtlich annehmbarer Zustände aufgewogen werden.[72] So umstritten dies aus philosophischer, völkerrechtlicher und politischer Sicht auf die weitgehend ohne Legitimation durch die UN geführten Kriege der letzten Jahre auch ist: Militärische Interventionen gelten zunehmend als ein probates Mittel des globalen Menschenrechtsregimes zur akuten Verhinderung gravierender Menschenrechtsverstöße.[73]

Und was, wenn derart gravierende Menschenrechtsverletzungen erst einmal geschehen sind? Lange Zeit gab es aus völkerrechtlicher Sicht keine geeignete Möglichkeit einer Ahndung dieser Verbrechen oder gar Bestrafung einzelner Täter oder Regierungen. Dies änderte sich erst, als es seit den 1990er Jahren zur Einrichtung sogenannter UN-ad-hoc-Tribunale kam; vor allem in der Folge des Krieges im ehemaligen Jugoslawien, der ethnischen Massaker in Ruanda und der Bürgerkriegsverbrechen in Sierra Leone. Diese Tribunale wurden temporär und mit dem Auftrag einer juristischen Bewältigung der in den jeweiligen Konflikten begangenen, schwersten Menschenrechts- und Kriegsverbrechen beauftragt. Allerdings haftete diesen Tribunalen von vornherein der völkerstrafrechtlich bedenkliche Verdacht eines Verstoßes gegen das sogenannte Rückwirkungsverbot an: Eine Tat darf nicht nach einem Gesetz bestraft werden, dass es zum Zeitpunkt der Tat noch gar nicht gab. Im Jahre 1998 schließlich kam es in Rom zur Verabschiedung eines Statuts für einen dauerhaft in Den Haag eingerichteten Internationalen Strafgerichtshof (ICC).[74] Ihm wurde das fest umrissene Mandat einer Ahndung schwerster Verbrechen, »welche die internationale Gemeinschaft als Ganzes berühren« – gemeint sind vor allem Völkermord (Art. 6), Verbrechen gegen die Menschlichkeit (Art. 7) und Kriegsverbrechen (Art. 8) – zugewiesen.[75]

So völkerrechtlich bahnbrechend wie umstritten[76] die Einrichtung des ICC auch ist: Was mit Blick auf das internationale Menschenrechtsregime bislang fehlt, ist ein Internationaler Gerichtshof für Menschenrechte nach dem Vorbild des europäischen. Im Gegensatz zum ICC, der ein auf schwerste Verbrechen beschränktes Mandat besitzt, wäre ein Internationaler Gerichtshof für Menschenrechte für die gesamte Bandbreite von Verstößen gegen menschenrechtliche UN-Vereinbarungen zuständig; wenngleich subsidiär und komplementär, d.h. in Ergänzung zu etwaig vorhandenen nationalen Verfassungsgerichten sowie regional agierenden Gerichtshöfen. So unrealistisch die Einrichtung eines solchen Gerichts unter den gegebenen weltpolitischen Vorzeichen auch erscheinen mag – eine weltweite Durchsetzung des dort gesprochenen Rechts würde nicht zuletzt eine global agierende Polizeimacht erfordern –, so unvollständig muss die Realisierung der Menschenrechte bleiben, die seit jeher mehr zu sein beanspruchen als eine schöne Idee auf schmuckem Papier: Die Menschenrechte wollen nicht nur völkerrechtlich positiviert, sondern auch durchgesetzt werden, und zwar weltweit.

Kontroverse IV: Zwischen einem Staats- und einem Demokratiekonzept des Weltbürgerrechts

Mit seiner »Konstitutionalisierung« im Rahmen einer weltweiten Rechtsordnung erhält das Völkerrecht nicht nur andere Mittel seiner Durchsetzung, vielmehr verändert es sich dadurch in seinem Wesen. In der Begrifflichkeit von Kants Friedensschrift: Indem es konstitutionalisiert wird, überschreitet sich das Völkerrecht auf ein Weltbürgerrecht hin. Denn während sich das Völkerrecht nach traditionellem Verständnis auf die »Staaten im Verhältnis gegeneinander« bezieht, bezeichnet das Weltbürgerrecht das rechtliche Verhältnis zwischen »Menschen und Staaten«, sofern nun jene »als Bürger eines allgemeinen Menschenstaats anzusehen sind (*ius cosmopoliticum*)«[77]. Die Einzelnen sind nicht mehr nur Bürger ihres jeweiligen Staates und werden nicht mehr nur durch diesen Staat gegenüber anderen Staaten vertreten, sondern haben als Weltbürger Rechte unmittelbar gegenüber allen Staaten, dem eigenen wie jedem fremden:

»Der innovative Kern dieser Idee liegt in der Konsequenz der Umformung des internationalen Rechts, als eines Rechts *der Staaten*, in ein Weltbürgerrecht als ein Recht *von Individuen*. [...] Die den Individuen zugeschriebenen Menschen- und Bürgerrechte sollen nun auch durch die internationalen Beziehungen hindurchgreifen. Die souveränen Staaten, die sich zu einem ›großen Staatskörper‹ vereinigen, erkaufen die Autorisierung ihrer Staatsbürger zu Weltbürgern um den Preis der eigenen Mediatisierung.«[78]

Auch wenn Kant selbst die weltbürgerlichen Ansprüche des Einzelnen, wie oben schon erwähnt, eng, und zwar auf ein »Besuchsrecht«, begrenzte: Das neue Weltbürgerrecht, das durch die Konstitutionalisierung des Völkerrechts hervorgebracht werden soll, versteht die Rechte jedes einzelnen Weltbürgers so, dass ihr Inhalt kein anderer als eben die Menschenrechte sind. Das Weltbürgerrecht ist mithin erst die juridische Verwirklichung der Menschenrechte *als* Menschenrechte. Das heißt nicht, dass die Menschenrechte erst im Weltbürgerrecht juridische Wirklichkeit gewinnen würden; diese haben sie vielmehr auch schon im bestehenden Staats- und Völkerrecht. Aber hier haben die Menschen entsprechende Rechtsansprüche nur gegenüber ihrem jeweiligen Staat (Staatsrecht), während Rechtsansprüche gegenüber jedem anderen Staat nur wiederum Staaten haben (Völkerrecht). In diesen beiden Formen sind die Menschenrechte also nicht schon Rechtsansprüche, auf die sich jeder einzelne Mensch gegenüber jeder staatlichen Instanz oder auch der Staatengemeinschaft berufen könnte. Das erlaubt ihm erst der Bezug auf sein Weltbürgerrecht: Weil er wie jeder andere Mensch als »Bürger eines allgemeinen Menschenstaats« (Kant) anzusehen ist, kann er gegenüber jedem Einzelstaat die Respektierung seines Weltbürgerschaftsstatus verlangen.

Um zu verstehen, was mit dieser Konzeption der Menschen- als Weltbürgerrechte gewonnen ist, muss man sie nur mit der gegenwärtigen Situation vergleichen. Ein grundlegendes Kennzeichen dieser Situation ist, dass die Politik der Menschenrechte zu einer bloßen Politik der *Menschlichkeit*, der humanitären Intervention zu werden droht.[79] Mithilfe global operierender Massenmedien und in drastischen Bildern werden – oft kurzfristig und willkürlich – einzelne der vielen Opfergruppen, die weltweit Unterdrückung, Vertreibung, Ausbeutung oder Verelendung ausgesetzt sind, in den Fokus der häufig nur westlichen Öffentlichkeit gerückt, um das Gewissen der Betrachter anzurühren und um dadurch die Regierungen der Einzelstaaten und auch die internationalen Institutionen unter Handlungsdruck zu setzen. Wer die Fälle der letzten Jahre, z.B. Somalia, Ruanda, Kongo, Darfur, einmal Revue passieren lässt, wird keinem der präsentierten Opfer die Berechtigung und Dringlichkeit seines Hilfeanspruchs bestreiten. Das Problem der humanitären Politik liegt keineswegs hier, sondern darin, welchen *Status* die Einzelnen und ihre Ansprüche darin haben. Zwar beruht die Politik der humanitären Intervention auf einer Form medial organisierter Weltöffentlichkeit, in der historisch zum ersten Mal jeder Einzelne prinzipiell die Chance hat, seine Forderungen allen (oder doch sehr vielen) vorzutragen. Aber diese Forderungen haben hier nicht den Charakter von garantierten Rechtsansprüchen, auf die Einzelne sich berufen und die sie einklagen könnten.[80] Sie erscheinen vielmehr als bloße Appelle an andere, den Opfern zu ihrem Recht erst zu verhelfen.

Wo die Politik der Menschlichkeit die Situation durch ein zutiefst asymmetrisches Verhältnis von Opfern und Helfern definiert, etabliert die Politik des Weltbürgerrechts eine grundlegende Gleichheit: Hier kann sich jeder Mensch darauf berufen, wie jeder andere ein Mitbürger derselben Welt zu sein, der seine Rechte nicht erst noch zugestanden bekommen muss, sondern sie bereits hat. Der Einzelne muss nicht bitten, sondern kann fordern, denn er ist als ein Träger von Rechten den anderen grundsätzlich gleichgestellt: In der Verletzung *seiner* Rechte sind die Rechte *aller* verletzt, so dass in dem Schutz und in der Hilfe, die ihm von anderen geleistet werden, die anderen nichts anderes als das Recht aller, also auch ihr eigenes verteidigen. Damit durchbricht eine weltbürgerliche Politik der Menschenrechte den Kreislauf, in dem eine humanitäre Politik der Menschlichkeit die demütigende Struktur jener Situation fortschreibt, die sie ändern will.[81]

Doch auch diese Forderung, die Menschenrechte als Weltbürgerrechte zu etablieren, lässt sich noch einmal auf zwei grundlegend verschiedene Weisen verstehen. Im ersten Verständnis nämlich bedeutet Weltbürgerrecht *weltstaatliche* Organisation, im zweiten eine *kosmopolitische Öffnung der Demokratie*. Wir nennen sie das »Staats«- und das »Demokratiekonzept« des Weltbürgerrechts.

Das *Staatskonzept* deutet den Begriff des Weltbürgerrechts in Analogie zu denjenigen Bürgerrechten, die innerhalb einzelner Staaten gelten: Wir sind demnach Bürger der Welt, so wie wir Bürger eines Staates sind, und wir haben Weltbürgerrechte, so wie wir Staatsbürgerrechte haben. Diese Analogie gilt zunächst der (welt-)staatlichen Garantie, die die Menschenrechte gewinnen, wenn sie derartig zu Weltbürgerrechten werden: Wie die Staatsbürgerrechte im Einzelstaat werden sie von einem Weltstaat verbindlich eingesetzt, ihr Vorranganspruch wird erklärt und effektiv durchgesetzt. Selbstverständlich kann auch diese weltstaatliche Garantie der Menschen- als Weltbürgerrechte nur eine begrenzte und fragile sein: Sie kann die Menschenrechte gegen renitente Einzelstaaten und private Akteure sichern. Aber gegen die Gefahren, die von einem sich etwaig verselbständigenden Weltstaat selbst ausgehen können, stehen auch auf globaler Ebene keine anderen Mittel zu Verfügung als diejenigen, die bereits auf einzelstaatlicher Ebene die Menschenrechte schützen sollen: Strukturen der Gewaltenteilung etwa und die informelle Macht der Öffentlichkeit.[82] Für den Weltstaat gilt prinzipiell dasselbe wie für die Einzelstaaten: dass gerade die staatliche Macht zur größten Bedrohung für die Menschenrechte werden kann.

Das entscheidende Argument des Staatskonzepts des Weltbürgerrechts kann also nicht lauten, dass dadurch die Menschenrechte einen in jeder Hinsicht effektiven Schutz gewinnen. Es lautet vielmehr, dass sich nur so die strikte weltweite Gleichheit aller Menschen gewährleisten lässt: So wie in jedem Staat jeder Bürger aufgrund derselben unparteilich ausgelegten Rechte behandelt wird, so soll dies die Positivierung der Menschenrechte zu Weltbürgerrechten für alle Menschen sicherstellen. Das Weltbürgerrecht ist darin analog zum Staatsbürgerrecht, dass es, wie die Einzelstaaten in ihrem begrenzten Horizont, im globalen Maßstab ein normativ anspruchsvolles System von Gerechtigkeitsgrundsätzen etabliert.[83]

In diesem Motiv der Gleichheit liegen zugleich Nähe und Ferne zwischen dem Staats- und dem Demokratiekonzept des Weltbürgerrechts begründet. Denn das Demokratiekonzept deutet den Begriff des Weltbürgerrechts nicht in struktureller *Analogie* zu den innerstaatlichen Bürgerrechten, sondern als deren radikale, aber immanente *Erweiterung*: Die Demokratie überschreitet, und zwar aus innerer Logik, ihren einzelstaatlich begrenzten Horizont und anerkennt jeden Menschen als gleichen Weltbürger.[84] Bürger eines Staates zu sein heißt nach demokratischem Verständnis, an der Selbstregierung eines Gemeinwesens als Gleicher teilzunehmen und dadurch als Gleicher berücksichtigt zu werden. Es gehört jedoch zum Sinn demokratischer Gleichheit, dass sie die Gleichheit eines jeden als menschliches

»Gattungswesen« meint. Zum Sinn demokratischer Selbstregierung gehört daher die Anerkennung der Gleichheit der Bürger eines Gemeinwesens *mit jedem anderen Menschen*. Daraus wiederum folgt unmittelbar die Anerkennung jedes Menschen *als* gleich. Es gehört demnach zum normativ richtigen Selbstverständnis eines demokratischen Gemeinwesens, nicht nur jedes seiner Mitglieder, sondern jeden Menschen als Gleichen anzuerkennen.

Das Demokratiekonzept des Weltbürgerrechts fordert allerdings nicht schon, dass jeder Mensch zum Bürger *desselben* demokratischen Gemeinwesens werden soll; das wäre vielmehr ein Rückfall in die falsche Analogie von Staats- und Weltbürgerrecht. Es meint stattdessen, dass jeder Mensch *bei* der Selbstregierung dieses Gemeinwesens zu berücksichtigen ist. In der demokratischen Selbstregierung eines Gemeinwesens werden auch alle Nicht-Bürger berücksichtigt: nicht als Bürger desselben Gemeinwesens, aber als Bürger derselben Welt. Deshalb erklärt und respektiert ein demokratisches Gemeinwesen, wenn es sich nur recht versteht, nicht nur die Bürgerrechte aller seiner Mitglieder und die Grundrechte aller auf seinem Territorium Anwesenden, sondern die Weltbürgerrechte aller Menschen. Alle drei Rechtstypen unterscheiden sich in ihrem Inhalt und Umfang, aber nicht in ihrer Kraft: Alle Mitglieder, alle Fremden und alle Menschen haben in jedem demokratischen Gemeinwesen zum Teil verschiedene, aber gleichermaßen unbedingte Rechte.

Die beiden Konzepte eines Weltbürgerrechts stimmen darin überein, dass die menschenrechtliche Sprengung des einzelstaatlichen Rahmens nicht nur in der Form völkerrechtlicher Vereinbarungen zwischen den Einzelstaaten geschehen kann, sondern jeder Mensch einen Rechtsanspruch gegenüber jedem Staat gewinnen muss. Die beiden Konzepte widersprechen sich aber in der Durchführung dieses Grundgedankens auf allen Ebenen:

ebenso in ihrem Verständnis des Wesens der Menschenrechte (das Staatskonzept des Weltbürgerrechts versteht sie letztlich als moralische Rechte, die politisch umgesetzt werden müssen, das Demokratiekonzept hingegen als – ihrem Wesen nach – politische Rechte) wie in ihrem Verständnis der Politik der Menschenrechte (das Staatskonzept des Weltbürgerrechts sieht die größte Dringlichkeit im Aufbau einer handlungsmächtigen supranationalen Organisation, das Demokratiekonzept hingegen in der effizienten, daher kontextsensitiven Reformierung oder Revolutionierung lokaler politischer Verhältnisse). Inhaltlich unterscheiden sie sich aber vor allem darin, wie sie die *Gleichheit* aller Menschen verstehen, die von der menschenrechtlichen Idee des Weltbürgerrechts gefordert wird. Das Staatskonzept des Weltbürgerrechts versteht die weltweite Gleichheit aller Menschen nach dem Modell der innerstaatlichen Gleichheit der Bürger: So wie ein Staat die Hinsichten festlegt, in der alle Bürger grundrechtlich gleichermaßen respektiert und geschützt werden, so soll dies auch weltweit geschehen. Das Demokratiekonzept des Weltbürgerrechts versteht hingegen die weltweite Gleichheit aller Menschen so, dass sie von anderer Art ist als die Gleichheit der Mitglieder eines demokratischen Gemeinwesens: Während Letztere prinzipiell offen und unbegrenzt ist, hat die weltbürgerliche Gleichheit ihren wesentlichen *Kern* in dem Anspruch aller Menschen auf demokratische Mitgliedschaft.[85]

Man kann den Vorzug des Staatskonzepts des Weltbürgerrechts darin sehen, dass es ein Mehr an weltweiter Gleichheit erlaubt: Die Hinsicht gleicher Berücksichtigung aller Menschen ist umfangreicher bestimmt. Die Kehrseite dessen ist aber, dass das Staatskonzept des Weltbürgerrechts sich zugleich auch mehr *zutrauen* muss. Es muss darauf vertrauen, dass die Einzelstaaten und der Weltstaat auch darin analog gedacht werden können, dass es diesem selbst noch im globalen Ausmaß gelingt, zwei zentrale Forderungen miteinander in Einklang zu bringen, die bereits die fest umrissenen Einzelstaaten zu zerreißen drohen: die Doppelforderung nach *Konkretion und Konsens*, d.h. nach inhaltlicher Bestimmung einerseits, nach allgemeiner Übereinstimmung andererseits. Das Weltbürgerrecht muss verbindliche Hinsichten festlegen, in denen alle Menschen gleich behandelt werden sollen, und es muss zugleich behaupten, dass diese inhaltlichen Festlegungen für alle akzeptabel sind.[86] Das Demokratiekonzept des Weltbürgerrechts zieht dagegen aus den zentralen Argumenten der Universalismusdebatte (vgl. Kapitel 3) den Schluss, dass diese Doppelforderung unerfüllbar ist: Es kann keine Bestimmung der Menschenrechte als Weltbürgerrechte geben, die als inhaltsgleiche Bestimmung zugleich Aussicht auf allgemeine Zustimmung hätte. Die Idee der Menschenrechte kann vielmehr nur je lokal und in einer unsynthetisierbaren Vielfalt verwirklicht werden. Dabei sieht das Demokratiekonzept des Weltbürgerrechts selbstkritisch, dass selbst die eigene Kernforderung – die Forderung, dass jeder Mensch das Recht auf demokratische Mitgliedschaft hat – keineswegs neutral ist. Es ist eine Forderung, die ebenfalls starke normative Voraussetzungen hat, die etwa der Begriff der Menschenwürde ausbuchstabiert (vgl. Abschnitt III) und deren Durchsetzung daher umstürzende Folgen haben wird.

Anhang

Anmerkungen

Einleitung

1 Francis Fukuyama, Das Ende der Geschichte, München 1992; Alexandre Kojève, Hegel. Eine Vergegenwärtigung seines Denkens (1947), Frankfurt a.M. 1975, S. 48-89. Genauer: Thorsten Bonacker/André Brodocz, Im Namen der Menschenrechte. Zur symbolischen Integration der internationalen Gemeinschaft durch Normen, in: Zeitschrift für internationale Beziehungen, Heft 2, 2001, S. 178-208.
2 Samuel Huntington, Der Kampf der Kulturen, München 1996.
3 Zum Beispiel Andrei Sacharow, Frieden, Fortschritt und Menschenrechte. Rede zur Verleihung des Friedens-Nobelpreises 1975, in: ders., Furcht und Hoffnung, Wien 1980, S. 16-37; Initiative Frieden und Menschenrechte, in: Ralf Hirsch/Lew Kopelew (Hg.): Grenzfall, Berlin 1989, S. VII f. Dazu: Winfried Thaa, Die Wiedergeburt des Politischen. Zivilgesellschaft und Legitimitätskonflikt in den Revolutionen von 1989, Opladen 1996, Kap. VI.
4 Vgl. Norberto Bobbio, Das Zeitalter der Menschenrechte. Ist Toleranz durchsetzbar?, Berlin 1999, S. 19 f. Vgl. David Black, The Long and Winding Road: International Norms and Domestic Political Change in South Africa, in: Thomas Risse/Stephen C. Ropp/Kathryn Sikkink (Hg.), The Power of Human Rights. International Norms and Domestic Change, Cambridge 1999, S. 78-108 (hier auch weitere Fallstudien zu Nordafrika, Lateinamerika, Asien).
5 Martin Luther King, Letter from Birmingham Jail, in: ders., Why We Can't Wait, New York 1964, S. 76-95. Vgl. Volker Gerhardt, Menschenrecht und Rhetorik, in: Hauke Brunkhorst/Wolfgang R. Köhler/

Matthias Lutz-Bachmann (Hg.), Recht auf Menschenrechte. Menschenrechte, Demokratie und internationale Politik, Frankfurt a.M. 1999, S. 20-40.

6 Einen bündigen Überblick gibt: Andreas Haratsch, Die Geschichte der Menschenrechte, Potsdam 2002.

7 Hasso Hofmann, Die Entdeckung der Menschenrechte, Berlin/New York 1999, S. 10f.

8 Siehe zum Beispiel Bobbio, Das Zeitalter der Menschenrechte, a.a.O., S. 10-12.

9 Für eine deutschsprachige Sammlung der wichtigsten Dokumente der Menschenrechtsentwicklung nach 1945 siehe Bundeszentrale für politische Bildung (Hg.), Menschenrechte. Dokumente und Deklarationen, Bonn 2004. Über den jeweils neuesten Stand auf UN-Ebene informiert die Website des UN-Hochkommissars für Menschenrechte: http://www.ohchr.org/ (Stand: 30. November 2006).

10 Georg Jellinek, Die Erklärung der Menschen- und Bürgerrechte (1895), in: Roman Schnur (Hg.), Zur Geschichte der Erklärung der Menschenrechte, Darmstadt 1964, S. 1-77; Wolfgang Schmale, Archäologie der Grund- und Menschenrechte in der Frühen Neuzeit. Ein deutsch-französisches Paradigma, München 1997.

11 Wolfgang Vögele, Menschenwürde zwischen Recht und Theologie. Begründungen von Menschenrechten in der Perspektive öffentlicher Theologie, Gütersloh 2000; Hans Joas, Die Sakralität der Person, Frankfurt a.M. 2007 (in Vorbereitung).

12 »Der Staat ist schurkisch.« (Jacques Derrida, Schurken. Zwei Essays über die Vernunft, Frankfurt a.M. 2003, S. 144.) Vgl. Wolfgang Reinhard, Geschichte der Staatsgewalt. Eine vergleichende Verfassungsgeschichte Europas von den Anfängen bis zur Gegenwart, München 1999.

13 So im Blick auf die Entstehung der Allgemeinen Erklärung der Menschenrechte M. Glen Johnson/Janusz Simonides, The Universal Declaration of Human Rights: A History of its Creation and Implementation 1948-1998, Paris 1998, S. 26f.

14 Deshalb hat Rolf Zimmermann (Philosophie nach Auschwitz. Eine Neubestimmung von Moral in Politik und Gesellschaft, Reinbek bei Hamburg 2005) für diese Katastrophe von einem »Gattungsbruch« gesprochen; dazu unten, Kapitel 1.

15 Hannah Arendt, Elemente und Ursprünge totaler Herrschaft (1951), München 1995, Kap. 9, vor allem S. 452-470. Vgl. dies., »The Rights of Man«. What Are They?, in: Modern Review, Bd. 3, Heft 1, 1949, S. 24-37. – Dazu kontrovers: Giorgio Agamben, Homo sacer. Die souveräne Macht und das nackte Leben, Frankfurt a.M. 2002, S. 135 ff. Dagegen: Hauke Brunkhorst, Hannah Arendt, München 1999, S. 93-106.

16 Arendt, Elemente und Ursprünge totaler Herrschaft, a.a.O., S. 465; dies., »The Rights of Man«, a.a.O., S. 34.

17 Arendt, »The Rights of Man«, a.a.O., S. 34.

18 Wichtige Ansätze dazu sind die in Anm. 3 genannten politikgeschichtlichen und die in Anm. 11 genannten geistes- und sozialgeschichtlichen Untersuchungen.

19 Vgl. Matthias König, Menschenrechte, Frankfurt a.M. 2005.

20 Siehe das seit 1998 im Suhrkamp Verlag verlegte Jahrbuch Menschenrechte. Zuletzt: Volkmar Deile u.a. (Hg.), Jahrbuch Menschenrechte. Privat oder Staat? Menschenrechte verwirklichen!, Frankfurt a.M. 2006.

Teil I – Grundbestimmungen

1 So etwa Michael Ignatieff, Die Politik der Menschenrechte, Hamburg 2002, S. 30, 86 u. 98.

2 Jeremy Bentham, Anarchical Fallacies. Being an Examination of the Declaration of Rights Issued during the French Revolution (1792), in: The Works of Jeremy Bentham, Bd. II, Edinburgh 1843, S. 523.

3 Raymond Geuss, History and Illusion in Politics, Cambridge 2001, S. 144.

4 Vgl. Christoph Grabenwarter, Europäische Menschenrechtskonvention, München 2005.

5 Deutsches Institut für Menschenrechte (Hg.), Menschenrechtsschutz Vereinte Nationen: Individualbeschwerdeverfahren, Berlin 2003.

6 Dazu grundlegend Eckart Klein, Menschenrechte. Stille Revolution des Völkerrechts und Auswirkungen auf die innerstaatliche Rechtsanwendung, Baden-Baden 1997; Christian Tomuschat, Einleitung, in: ders. (Hg.), Menschenrechte, Bonn 2002, S. 13 ff.

7 Zum Stand der Ratifizierung einzelner Abkommen siehe die Website des UN-Hochkommissars: http://www.ohchr.org/english/countries/ratification/index.htm (Stand: 30. November 2006).
8 Stellvertretend für viele: Ernst Tugendhat, Vorlesungen über Ethik, Frankfurt a.M. 1993, Vorl. 17, S. 336-363. Dazu Georg Lohmann, Menschenrechte zwischen Moral und Recht; Andreas Wildt, Menschenrechte und moralische Rechte, beide in: Stefan Gosepath/Georg Lohmann (Hg.), Philosophie der Menschenrechte, Frankfurt a.M. 1998, S. 62-95 u. 124-145.
9 John Locke, Zwei Abhandlungen über die Regierung (1690), Frankfurt a.M. 1989, II. Abhandlung, § 6, S. 203.
10 Im Jahre 1994 brach ein bereits lange Zeit schwelender ethnischer Konflikt aus, der in nur hundert Tagen vermutlich etwa 800 000 Menschen das Leben kostete.
11 Internationale Beobachter und Kritiker lasten der Shell AG in Nigeria nicht nur eine dramatische Umweltverschmutzung, sondern auch kriminelle und teilweise menschenverachtende Methoden bei der Erschließung neuer Ölquellen an. – Vgl. generell Gunther Teubner, Die anonyme Matrix. Menschenrechtsverletzungen durch »private« transnationale Akteure, in: Der Staat, Heft 2, 2006.
12 Vgl. Thomas Pogge, Menschenrechte als moralische Ansprüche an globale Institutionen, in: Gosepath/Lohmann (Hg.), Philosophie der Menschenrechte, a.a.O., S. 378-400. Das moralische Gegenmodell bei Peter Singer, One World. The Ethics of Globalization, New Haven/London 2004, Kap. 5, S. 150-193.
13 Jürgen Habermas, Über den internen Zusammenhang von Rechtsstaat und Demokratie, in: ders., Die Einbeziehung des Anderen, Frankfurt a.M. 1996, S. 293-305, hier S. 301. Ausführlicher dazu Jürgen Habermas, Faktizität und Geltung. Beiträge zur Diskurstheorie des Rechts und des demokratischen Rechtsstaats, Frankfurt a.M. 1992, Kap. III und IV. – Zu einer verwandten Kritik siehe Jacques Rancière, Who Is the Subject of the Rights of Man?, in: The South Atlantic Quarterly, Heft 2/3, 2004, S. 297-310.
14 John Rawls, Das Recht der Völker, Berlin 2002.
15 Vgl. *Codex Justinianus*, Buch I, II.2; Thomas von Aquin, Summa theologica, II-II 57, 3, in: Die deutsche Thomas-Ausgabe, Bd. 18, Salzburg 1953, S. 10-12.

16 Hugo Grotius, Drei Bücher vom Recht des Krieges und des Friedens (1625), Tübingen 1950, Buch I, Kap. 1, XIV, S. 53; Carl Schmitt, Verfassungslehre (1928), Berlin 1993, S. 73 u. 231.

17 Rawls, Das Recht der Völker, a.a.O., S. 80 f. u. 96 ff.

18 Zum Konzept eines menschenrechtlichen Völkerrechts siehe auch Jürgen Habermas, Hat die Konstitutionalisierung des Völkerrechts noch eine Chance?, in: ders., Der gespaltene Westen, Frankfurt a.M. 2004, S. 113-193.

19 Rawls, Das Recht der Völker, a.a.O., S. 80; vgl. § 10, bes. S. 96.

20 Siehe dazu unten, Kontroverse III.

21 Jürgen Habermas, Zur Legitimation durch Menschenrechte, in: Hauke Brunkhorst/Peter Niesen (Hg.), Das Recht der Republik, Frankfurt a.M. 1999, S. 386-403, hier S. 391 f. Zur Verpflichtung aller im Rahmen einer moralischen Konzeption der Menschenrechte siehe Amartya Sen, Elements of a Theory of Human Rights, in: Philosophy & Public Affairs, Heft 4, 2004, S. 315-356.

22 Edmund Burke, Reflections on the Revolution in France (1789/90), Indianapolis/Cambridge 1987.

23 Dazu ausführlicher Kapitel 3.

24 Rolf Zimmermann, Philosophie nach Auschwitz, Eine Neubestimmung von Moral in Politik und Gesellschaft, Reinbek bei Hamburg 2005, S. 25 ff.

25 Ebenda, S. 29 f., 43 ff. u. 61 ff.

26 Ebenda, S. 35.

27 Otfried Höffe, Vernunft und Recht. Bausteine zu einem interkulturellen Rechtsdiskurs, Frankfurt a.M. 1996, S. 75. Vgl. auch ders., Transzendentaler Tausch. Eine Legitimationsfigur für Menschenrechte?, in: Gosepath/Lohmann (Hg.), Philosophie der Menschenrechte, a.a.O., S. 29-47.

28 Höffe, Vernunft und Recht, a.a.O., S. 75. – Auf Höffes Bestimmung der menschlichen Interessen, die den Inhalt des Tausches oder Vertrags bilden, gehen wir näher in Kapitel 3 ein.

29 Höffe, Vernunft und Recht, a.a.O., S. 74.

30 Ebenda, S. 73.

31 Zur Kritik entsprechender Ansichten vgl. Hauke Brunkhorst, Folter, Würde und repressiver Liberalismus, in: Gerhard Beestemöller/Hauke Brunkhorst (Hg.), Rückkehr der Folter. Der Rechtsstaat im Zwielicht?, München 2006.

32 Dazu etwa die Beiträge in: Beestemöller/Brunkhorst (Hg.), Rückkehr der Folter, a.a.O.
33 Rainer Trapp, Folter oder selbstverschuldete Rettungsbefragung?, Paderborn 2006.
34 Anlass war ein Aufsatz des Strafrechtlers Günther Jakobs, Bürgerstrafrecht und Feindstrafrecht, in: Höchstrichterliche Rechtsprechung – Strafrecht, Heft 3, 2004, S. 88-95, auf: http://www.hrr-strafrecht.de/hrr/archiv/04-03/index.php3?seite=6 (Stand: 30. November 2006).
35 Immanuel Kant, Grundlegung zur Metaphysik der Sitten (1786), in: Werkausgabe (hg. von Wilhelm Weischedel), Bd. VII, Frankfurt a.M. 1977, S. 61.
36 Ebenda, S. 62.
37 Ebenda, S. 68. Zu Kants Würdebegriff siehe Heiner Bielefeldt, Philosophie der Menschenrechte. Grundlagen eines weltweiten Freiheitsethos, Darmstadt 1998, S. 45-79.
38 Siehe Karl-Otto Apel, Das Apriori der Kommunikationsgemeinschaft und die Grundlagen der Ethik, in: ders., Transformation der Philosophie, Frankfurt a.M. 1973, Bd. 2, S. 358-436; Jürgen Habermas, Erläuterungen zur Diskursethik, Frankfurt a.M. 1991. Vgl. auch Robert Alexy, Diskurstheorie und Menschenrechte, in: ders., Recht, Vernunft, Diskurs, Frankfurt a.M. 1995, S. 127-164.
39 Rainer Forst, Das grundlegende Recht auf Rechtfertigung. Zu einer konstruktivistischen Konzeption von Menschenrechten, in: Hauke Brunkhorst/Wolfgang R. Köhler/Matthias Lutz-Bachmann (Hg.), Recht auf Menschenrechte. Menschenrechte, Demokratie und internationale Politik, Frankfurt a.M. 1999, S. 66-105.
40 Karl-Otto Apel, Zurück zur Normalität? – Oder könnten wir aus der nationalen Katastrophe etwas Besonderes gelernt haben? Das Problem des (welt-)geschichtlichen Übergangs zur postkonventionellen Moral aus spezifisch deutscher Sicht, in: ders., Diskurs und Verantwortung, Frankfurt a.M. 1990. Das Folgende S. 439, 426, 474 u. 470.
41 Forst, Das grundlegende Recht auf Rechtfertigung, a.a.O., S. 84, Anm. 20; das Folgende S. 75 u. 86. Vgl. auch Robert Alexy, Menschenrechte ohne Metaphysik?, in: Deutsche Zeitschrift für Philosophie, Heft 1, 2004, S. 15-24, hier S. 24.
42 Gotthold Ephraim Lessing, Hamburgische Dramaturgie (1768), 74. Stück, in: ders., Werke (hg. v. Herbert G. Göpfert), München 1973, Bd. 4, S. 577.

43 Annette C. Baier, Hume, the Women's Moral Theorist?, in: dies., Moral Prejudices, Cambridge, Mass./London 1994, S. 55 f.
44 Jean-Jacques Rousseau, Abhandlung über den Ursprung und die Grundlagen der Ungleichheit unter den Menschen, in: ders., Schriften zur Kulturkritik (hg. von Kurt Weigand), Hamburg 1971, S. 73.
45 Richard Rorty, Gerechtigkeit als erweiterte Loyalität, in: ders., Philosophie und die Zukunft, Frankfurt a.M. 2000, S. 79-101; Richard Rorty, Menschenrechte, Rationalität und Gefühl, in: Stephen Shute/Susan Hurley (Hg.), Die Idee der Menschenrechte, Frankfurt a.M. 1996, S. 144-170.
46 Ludwig Wittgenstein, Philosophische Untersuchungen, Frankfurt a.M. 1980, § 217.
47 Zum Folgenden: Rorty, Menschenrechte, Rationalität und Gefühl, a.a.O., S. 154 ff.
48 Vgl. zum Beispiel Alexander García Düttmann, Zwischen den Kulturen, Frankfurt a.M. 1997; Hans Joas, Die Sakralität der Person, a.a.O.; Axel Honneth, Unsichtbarkeit. Stationen einer Theorie der Intersubjektivität, Frankfurt a.M. 2003.
49 Vgl. Christoph Menke, Spiegelungen der Gleichheit. Politische Philosophie nach Adorno und Derrida, Frankfurt a.M. 2004, Kap. 1 u. 2.
50 Cornelia Vismann, Menschenrechte: Instanz des Sprechens – Instrument der Politik, in: Hauke Brunkhorst (Hg.), Demokratischer Experimentalismus. Politik in der komplexen Gesellschaft, Frankfurt a.M. 1998, S. 279-304, hier S. 286.

Teil II – Reichweite

1 Vgl. die Beiträge in: Georg Lohmann u.a., Die Menschenrechte: unteilbar und gleichgewichtig?, Studien zu Grund- und Menschenrechten, Bd. 11, Potsdam 2005.
2 Exemplarisch: Ludger Kühnhardt, Die Universalität der Menschenrechte. Studie zur ideengeschichtlichen Bestimmung eines politischen Schlüsselbegriffs, München 1987.
3 Vgl. Martin Scheinin, Article 18, in: Gudmundur Alfredsson/Asbjørn Eide (Hg.), The Universal Declaration of Human Rights. A Common

Standard of Achievement, The Hague/Boston/London 1999, S. 379-392, hier S. 381.
4 Für die Geschichte Europas betont das Heiner Bielefeldt, Die Menschenrechte als ›das Erbe der gesamten Menschheit‹, in: Heiner Bielefeldt/Winfried Brugger/Klaus Dicke (Hg.), Würde und Rechte des Menschen, Würzburg 1992, S. 143-160.
5 Dazu etwa Dieter Senghaas, Über asiatische und andere Werte, in: Leviathan, Heft 1, 1995, S. 5-12; Klaus F. Geiger/Manfred Kieserling (Hg.), Asiatische Werte. Eine Debatte und ihr Kontext, Münster 2001.
6 Die Scharia ist der aus dem Koran gewonnene Kern des traditionellen islamischen Rechtssystems. Über ihre Eindeutigkeit und Unwandelbarkeit (bzw. ihre Interpretierbarkeit und Veränderbarkeit) herrscht unter islamischen Gelehrten Streit. Vgl. Joseph Schacht, An Introduction to Islamic Law, Oxford 1964.
7 Nach der folgenden Übersetzung: Die Kairoer Erklärung der Menschenrechte im Islam, in: Gewissen und Freiheit, Heft 36, 1991, S. 93-98.
8 Vgl. Reza Afshari, An Essay on Islamic Cultural Relativism in the Discourse of Human Rights, in: Human Rights Quarterly, Heft 2, 1994, S. 235-276; Elizabeth M. Zechenter, In the Name of Culture. Cultural Relativism and the Abuse of the Individual, in: Journal of Anthropological Research, Heft 3, 1997, S. 319-348.
9 Vgl. Fuad Kandil, Verbreitete Haltungen und Einstellungen in arabisch-islamischen Gesellschaften zum aktuellen Menschenrechtsdiskurs, in: Gerhard Höver (Hg.), Religion und Menschenrechte, Baden-Baden 2001, S. 95-120.
10 Claude Lévi-Strauss, Rasse und Geschichte, Frankfurt a.M. 1972, S. 19.
11 Vgl. Anthony Pagden, Human Rights, Natural Rights, and Europe's Imperial Legacy, in: Political Theory, Heft 2, 2003, S. 171-199.
12 Michael Walzer, Nation und Welt: Universalismus und Partikularismus in Moral und Politik, in: ders., Lokale Kritik – globale Standards. Zwei Formen moralischer Auseinandersetzung, Hamburg 1996, vor allem S. 139-168.
13 Das gilt auch für die weithin anerkannten UN-Menschenrechtskonventionen. Sie sind kein »allumfassendes Gesetz«, sondern eine Plattform für die Aushandlung verschiedener Versionen der Idee der Men-

schenrechte. Begrifflich muss also zwischen der Idee der Menschenrechte und ihren verschiedenen Verständnissen unterschieden werden – ohne dass die Idee der Menschenrechte Kriterien zur Entscheidung zwischen ihren verschiedenen Verständnissen bereitstellte. Dazu generell rechtstheoretisch Judith Butler/Ernesto Laclau/Slavoj Zizek, Contingency, Hegemony, Universality: Contemporary Dialogues on the Left, London/New York 2000, S. 44-89.

14 Zum Folgenden Alexander García Düttmann, Zwischen den Kulturen. Spannungen im Kampf um Anerkennung, Frankfurt a.M. 1997, S. 70 ff.
15 Walzer, Nation und Welt, a.a.O., S. 160.
16 Die Menschenrechte nehmen daher keine Bestimmung des »Wesens des Menschen« vor (vgl. Werner Hamacher, Vom Recht, Rechte nicht zu gebrauchen. Menschenrechte und Urteilsstruktur, in: Cornelia Vismann/Thomas Weitin (Hg.), Urteilen/Entscheiden, München 2006, S. 269-290) und beruhen auf keinem »Menschenbild« (vgl. Winfried Brugger, Das Menschenbild der Menschenrechte, in: Jahrbuch für Recht und Ethik, 1995, S. 121-134).
17 Vgl. Clifford Geertz, Dichte Beschreibung. Beiträge zum Verstehen kultureller Systeme, Frankfurt a.M. 1987, S. 289 ff.
18 Martha C. Nussbaum, Gerechtigkeit oder Das gute Leben, Frankfurt a.M. 1999, S. 178 f.
19 Otfried Höffe, Transzendentaler Tausch. Eine Legitimationsfigur für Menschenrechte?, in: Gosepath/Lohmann (Hg.), Philosophie der Menschenrechte, a.a.O., S. 29-47. Zum Folgenden S. 33 f. Dazu kritisch Hans-Peter Krüger, Die Potenzialität des Menschseins. Zur Minimalanthropologie einer demokratischen Globalisierung, in: Deutsche Zeitschrift für Philosophie, Heft 6, 2001, S. 929-940.
20 Nussbaum, Gerechtigkeit oder Das gute Leben, a.a.O., S. 48 f. u. 188 f.
21 Ebenda, S. 46 f. Dazu ausführlicher: dies., Cultivating Humanity. A Classical Defense of Reform in Liberal Education, Cambridge/London 1998.
22 Gayatri Chakravorty Spivak, Righting Wrongs, in: The South Atlantic Quarterly, Heft 2/3, 2004, S. 523-581; bes. S. 566-568.
23 Samuel P. Huntington, Kampf der Kulturen. Die Neugestaltung der Weltpolitik im 21. Jahrhundert, München/Wien 1996, S. 291 ff. Dagegen Heiner Bielefeldt, Philosophie der Menschenrechte. Grundlagen eines weltweiten Freiheitsethos, Darmstadt 1998, S. 115-131.

24 Otfried Höffe, Vernunft und Recht. Bausteine zu einem interkulturellen Rechtsdiskurs, Frankfurt a.M. 1996, S. 60. Vgl. Jack Donnelly, Human Rights and Asian Values: A Defense of »Western« Universalism, in: Joanne R. Bauer/Daniel A. Bell (Hg.), The East Asian Challenge for Human Rights, Cambridge u.a. 1999, S. 60-87.
25 Vgl. Josef Isensee, Die katholische Kritik an den Menschenrechten. Der liberale Freiheitsentwurf in der Sicht der Päpste des 19. Jahrhunderts, in: Ernst-Wolfgang Böckenförde/Robert Spaemann (Hg.), Menschenrechte und Menschenwürde. Historische Voraussetzungen – säkulare Gestalt – christliches Verständnis, Stuttgart 1987, S. 138-174.
26 Gudrun Krämer, Gottes Staat als Republik. Reflexionen zeitgenössischer Muslime zu Islam, Menschenrechten und Demokratie, Baden-Baden 1999, S. 151 ff.
27 Siehe dazu Katerian Dalacoura, Islam, Liberalism and Human Rights, London/New York 1998, bes. Kap. 2; Gudrun Krämer, Gottes Staat als Republik, a.a.O., Kap. VI.
28 Für die prinzipielle Gleichheit und situative Asymmetrie von Kulturen siehe Jacques Derrida, Das andere Kap, Frankfurt a.M. 1992, bes. S. 20f.
29 Zur religiösen Begründung der Menschenrechte siehe Michel Foucault, Wovon träumen die Iraner?, in: ders., Schriften, Bd. 3, Frankfurt a.M. 2003, S. 862-870, hier S. 867.
30 Abdullahi A. An-Na'im, Towards a Cross-Cultural Approach to Defining International Standards of Human Rights: The Meaning of Cruel, Inhuman, or Degrading Punishment, in: ders. (Hg.), Human Rights in Cross-Cultural Perspectives. A Quest for Consensus, Philadelphia 1992, S. 19-44, zum Folgenden S. 29-37.
31 Immanuel Kant, Die Metaphysik der Sitten (1798), in: Werkausgabe (hg. von Wilhelm Weischedel), Bd. VIII, Frankfurt a.M., S. 345.
32 Das betont H.L.A. Hart, Are there Any Natural Rights?, in: Jeremy Waldron (Hg.), Theories of Right, Oxford u.a. 1984, S. 77-90, hier S. 78 f.
33 Michael Sandel, Liberalism and the Limits of Justice, Cambridge u.a. 1982, S. 59 ff. Siehe auch Mary Ann Glendon, Rights Talk. The Impoverishment of Political Discourse, New York 1991.
34 Charles Taylor, Conditions of an Unforced Consensus on Human Rights, in: Bauer/Bell (Hg.), The East Asian Challenge for Human

Rights, a.a.O., S. 124-144. – Siehe dagegen Jürgen Habermas, Der interkulturelle Diskurs über Menschenrechte, in: Hauke Brunkhorst/Wolfgang R. Köhler/Matthias Lutz-Bachmann (Hg.), Recht auf Menschenrechte. Menschenrechte, Demokratie und internationale Politik, Frankfurt a.M. 1999, S. 216-227.
35 Vgl. Thomas Pogge, Menschenrechte als moralische Ansprüche an globale Institutionen, in: Gosepath/Lohmann (Hg.), Philosophie der Menschenrechte, a.a.O., S. 378-400, hier S. 378.
36 Vgl. Ernst Bloch, Naturrecht und menschliche Würde, Frankfurt a.M. 1961.
37 Einen Überblick gibt Gerald Hartung, Die Naturrechtsdebatte, Freiburg/Br. 1998. Zu verwandten Motiven bereits im klassischen Naturrecht siehe etwa Eberhard Schockenhoff, Personsein und Menschenwürde bei Thomas von Aquin und Martin Luther, in: Theologie und Philosophie, Heft 3, 1990, S. 418-512.
38 Eberhard Schockenhoff, Naturrecht und Menschenwürde. Universale Ethik in einer geschichtlichen Welt, Mainz 1996.
39 So die prominent gewordene Unterscheidung von Jürgen Habermas, Erläuterungen zur Diskursethik, Frankfurt a.M. 1991.
40 Dazu der Überblick bei Alasdair MacIntyre, Geschichte der Ethik im Überblick, Weinheim 1995.
41 Für einen kurzen ideengeschichtlichen Abriss siehe Martin Seel, Versuch über die Form des Glücks, Frankfurt a.M. 1995, Kap. 1.
42 Immanuel Kant, Grundlegung zur Metaphysik der Sitten (1786), in: Werkausgabe (hg. von Wilhelm Weischedel), Bd. VII, Frankfurt a.M. 1977, bes. S. 56 ff.
43 Zur neueren Diskussion um das gute Leben siehe auch Arnd Pollmann, Gut in Form. Die neuere Debatte um eine Philosophie des ›guten Lebens‹ im Überblick, in: Deutsche Zeitschrift für Philosophie, Heft 4, 1999, S. 673-691.
44 Max Weber, Wirtschaft und Gesellschaft, Frankfurt/M. 2005, 2. Teil, Kap. 1, § 1, S. 237.
45 Ebenda, 2. Teil, Kap. VII, § 6, S. 623.
46 Thomas Hobbes, Leviathan oder Stoff, Form und Gewalt eines kirchlichen und bürgerlichen Staates (1651), Frankfurt a.M. 1984.
47 Immanuel Kant, Zum ewigen Frieden (1795), in: Werkausgabe (hg. von Wilhelm Weischedel), Bd. XI, Frankfurt a.M. 1977.

48 Zur rechtstheoretischen Einführung: Wolfgang Graf Vitzthum (Hg.), Völkerrecht, Berlin 2004.
49 Für das Folgende: Eckart Klein, Menschenrechte. Stille Revolution des Völkerrechts und Auswirkungen auf die innerstaatliche Rechtsanwendung, Baden-Baden 1997.
50 Als »Staatsbürger« – im Gegensatz zum »Einwohner« – bezeichnet man als vollwertig anerkannte und mit gleichen Rechten ausgestattete Mitglieder der politischen Gemeinschaft. Dieser Bürgerstatus konnte (und kann) einer bestimmten Gruppe von Einwohnern teilweise (z.B. Frauen, Kindern, Arbeitern) oder aber ganz (z.B. Sklaven, »Illegalen«) abgesprochen werden.
51 Olympe de Gouges, Die Rechte der Frau, 1791 (hg. von Karl H. Burmeister), Göttingen 1999. Siehe Birgit Menzel, Frauen und Menschenrechte, Frankfurt a.M. 1994.
52 Mary Wollstonecraft, Ein Plädoyer für die Rechte der Frau, Weimar 1999.
53 Dies auch die These von Habermas, Der interkulturelle Diskurs über Menschenrechte, a.a.O., S. 217 f.
54 Auf völkerrechtlicher Ebene sind hier neben den bereits erwähnten Frauenrechtskonventionen vor allem zu nennen: die Konvention zur Unterbindung des Menschenhandels und der Ausnutzung der Prostitution anderer (1949); das Internationale Übereinkommen zur Beseitigung jeder Form von Rassendiskriminierung (1966); das Übereinkommen über die Rechte des Kindes (1989); die Erklärung über die Rechte von Personen, die nationalen oder ethnischen, religiösen und sprachlichen Minderheiten angehören (1992).
55 Dazu informativ sind Gil Loescher, The UNHCR and World Politics. A Perilous Path, Oxford/New York 2001; Niklaus Steiner/Mark Gibney/Gil Loescher (Hg.), Problems of Protection. The UNHCR, Refugees, and Human Rights, New York 2003.
56 Zur verfassungsrechtlichen Diskussion siehe Kay Hailbronner, Asyl- und Ausländerrecht, Stuttgart 2005.
57 Dazu insgesamt Kay Hailbronner/Eckart Klein (Hg.), Flüchtlinge – Menschenrechte – Staatsangehörigkeit. Menschenrechte und Migration, Heidelberg 2002.
58 Zuletzt ist erschienen: Jean Ziegler, Das Imperium der Schande. Der Kampf gegen Armut und Unterdrückung, München 2005.

59 Wolfgang Kersting, John Rawls zur Einführung, Hamburg 2001, Abschnitt C.
60 John Rawls, Das Recht der Völker, Berlin 2002, § 16.
61 Thomas Pogge, World Poverty and Human Rights. Cosmopolitan Responsibilities and Reforms, Cambridge/Oxford/Malden 2002.
62 Peter Singer, One World. The Ethics of Globalization, New Haven/London 2004, Kap. 5.
63 In eben diesem Zusammenhang spricht Rainer Forst von einem primären »Menschenrecht auf Rechtfertigung«; siehe ders., Das grundlegende Recht auf Rechtfertigung, in: Brunkhorst/Köhler/Lutz-Bachmann (Hg.), Recht auf Menschenrechte, a.a.O., S. 66-105.
64 Vgl. Heiner Bielefeldt, Einbürgerungspolitik in Deutschland, Berlin 2006, S. 6 ff.
65 Hannah Arendt, Elemente und Ursprünge totaler Herrschaft (1951), München 1995, S. 614.
66 Ebenda, z.B. S. 612.
67 Für das Folgende siehe Georg Jellinek, System der subjektiven öffentlichen Rechte, Tübingen 1905, z.B. S. 86 f. Für eine kritische Diskussion der Statustheorie siehe Robert Alexy, Theorie der Grundrechte, Frankfurt a.M. 1994, Kap. 5.
68 Dazu vor allem Thomas H. Marshall, Staatsbürgerrechte und soziale Klassen, in: ders., Bürgerrechte und soziale Klassen. Zur Soziologie des Wohlfahrtsstaates, Frankfurt a.M. 1992, S. 33-94, bes. S. 40.
69 Vgl. Georg Lohmann, Die unterschiedlichen Menschenrechte, in: Klaus Peter Fritzsche/Georg Lohmann (Hg.), Menschenrechte zwischen Anspruch und Wirklichkeit, Würzburg 2000, S. 9-23, bes. S. 14.
70 Vgl. Alexy, Theorie der Grundrechte, a.a.O., S. 230.
71 Georg Lohmann, Die Menschenrechte: unteilbar und gleichgewichtig? – Eine Skizze, in: ders. (u.a.), Die Menschenrechte: unteilbar und gleichgewichtig?, Potsdam 2005, S. 8 ff.
72 Für Kant selbst gilt dies freilich nicht. Dazu etwa Ingeborg Maus, Zur Aufklärung der Demokratietheorie. Rechts- und demokratietheoretische Überlegungen im Anschluß an Kant, Frankfurt a.M. 1992.
73 Dazu auch Friederike Brinkmeier, Der Einfluß des Kalten Krieges auf den internationalen Menschenrechtsschutz, Berlin 2004.
74 Henry Shue, Basic Rights, Princeton 1980, bes. S. 51 ff. Shue spricht von »duties to avoid, protect and aid«.

75 Aus verfassungsrechtlicher Sicht spricht man hier auch von einer »Drittwirkung« der Grundrechte. Dazu Alexy, Theorie der Grundrechte, a.a.O., S. 475 ff.
76 Shue sagt ausdrücklich, es gehe ihm nicht »um Unterscheidungen zwischen Rechten. Sinnvoll sind Unterscheidungen zwischen Pflichten, und es gibt keine Eins-zu-Eins-Entsprechungen zwischen Typen von Pflichten und Typen von Rechten.« (Shue, Basic Rights, a.a.O., S. 52)
77 Ebenda.
78 Karel Vasak, Le droit international des droits de l'homme, in: Revue de Droits de l'Homme, Heft V/1, 1972.
79 Hier sind z.B. auf UN-Ebene zu nennen: Erklärung über die Gewährung der Unabhängigkeit an koloniale Länder und Völker (1960); Erklärung zum Recht auf Entwicklung (1986); Erklärung von Rio zu Umwelt und Entwicklung (1992). – Zur Problematik insgesamt: Armin Barthel, Die Menschenrechte der dritten Generation, Aachen 1991.
80 Vgl. Lohmann (u.a.), Die Menschenrechte: unteilbar und gleichgewichtig?, a.a.O.
81 Die Frage, ob das völkerrechtlich verbindliche Menschenrecht das gesamte Spektrum dessen abdeckt, was moralphilosophisch als Menschenrecht denkbar oder auch nur wünschbar wäre, muss hier offenbleiben.
82 Grob vereinfachend lässt sich sagen: Während sich der kapitalistische Westen mit dem sogenannten Zivilpakt begnügen wollte, drängte der sozialistische Osten auf einen Sozialpakt. Je nachdem, auf welcher Seite des Eisernen Vorhangs man Stellung bezog, wogen »Freiheit« und »soziale Sicherheit« unterschiedlich schwer.
83 Zur weiteren Information dient Deutsches Institut für Menschenrechte (Hg.), Menschenrechtsschutz Vereinte Nationen – Individualbeschwerdeverfahren, Berlin 2003.
84 Nach langen Diskussionen tagt jedoch seit 2003 eine UN-Arbeitsgruppe, die Vorschläge für ein entsprechendes Fakultativprotokoll erarbeiten soll.
85 Man denke hier z.B. an Diskussionen um das »Recht auf Arbeit«. Dazu Hans Ryffel/Johannes Schwartländer (Hg.), Das Recht des Menschen auf Arbeit, Kehl am Rhein/Straßburg 1983. – Zur allgemei-

nen rechtlichen Diskussion um den Status von Staatszielbestimmungen siehe Karl Peter Sommermann, Staatsziele und Staatszielbestimmungen, Tübingen 1999.
86 Rechte auf Arbeit oder Gesundheit sind Beispiele für derart überzogen formulierte Forderungen – zumindest dann, wenn man diese Rechte im starken Sinne subjektiver Anspruchsrechte versteht. Angesichts der Tatsache, dass die gesellschaftlichen Bedingungen für ausreichend Arbeit und hinreichende Gesundheit nicht allein in der Macht des Staates liegen, kann es zwar Rechte z.B. auf staatliche Arbeitslosenhilfe oder auch Gesundheitsfürsorge, nicht aber auf Arbeit und Gesundheit geben.
87 Zur weiteren Information: Schirin Amir-Moazami, Politisierte Religion. Der Kopftuchstreit in Deutschland und Frankreich, Bielefeld 2006.
88 Es mag Ausnahmen geben – man denke an einen autoritären Staat, in dem z.B. das Recht auf Demonstrationsfreiheit so wichtig werden kann, dass die Beteiligten im Kampf um dieses Recht gar den Verlust des eigenen Lebens in Kauf nehmen.
89 Zur komplexen Logik verfassungsrechtlicher Abwägungsprozesse siehe z.B. Alexy, Theorie der Grundrechte, a.a.O., Kap. 3.III.

Teil III – Menschenwürde

1 Einen guten Überblick über die Begriffsgeschichte gibt Franz Josef Wetz, Illusion Menschenwürde. Aufstieg und Fall eines Grundwerts, Stuttgart 2005, S. 14-124. Zur These des Neuanfangs mit der Würde nach 1945 siehe Klaus Dicke, Die der Person innewohnende Würde und die Frage der Universalität der Menschenrechte, in: Heiner Bielefeldt/Winfried Brugger/Klaus Dicke (Hg.), Würde und Rechte des Menschen, Würzburg 1992, S. 161-182. Ein Versuch, retrospektiv die Menschenwürde zum amerikanischen Grundwert zu erheben, ist: Michael J. Meyer/William A. Parent (Hg.), The Constitution of Rights. Human Dignity and American Values, Ithaca/London 1992.
2 Panajotis Kondylis, Würde, in: Otto Brunner/Werner Conze/Reinhart Koselleck (Hg.), Geschichtliche Grundbegriffe, Bd. 7, Stuttgart 1992, S. 637-677, hier S. 677.

3 Vgl. Wolfgang Vögele, Menschenwürde zwischen Recht und Theologie, Begründungen von Menschenrechten in der Perspektive öffentlicher Theologie, Gütersloh 2000, Kapitel III und IV; Wetz, Illusion Menschenwürde, a.a.O., S. 80 ff.
4 Günter Dürig, Der Grundrechtssatz von der Menschenwürde, in: Archiv des öffentlichen Rechts, Heft 2, 1956, S. 117-157. Zur anschließenden Diskussion: Christoph Enders, Die Menschenwürde in der Verfassungsordnung, Tübingen 1997.
5 Vgl. Kurt Bayertz, Die Idee der Menschenwürde. Probleme und Paradoxien, in: Archiv für Rechts- und Sozialphilosophie, Heft 4, 1995, S. 465-481.
6 Dazu vor allem Robert Spaemann, Über den Begriff der Menschenwürde, in: ders., Das Natürliche und das Vernünftige, München 1987, S. 77-106.
7 Dazu etwa die Beiträge in: Gregor Damschen/Dieter Schönecker (Hg.), Der moralische Status menschlicher Embryonen, Berlin/New York 2003.
8 Vgl. Christian Geyer (Hg.), Biopolitik, Frankfurt a.M. 2001.
9 Siehe z.B. Spaemann, Über den Begriff der Menschenwürde, a.a.O. Dieser nun schon etwas ältere Text steht in auffälliger Spannung zu neueren Einlassungen Spaemanns; z.B. in: Christian Geyer (Hg.), Biopolitik, a.a.O.
10 Drei Beispiele: Volker Gerhardt, Der Mensch wird geboren, München 2001; Reinhard Merkel, Forschungsobjekt Embryo, München 2002; Julian Nida-Rümelin, Ethische Essays, Frankfurt a.M. 2002. Es muss jedoch darauf hingewiesen werden, auch mit Blick auf die nun folgende vierte Fraktion, dass die Annahme, Embryonen besäßen keine Würde, keineswegs deren beliebige Instrumentalisierung oder gar Tötung legitimiert. Das »Recht auf Leben« mag davon unberührt sein.
11 Sogenannte »Leistungstheorien« der Würde gehen zumeist zurück auf Niklas Luhmann, Grundrechte als Institution, Berlin 1965, Kap. 4.
12 Immanuel Kant, Grundlegung zur Metaphysik der Sitten (1786), in: Werkausgabe (hg. von Wilhelm Weischedel), Bd. VII, Frankfurt a.M. 1977, S. 69.
13 Der Erste war Friedrich Schiller, Über Anmut und Würde (1793), in: Schriften, Bd. 4, Frankfurt a.M. 1966. Für eine neuere Kritik siehe

Brad Stetson, Human Dignity and Contemporary Liberalism, Westport 1998.
14 Dazu auch Arnd Pollmann, Menschenwürde, in: Gerhard Göhler/Mattias Iser/Ina Kerner (Hg.), Politische Theorie, Wiesbaden 2004, S. 262-279.
15 Zur Diskussion insgesamt: Paola Cavalieri, Die Frage nach den Tieren. Für eine erweiterte Theorie der Menschenrechte, Erlangen 2002.
16 Vgl. Avishai Margalit, Politik der Würde, Berlin 1997.
17 Vgl. Axel Honneth, Kampf um Anerkennung, Frankfurt a.M. 1992.
18 Dies die zentrale Metapher bei Ernst Bloch, Naturrecht und menschliche Würde, Frankfurt a.M. 1961.
19 Vgl. Margalit, Politik der Würde, a.a.O.
20 Gegen Kant gerichtet, sprach schon Schiller in diesem Zusammenhang von Würde als sinnlichem »Ausdruck«. Siehe ders., Über Anmut und Würde, a.a.O., S. 175 ff.
21 Vgl. Luhmann, Grundrechte als Institution, a.a.O., S. 73.
22 Dieser Auffassung ist Spaemann, Über den Begriff der Menschenwürde, a.a.O.
23 Vgl. ebenda.
24 Die Würde eines Embryos mag zwar noch weitgehend potenziell sein, dessen objektives Interesse an Schutz jedoch ist bereits real.
25 Ronald Dworkin, Rights as Trumps, in: Jeremy Waldron (Hg.), Theories of Rights, Oxford 1984, S. 153-167. Dagegen Michael Ignatieff, Die Politik der Menschenrechte, Hamburg 2002, S. 45.
26 Zu einem instrumentellen Verständnis der Rechtsform siehe Hugo Adam Bedau, International Human Rights, in: Tom Regan/Donald VanDeVeer (Hg.), And Justice for All, Totowa 1982, S. 287-308, hier: S. 287-90; zu einem funktionalistischen Verständnis siehe z.B. Jürgen Habermas, Faktizität und Geltung, Frankfurt a.M. 1992, Kap. III und IV.
27 Georg Lohmann, Menschenrechte zwischen Moral und Recht, in: Stefan Gosepath/Georg Lohmann (Hg.), Philosophie der Menschenrechte, Frankfurt a.M. 1998, a.a.O., S. 62-95, hier: S. 83-89.
28 Vgl. Albrecht Wellmer, Freiheitsmodelle in der modernen Welt, in: ders., Endspiele: Die unversöhnliche Moderne, Frankfurt a.M. 1993, S. 15-53.
29 Vgl. Winfried Brugger, Menschenwürde, Menschenrechte, Grundrechte, Baden-Baden 1997.

30 So – bei allen Unterschieden – Dürig, Der Grundrechtssatz von der Menschenwürde, a.a.O.; Martin Nettesheim, Die Garantie der Menschenwürde zwischen metaphysischer Überhöhung und bloßem Abwägungstopos, in: Archiv des öffentlichen Rechts, Bd. 130, 2005, S. 71-113.

31 Verhandlungen des Parlamentarischen Rates, in: Jahrbuch des öffentlichen Rechts der Gegenwart, n.F., Bd. 1, 1951, S. 49. Vgl. Rolf Göschner, Menschenwürde als Konstitutionsprinzip der Grundrechte, in: Anne Siegetsleitner/Nikolaus Knoepffler (Hg.), Menschenwürde im interkulturellen Dialog, Freiburg/München 2005, S. 17-40.

32 Matthias Herdegen, Kommentar Art. 1, in: Theodor Maunz/Günter Dürig: Grundgesetz. Kommentar, Lfg. 44, München 2005. Herdegens Versuch einer Abstufung des Menschenwürdeschutzes ist unabhängig davon.

33 Zum Status solcher Erklärungen siehe Jacques Derrida, Nietzsches Otobiographie oder Politik des Eigennamens, in: Fugen, Olten 1980, S. 64-98, hier: S. 64-69.

34 Vgl. Hans Küng, Projekt Weltethos, München/Zürich 1990, S. 118 ff. Zu der im Folgenden skizzierten Gegenthese: Christoph Menke, Von der Würde des Menschen zur Menschenwürde. Das Subjekt der Menschenrechte, in: WestEnd, Heft 2, 2006, S. 3-21.

35 Vgl. Yehoshua Arieli, On the Necessary and Sufficient Conditions for the Emergence of the Doctrine of the Dignity of Man and His Rights; Hubert Cancik, ›Dignity of Man‹ and ›Persona‹ in Stoic Anthropology: Some Remarks on Cicero, De officiis I 105-107; beide in: David Kretzmer/Eckart Klein (Hg.), The Concept of Human Dignity in Human Rights Discourse, The Hague/London/New York 2002, S. 1-18 u. 19-40.

36 Cicero, Von den Pflichten (De officiis), Frankfurt a.M. 1991, I, 99.

37 So Heiner Bielefeldt, Philosophie der Menschenrechte. Grundlagen eines weltweiten Freiheitsethos, Darmstadt 1998, S. 26 ff. Dagegen: Gerhard Oestreich, Geschichte der Menschenrechte und Grundfreiheiten im Umriß, Berlin 1978.

38 Generell: Henning Ottmann, Geschichte des politischen Denkens, Bd. 2/1: Die Römer, Stuttgart/Weimar 2002. Aus menschenrechtlicher Perspektive: Bielefeldt, Philosophie der Menschenrechte, a.a.O., S. 121 ff.

39 Diesen Zusammenhang betont Luhmann, Grundrechte als Institution, a.a.O. Er steht im Zentrum der soziologischen Klassiker. Vgl. Hans Joas, Max Weber und die Entstehung der Menschenrechte, in: Gert Albert/Agathe Bienfait/Steffen Sigmund (Hg.), Das Weber-Paradigma. Studien zur Weiterentwicklung von Max Webers Forschungsprogramm, Tübingen 2003, S. 252-270; Matthias König, Menschenrechte bei Durkheim und Weber. Normative Dimensionen des soziologischen Diskurses der Moderne, Frankfurt a.M./New York 2002.

40 Pico della Mirandola, Über die Würde des Menschen (1486), Hamburg 1990, S. 7-9. Die Kritik an der mittelalterlichen Sicht von Hinfälligkeit und Elend des Menschen betont Giannozzo Manetti, Über die Würde und Erhabenheit des Menschen (1532), Hamburg 1990. Siehe darin die Einleitung von August Buck, Der Begriff der Menschenwürde im Denken der Renaissance; Ernst Cassirer, »Über die Würde des Menschen« von Pico della Mirandola, in: Agorà, Heft 12, 1959, S. 48-68.

41 Alain de Benoist, Kritik der Menschenrechte, Berlin 2004. Dagegen: Hans Blumenberg, Säkularisierung und Selbstbehauptung, Frankfurt a.M. 1974.

42 Vgl. Yves Ch. Zarka, L'invention du sujet de droit, in: ders., L'autre voie de la subjectivité, Paris 2000, S. 3-30. Siehe auch Bayertz, Die Idee der Menschenwürde, a.a.O.

43 Auf dem Hintergrund der Diskussion des Universalismusproblems in Kapitel 3 schließt sich hier die Frage an, ob und wie ein solcher anspruchsvoller Begriff der Subjektivität unter anderen Voraussetzungen als denen der westlichen Moderne entwickelt werden kann. Es scheint undenkbar, dass dies ohne weitreichende soziale und kulturelle Transformationen möglich ist.

Teil IV – Politik

1 Darin folgt die Französische Erklärung dem Vorbild der kurz zuvor verabschiedeten Amerikanischen Verfassung (1787), deren berühmte Präambel »We the People of the United States« als ihren Autor nennt.

Dazu Bruce Ackerman, We the People, 1: Foundations, Cambridge, Mass./London 1991.
2 Ronald Dworkin, Sovereign Virtue. The Theory and Practice of Equality, Cambridge, Mass./London 2002, S. 185.
3 Stefan Gosepath, Gleiche Gerechtigkeit. Grundlagen eines liberalen Egalitarismus, Frankfurt a.M. 2004, S. 345.
4 Robert Alexy, Die Institutionalisierung der Menschenrechte im demokratischen Verfassungsstaat, in: Stefan Gosepath/Georg Lohmann (Hg.), Philosophie der Menschenrechte, Frankfurt a.M. 1998, S. 244-264, hier S. 261. Vgl. Jürgen Habermas, Über den internen Zusammenhang von Rechtsstaat und Demokratie, in: ders., Die Einbeziehung des Anderen, Frankfurt a.M. 1996, S. 301. – Dazu kritisch: Ernst-Wolfgang Böckenförde, Ist Demokratie eine notwendige Forderung der Menschenrechte?, in: Gosepath/Lohmann (Hg.), Philosophie der Menschenrechte, a.a.O., S. 233-243. Auch John Rawls (Das Recht der Völker, Berlin 2002) zählt die Demokratie nicht zu den Menschenrechten.
5 Gosepath, Gleiche Gerechtigkeit, a.a.O., S. 315 u. 331.
6 John Stuart Mill, Über die Freiheit (1859), Stuttgart 1974; alle folgenden Zitate aus der Einleitung, S. 5-23.
7 Gerhard Ritter, Ursprung und Wesen der Menschenrechte, in: Roman Schnur (Hg.), Zur Geschichte der Erklärung der Menschenrechte, Darmstadt 1964, S. 202-237, hier S. 227. Die beiden folgenden Zitate: S. 234 f. u. 227.
8 Karl Marx, Zur Judenfrage, in: Karl Marx/Friedrich Engels, Werke, Bd. 1, Berlin 1977, S. 361 ff.; Carl Schmitt, Verfassungslehre (1928), Berlin 1993, §§ 16 u 17. – Diese Zusammenstellung von Marx und Schmitt bedeutet keine Gleichsetzung: Marx' Kritik der Menschenrechte kann, anders als die von Schmitt, auch als eine präzise Bezeichnung der Grenzen der traditionellen Menschenrechtserklärungen gelesen werden. Dazu mit unterschiedlichen Gewichtungen: Étienne Balibar, ›Menschenrechte‹ und ›Bürgerrechte‹. Zur modernen Dialektik von Freiheit und Gleichheit, in: ders., Die Grenzen der Demokratie, Hamburg 1993, S. 99-123; Georg Lohmann, Karl Marx' fatale Kritik der Menschenrechte, in: Politisches Denken. Jahrbuch 1999, S. 91-104.
9 Gosepath, Gleiche Gerechtigkeit, a.a.O., S. 322. Siehe auch Ronald Dworkin, Gleichheit, Demokratie und die Verfassung: Wir, das Volk,

und die Richter, in: Ulrich K. Preuß (Hg.), Zum Begriff der Verfassung, Frankfurt a.M. 1994, S. 171-209.
10 Gosepath, Gleiche Gerechtigkeit, a.a.O., S. 328 u. 335.
11 Ebenda, S. 328.
12 Ebenda, S. 333.
13 Albrecht Wellmer, Hannah Arendt über die Revolution, in: Hauke Brunkhorst/Wolfgang R. Köhler/Matthias Lutz-Bachmann (Hg.), Recht auf Menschenrechte. Menschenrechte, Demokratie und internationale Politik, Frankfurt a.M. 1999, S. 125-156, hier S. 146; ders., Menschenrechte und Demokratie, in: Gosepath/Lohmann (Hg.), Philosophie der Menschenrechte, a.a.O., S. 265-291.
14 Claude Lefort, Menschenrechte und Politik, in: Ulrich Rödel (Hg.), Autonome Gesellschaft und libertäre Demokratie, Frankfurt a.M. 1990, S. 239-280, hier S. 246. Zur französischen Diskussion siehe Geneviève Souillac, Human Rights in Crisis. The Sacred and the Secular in Contemporary French Thought, Oxford 2005.
15 Vgl. Ronald Dworkin, A Matter of Principle, Cambridge, Mass. 1985, S. 18-28; Frank I. Michelman, Bedürfen Menschenrechte demokratischer Legitimation?, in: Brunkhorst/Köhler/Lutz-Bachmann (Hg.), Recht auf Menschenrechte, a.a.O., S. 52-65.
16 Jean-Jacques Rousseau, Vom Gesellschaftsvertrag (1758), Buch I, in: ders., Politische Schriften, Bd. 1, Paderborn 1977.
17 Lefort, Menschenrechte und Politik, a.a.O., S. 259. Zum Folgenden S. 278f. Siehe dagegen Marcel Gauchet, Die Erklärung der Menschenrechte. Die Debatte um die bürgerlichen Freiheiten 1789, Reinbek bei Hamburg 1991, S. 24ff.
18 Habermas, Über den internen Zusammenhang von Rechtsstaat und Demokratie, a.a.O., S. 300.
19 Schmitt, Verfassungslehre, a.a.O., S. 226 f.
20 Étienne Balibar, Was ist eine Politik der Menschenrechte?, in: ders., Die Grenzen der Demokratie, a.a.O., S. 195-220, hier: S. 204.
21 Jacques Derrida, Schurken. Zwei Essays über die Vernunft, Frankfurt a.M. 2003, S. 27ff.
22 Étienne Balibar, Is a Philosophy of Human Civic Rights Possible? New Reflections on Equaliberty, in: South Atlantic Quaterly, Heft 2/3, 2004, S. 311-322, hier S. 312. Vgl. Hauke Brunkhorst, Einführung

in die Geschichte politischer Ideen, München 2000, S. 254 ff.; Wellmer, Menschenrechte und Demokratie, a.a.O., S. 267-281.
23 Immanuel Kant, Zum ewigen Frieden (1795), in: Werkausgabe (hg. von Wilhelm Weischedel), Bd. XI, Frankfurt a.M. 1977, S. 225; vgl. S. 212f.
24 Der zweite Irakkrieg der von den USA geführten »Koalition der Willigen« ist dafür das einschlägige Beispiel. Vgl. Noam Chomsky, Der gescheiterte Staat, München 2006, Kap. 4.
25 Wie das Beispiel Deutschlands nach 1945 zeigt.
26 Zu einer Fülle von empirischen Beispielen siehe Thomas Risse/Stephen C. Ropp/Kathryn Sikkink (Hg.), The Power of Human Rights. International Norms and Domestic Change, Cambridge 1999.
27 Exemplarisch: Christine Chwaszcza/Wolfgang Kersting (Hg.), Politische Philosophie der internationalen Beziehungen, Frankfurt a.M. 1998; Matthias Lutz-Bachmann/James Bohman (Hg.), Weltstaat oder Staatenwelt? Für und wider die Idee einer Weltrepublik, Frankfurt a.M. 2002.
28 Dazu der Überblick bei Jürgen Neyer/Cornelia Beyer, Globales Regieren, in: Gerhard Göhler/Mattias Iser/Ina Kerner (Hg.), Politische Theorie. 22 umkämpfte Begriffe zur Einführung, Wiesbaden 2004.
29 Wir orientieren uns im Folgenden u.a. an einem Überblick von Jürgen Habermas, Hat die Konstitutionalisierung des Völkerrechts noch eine Chance?, in: ders., Der gespaltene Westen, Frankfurt a.M. 2004, S. 113-193.
30 Otfried Höffe (Hg.), Immanuel Kant: Zum ewigen Frieden, Berlin 1995; Matthias Lutz-Bachmann/James Bohman (Hg.), Frieden durch Recht. Kants Friedensschrift und das Problem einer neuen Weltverfassung, Frankfurt a.M. 1996; Volker Marcus Hackel, Kants Friedensschrift und das Völkerrecht, Berlin 2000.
31 Hugo Grotius, Drei Bücher vom Recht des Krieges und des Friedens (1625), Tübingen 1950.
32 Habermas, Hat die Konstitutionalisierung des Völkerrechts noch eine Chance?, a.a.O., S. 118.
33 Kant, Zum ewigen Frieden, a.a.O., S. 199.
34 Ebenda, S. 212.
35 Habermas, Hat die Konstitutionalisierung des Völkerrechts noch eine Chance?, a.a.O., S. 126.

36 Kant, Zum ewigen Frieden, a.a.O., S. 213.
37 Hermann Weber, Vom Völkerbund zu den Vereinten Nationen. Zur Entstehung und Aufgabenstellung der modernen Staatenorganisation, UN-Texte, Bd. 34, Bonn 1987.
38 Habermas, Hat die Konstitutionalisierung des Völkerrechts noch eine Chance?, a.a.O., S. 124.
39 Wolfgang Kersting, Globale Rechtsordnung oder weltweite Verteilungsgerechtigkeit?, in: ders., Recht, Gerechtigkeit und demokratische Tugend, Frankfurt a.M. 1997, S. 243-315.
40 Dazu Habermas, Hat die Konstitutionalisierung des Völkerrechts noch eine Chance?, a.a.O., S. 134. Ausführlicher Hauke Brunkhorst, Solidarität. Von der Bürgerfreundschaft zur globalen Rechtsgenossenschaft, Frankfurt a.M. 2002, S. 171 ff.
41 Zu den Handlungsmöglichkeiten einer solchen Weltorganisation siehe die Diskussion im Hinblick auf die heutige Lage der UNO in: Hauke Brunkhorst (Hg.), Einmischung erwünscht? Menschenrechte und bewaffnete Intervention, Frankfurt a.M. 1998.
42 Siehe vor allem Otfried Höffe, Demokratie im Zeitalter der Globalisierung, München 2002. Zu den Details dieses Konzepts siehe die Beiträge in Stefan Gosepath/Jean Christophe Merle (Hg.), Weltrepublik. Globalisierung und Demokratie, München 2002.
43 Vgl. Andreas Fischer-Lescano/Gunter Teubner, Regime-Kollisionen. Zur Fragmentierung des globalen Rechts, Frankfurt a.M. 2006. Im speziellen Bezug auf die Menschenrechte: Andreas Fischer-Lescano, Globalverfassung. Die Geltungsbegründung der Menschenrechte, Weilerswist 2005, Kap. 5.
44 Otfried Höffe, Globalität statt Globalismus. Über eine subsidiäre und föderale Weltrepublik, in: Lutz-Bachmann/Bohman (Hg.), Weltstaat oder Staatenwelt?, a.a.O., S. 8-31, hier S. 21.
45 Ebenda, S. 22 f.
46 Habermas, Hat die Konstitutionalisierung des Völkerrechts noch eine Chance?, a.a.O., bes. Abschnitt III.
47 Dies der Titel einer einschlägigen Textsammlung von James N. Rosenau/Ernst-Otto Czempiel (Hg.), Governance without Government. Order and Change in World Politics, Cambridge 1992.

48 Ein wichtiger deutschsprachiger Vertreter dieser vor allem in den Politikwissenschaften geführten Diskussion ist Michael Zürn, Regieren jenseits des Nationalstaates, Frankfurt a.M. 1998.
49 Charles R. Beitz, Political Theory and International Relations, Princeton 1979; Thomas Pogge, World Poverty and Human Rights. Cosmopolitan Responsibilities and Reforms, Cambridge/Oxford/Malden 2002; Peter Singer, One World. The Ethics of Globalization, New Haven/London 2004.
50 Dazu unten, Kontroverse IV.
51 Man folgt hier oft Kants Diktum: »Das angeborene Recht ist nur ein einziges«, und zwar »Freiheit (Unabhängigkeit von eines anderen nötigender Willkür)«; siehe ders., Die Metaphysik der Sitten (1798), in: Werkausgabe, Bd. VIII, Frankfurt a.M. 1977, S. 345.
52 Bei Habermas z.B. vermag allein die Sicherstellung demokratischer Teilhabe vor Ort die Legitimität einer politisch verfassten Weltgemeinschaft zu garantieren. Siehe ders., Hat die Konstitutionalisierung des Völkerrechts noch eine Chance?, a.a.O., S. 139 ff. Einen Überblick über die Diskussion gibt Armin von Bogdandy, Demokratie, Globalisierung, Zukunft des Völkerrechts – eine Bestandsaufnahme, in: Zeitschrift für ausländisches öffentliches Recht und Völkerrecht, Heft 4, 2003, S. 853-877.
53 Auf Höffe trifft dies freilich nur mit Einschränkungen zu, denn er sieht durchaus den Schutz elementarer Sozialstandards vor: Demokratie im Zeitalter der Globalisierung, a.a.O., Kap. 3 u. 15. Weiter noch geht Stefan Gosepath, Zu Begründungen sozialer Menschenrechte, in: Gosepath/Lohmann (Hg.), Philosophie der Menschenrechte, a.a.O., S. 146-187.
54 John Rawls, Das Völkerrecht, in: Stephen Shute/Susan Hurley (Hg.), Die Idee der Menschenrechte, Frankfurt a.M. 1996, S. 53-103, hier S. 89.
55 Beitz, Political Theory and International Relations, a.a.O., Kap. III.3.
56 Thomas Pogge, Eine globale Rohstoffdividende, in: Chwaszcza/Kersting, Politische Philosophie der internationalen Beziehungen, a.a.O., S. 325-362.
57 Singer, One World, a.a.O., S. 176-180.

58 Für den ersten Begriff siehe Jacques Derrida, Schurken, Frankfurt a.M. 2003; für den zweiten Noam Chomsky, Der gescheiterte Staat, München 2006.
59 Dies ist das systematische Hauptanliegen von John Rawls, Das Recht der Völker, Berlin 2002.
60 In dieser Frage moralphilosophisch einschlägig ist noch immer Michael Walzer, Gibt es den gerechten Krieg?, Stuttgart 1982; siehe auch ders., Erklärte Kriege – Kriegserklärungen, Hamburg 2003.
61 Dazu der Sammelband von Jean-Christophe Merle (Hg.), Globale Gerechtigkeit – Global Justice, Stuttgart-Bad Cannstatt 2005.
62 Dazu vor allem Stefan Gosepath, Menschenrechte als Grundsicherung, in: Claudia Mahler/Norman Weiß (Hg.), Menschenrechtsschutz im Spiegel von Wissenschaft und Praxis, Berlin 2004, S. 90-109, hier S. 97 f.
63 Einen ersten Überblick verschaffen: Katrin Weschke, Internationale Instrumente zur Durchsetzung der Menschenrechte, Berlin 2001; Walter Kälin/Jörg Künzli, Universeller Menschenrechtsschutz, Baden-Baden 2005.
64 Gunnar Theissen, Mehr als nur ein Namenswechsel. Der neue Menschenrechtsrat der Vereinten Nationen, in: Vereinte Nationen, Heft 4, 2006, S. 138-146.
65 Dazu Eckart Klein (Hg.), The Monitoring System of Human Rights Treaty Obligations, Berlin 1998.
66 Deutsches Institut für Menschenrechte (Hg.), Die »General Comments« zu den VN-Menschenrechtsverträgen, Baden-Baden 2005.
67 Für eine kurze Einführung siehe die Einleitung (Abschnitt IV) von Eibe Riedel zu: Bundeszentrale für politische Bildung (Hg.), Menschenrechte. Dokumente und Deklarationen, Bonn 2004.
68 Für eine deutsche Übersetzung: http://www.un.org/Depts/german/menschenrechte/arab.pdf (Stand 30. November 2006).
69 Dazu Julia Ziegler, Die Beteiligung von Nichtregierungsorganisationen (NGOs) am Menschenrechtsschutzsystem der Vereinten Nationen, München 1998.
70 Dazu mehr auf: http://www.ohchr.org/english/bodies/chr/special/index.htm (Stand: 30. November 2006).
71 Eckart Klein (Hg.), Stille Diplomatie oder Publizität? Überlegungen zum effektiven Schutz der Menschenrechte, Berlin 1996.

72 Für einen neueren Sammelband siehe Georg Meggle (Hg.), Humanitäre Interventionsethik. Was lehrt uns der Kosovo-Krieg?, Paderborn 2004.
73 Für ein engagiertes Pro-Argument siehe Wilfried Hinsch/Dieter Janssen, Menschenrechte militärisch schützen. Ein Plädoyer für humanitäre Interventionen, München 2006.
74 Zu den Hintergründen siehe Claudia Mahler, Der Internationale Strafgerichtshof (ICC), in: Claudia Mahler/Norman Weiß, Menschenrechtsschutz im Spiegel von Wissenschaft und Praxis, a.a.O., S. 257-291.
75 Das »Statut von Rom« ist in Auszügen abgedruckt in: Bundeszentrale für politische Bildung (Hg.), Menschenrechte. Dokumente und Deklarationen, Bonn 2004, S. 303-317.
76 Vgl. Aline Bruer-Schäfer, Der Internationale Strafgerichtshof. Die Internationale Strafgerichtsbarkeit im Spannungsfeld von Recht und Politik, Frankfurt a.M. 2001.
77 Kant, Zum ewigen Frieden, a.a.O., S. 203, Anmerkung. Zu Kants Begriff des Weltbürgertums und den Möglichkeiten seiner Weiterung siehe Seyla Benhabib, Die Krise des Nationalstaats und die Grenzen des Demos, in: Deutsche Zeitschrift für Philosophie, Heft 1, 2005, S. 83-96; dies., The Right of Others, Cambridge 2004.
78 Habermas, Hat die Konstitutionalisierung des Völkerrechts noch eine Chance?, a.a.O., S. 123.
79 Vgl. Jacques Rancière, Who is the Subject of the Rights of Man?, in: The South Atlantic Quarterly, Heft 2/3, 2004, S. 297-310. Undifferenzierter: ders., Das Unvernehmen. Politik und Philosophie, Frankfurt a.M. 2002, S. 132 ff.
80 Zu einer positiveren Einschätzung siehe Hauke Brunkhorst, Solidarität, a.a.O., S. 184 ff.; Andreas Fischer-Lescano, Globalverfassung, Weilerswist 2005, S. 67 ff.
81 Dagegen stimmen Rorty und Badiou mit entgegengesetzten Konsequenzen darin überein, dass es gar keine von der bloß humanitären unterschiedene Politik der Menschenrechte geben könne; siehe Alain Badiou, Ethik. Versuch über das Bewusstsein des Bösen, Wien 2003, S. 19-28; Richard Rorty, Menschenrechte, Rationalität und Gefühl, in: Shute/Hurley (Hg.), Die Idee der Menschenrechte, a.a.O., S. 144-170, hier S. 162 f. u. 166).

82 Vgl. Höffe, Demokratie im Zeitalter der Globalisierung, a.a.O., S. 315 ff.
83 Dazu Gosepath/Merle (Hg.), Weltrepublik, a.a.O., Teil I.
84 Zur Kritik der Analogiethese siehe Habermas, Hat die Konstitutionalisierung des Völkerrechts noch eine Chance?, a.a.O., S. 132 f. – Zum Folgenden siehe Balibars Begriff eines »kosmopolitischen Horizonts« der Demokratie: oben, S. 186.
85 Das ist Hannah Arendts Grundgedanke; vgl. Wellmer, Hannah Arendt über die Revolution, a.a.O., S. 139 ff.
86 Vgl. Bernd Ladwig, Menschenrechte und Differenz bei Höffe; Martin Frank, Universalismus statt Globalisierung. Otfrieds Höffes Konzeption einer föderalen Weltrepublik; beide in: Deutsche Zeitschrift für Philosophie, Heft 6, 2001, S. 941-958 u. 959-976.

Kommentierte Auswahlbibliographie

Einleitung: Die Gegenwart der Menschenrechte – nach der Katastrophe

Arendt, Hannah, Elemente und Ursprünge totaler Herrschaft (1951), München 1995, Kap. 9 (Diagnose der tief greifenden Krise der Menschenrechte durch die totalitäre Politik).

Bobbio, Norberto, Das Zeitalter der Menschenrechte. Ist Toleranz durchsetzbar?, Berlin 1999 (Standarddarstellung der Erfolgsgeschichte der Menschenrechte nach 1945).

Bundeszentrale für politische Bildung (Hg.), Menschenrechte. Dokumente und Deklarationen, Bonn 2004 (Sammlung der wichtigsten Erklärungen und Verträge).

Derrida, Jacques, Schurken. Zwei Essays über die Vernunft, Frankfurt a.M. 2003 (zeigt, wie der Staat im Kampf gegen den menschenrechtlichen »Schurken« selbst zu einem wird).

Huntington, Samuel, Der Kampf der Kulturen, München 1996 (behauptet einen umfassenden Konflikt zwischen den Kulturen, der auch die Menschenrechte einbegreift).

Johnson, M. Glen/Simonides, Janusz, The Universal Declaration of Human Rights: A History of its Creation and Implementation 1948-1998, Paris: UNESCO Publishing 1998 (zeichnet für alle Teile der Allgemeinen Erklärung der Menschenrechte die Geschichte ihrer Entstehung und Fortentwicklung nach).

Sacharow, Andrei, Frieden, Fortschritt und Menschenrechte. Rede zur Verleihung des Friedens-Nobelpreises 1975, in: ders., Furcht und Hoffnung, Wien 1980, S. 16-37 (zeigt die Rolle der Berufung auf die Menschenrechte im Kampf gegen die sowjetische Diktatur).

Kapitel 1: Begriffe der Menschenrechte: Recht, Moral, Politik

Gosepath, Stefan/Lohmann, Georg (Hg.), Philosophie der Menschenrechte, Frankfurt a.M. 1998 (enthält u.a. Beiträge zur Debatte zwischen einer moralischen und einer politischen Konzeption der Menschenrechte).

Habermas, Jürgen, Faktizität und Geltung. Beiträge zur Diskurstheorie des Rechts und des demokratischen Rechtsstaats, Frankfurt a.M. 1992, Kap. III und IV (Grundrechte als konstitutiver Bestandteil freier politischer Selbstregierung).

Habermas, Jürgen, Zur Legitimation durch Menschenrechte, in: Hauke Brunkhorst/Peter Niesen (Hg.), Das Recht der Republik, Frankfurt a.M. 1999, S. 386-403 (Anwendung von Habermas' Argument für Grundrechte auf die Menschenrechte).

Klein, Eckart, Menschenrechte. Stille Revolution des Völkerrechts und Auswirkungen auf die innerstaatliche Rechtsanwendung, Baden-Baden 1997 (grundlegende Darstellung des menschenrechtlichen Wandels des Völkerrechts seit 1945).

Pogge, Thomas, Menschenrechte als moralische Ansprüche an globale Institutionen, in: Gosepath/Lohmann (Hg.), Philosophie der Menschenrechte, a.a.O., S. 378-400 (zeigt, dass sich die menschenrechtlichen Ansprüche auf öffentliche Institutionen richten).

Rawls, John, Das Recht der Völker, Berlin 2002 (Menschenrechte als konstitutiver Bestandteil der Verpflichtungen, die politisch freie Völker einander gegenüber eingehen).

Singer, Peter, One World. The Ethics of Globalization, New Haven/London 2004 (radikale Durchführung einer Theorie globaler moralischer Verpflichtungen).

Tugendhat, Ernst, Vorlesungen über Ethik, Frankfurt a.M. 1993, Vorl. 17 (Menschenrechte als Implikationen einer Moral universaler gleicher Achtung).

Kapitel 2: Begründungen der Menschenrechte: Vertrag, Vernunft, Anerkennung

Apel, Karl-Otto, Zurück zur Normalität? – Oder könnten wir aus der nationalen Katastrophe etwas Besonderes gelernt haben?, in: ders., Diskurs und Verantwortung, Frankfurt a.M. 1990 (geschichtsphilosophische Erweiterung der vernunfttheoretischen Begründung).

Bentham, Jeremy, Anarchical Fallacies. Being an Examination of the Declaration of Rights Issued during the French Revolution (1792), in: The Works of Jeremy Bentham, Bd. II, Edinburgh 1843 (klassische Kritik der Menschenrechte aufgrund eines juridisch definierten Rechtsbegriffs).

Forst, Rainer, Das grundlegende Recht auf Rechtfertigung. Zu einer konstruktivistischen Konzeption von Menschenrechten, in: Hauke Brunkhorst/Wolfgang R. Köhler/Matthias Lutz-Bachmann (Hg.), Recht auf Menschenrechte, Frankfurt a.M. 1999, S. 66-105 (gegenwärtige Variante einer vernunfttheoretischen Begründung der Menschenrechte).

Höffe, Otfried, Vernunft und Recht. Bausteine zu einem interkulturellen Rechtsdiskurs, Frankfurt a.M. 1996 (gegenwärtige Variante einer vertrags- oder tauschtheoretischen Begründung der Menschenrechte).

Kant, Immanuel, Grundlegung zur Metaphysik der Sitten (1786), in: Werke (hg. von Wilhelm Weischedel), Bd. VII, Frankfurt a.M. 1977 (klassische Begründung der Rechte des Menschen aus der Vernunft).

Locke, John, Zwei Abhandlungen über die Regierung (1690), Frankfurt a.M. 1989, II. Abhandlung (klassische Proklamation »natürlicher« Rechte des Menschen).

Rousseau, Jean-Jacques, Abhandlung über den Ursprung und die Grundlagen der Ungleichheit unter den Menschen, in: ders., Schriften zur Kulturkritik (hg. von Kurt Weigand), Hamburg 1971 (klassische Begründung gleicher Achtung aus dem Mitleidsgefühl).

Rorty, Richard, Menschenrechte, Rationalität und Gefühl, in: Stephen Shute/Susan Hurley (Hg.), Die Idee der Menschenrechte, Frankfurt a.M. 1996, S. 144-170 (erläutert die Praxis der Anerkennung eines jeden als nicht weiter ableitbaren Grund der Menschenrechte).

Zimmermann, Rolf, Philosophie nach Auschwitz. Eine Neubestimmung von Moral in Politik und Gesellschaft, Reinbek bei Hamburg 2005 (Reflexion auf die Begründungskrise der Menschenrechte durch die totalitäre Politik).

Kapitel 3: Eine Kultur der Universalisierung

An-Na'im, Abdullahi A., Towards a Cross-Cultural Approach to Defining International Standards of Human Rights: The Meaning of Cruel, Inhuman, or Degrading Punishment, in: ders., (Hg.), Human Rights in Cross-Cultural Perspectives. A Quest for Consensus, Philadelphia 1992, S. 19-44 (begründet die Notwendigkeit eines interkulturellen Diskurses der Menschenrechte und erläutert dessen grundsätzliche Schwierigkeiten).

Bielefeldt, Heiner, Philosophie der Menschenrechte. Grundlagen eines weltweiten Freiheitsethos, Darmstadt 1998 (Grundlegung des Universalismus unter Bedingungen kultureller Pluralität).

Düttmann, Alexander García, Zwischen den Kulturen. Spannungen im Kampf um Anerkennung, Frankfurt a.M. 1997 (Kritik am Universalismus im Namen von Universalisierung).

Geiger, Klaus F./Kieserling, Manfred (Hg.), Asiatische Werte. Eine Debatte und ihr Kontext, Münster 2001 (Beiträge zur Debatte um asiatische Werte).

Höffe, Otfried, Transzendentaler Tausch. Eine Legitimationsfigur für Menschenrechte?, in: Stefan Gosepath/Georg Lohmann (Hg.), Philosophie der Menschenrechte, Frankfurt a.M. 1998, S. 29-47 (Formulierung einer Minimalanthropologie »transzendentaler« Interessen).

Krämer, Gudrun, Gottes Staat als Republik. Reflexionen zeitgenössischer Muslime zu Islam, Menschenrechten und Demokratie, Baden-Baden 1999 (umfassende Darstellung islamischer Diskussionen der Menschenrechte).

Nussbaum, Martha C., Gerechtigkeit oder Das gute Leben, Frankfurt a.M. 1999 (eine anthropologische Theorie grundlegender menschlicher Bedürfnisse).

Pagden, Anthony, Human Rights, Natural Rights, and Europe's Imperial Legacy, in: Political Theory, Bd. 31, Nr. 2, April 2003, S. 171-199 (Nachzeichnung der Dialektik des Universalismus in der Geschichte des westlichen Kolonialismus).

Spivak, Gayatri Chakravorty, Righting Wrongs, in: The South Atlantic Quarterly, Heft 2/3, 2004, S. 523-581 (kritische Reflexion auf die Stellvertreteransprüche menschenrechtlicher Diskurse).

Taylor, Charles, Conditions of an Unforced Consensus on Human Rights, in: Joanne R. Bauer/Daniel A. Bell (Hg.), The East Asian Challenge for Human Rights, Cambridge u.a. 1999, S. 124-144 (vertritt die These, dass Menschenrechte nur unter Preisgabe ihres rechtlichen Individualismus universalisierbar sind).

Walzer, Michael, Nation und Welt: Universalismus und Partikularismus in Moral und Politik, in: ders., Lokale Kritik – globale Standards, Hamburg 1996, S. 139-198 (kritische Unterscheidung zweier Formen des Universalismus).

Kapitel 4: Eine Geschichte der Ausdehnung

de Gouges, Olympe, Die Rechte der Frau, 1791 (hg. von Karl H. Burmeister), Göttingen 1999 (frühe wegweisende Kritik, dass die französische Menschenrechtserklärung keineswegs Rechte aller Menschen, sondern zuvorderst die der Männer deklariert).

Hailbronner, Kay/Klein, Eckart (Hg.), Flüchtlinge – Menschenrechte – Staatsangehörigkeit. Menschenrechte und Migration, Heidelberg 2002 (rechtstheoretischer Sammelband zu aktuellen Fragen einer Ausdehnung der Menschenrechte auch auf Staatenlose, Migranten, Flüchtlinge).

Jellinek, Georg, System der subjektiven öffentlichen Rechte, Tübingen 1905 (ein Klassiker des Staatsrechts, in dem die sogenannte Statustheorie, eine bis heute einschlägige Unterscheidung dreier Geltungsdimensionen subjektiver Staatsbürgerrechte zu finden ist).

Lohmann Georg, Die unterschiedlichen Menschenrechte, in: Klaus Peter Fritzsche/Georg Lohmann (Hg.), Menschenrechte zwischen Anspruch und Wirklichkeit, Würzburg 2000, S. 9-23 (kritische Diskussion der geläufigen Typologisierung negativer Abwehrrechte, politischer Teilnahmerechte und sozialer Teilhaberechte).

Lohmann, Georg (u.a.), Die Menschenrechte: unteilbar und gleichgewichtig?, Potsdam 2005 (Autoren aus Philosophie und Recht untersuchen den doppelten Anspruch der Menschenrechte auf »Unteilbarkeit« und »Gleichrangigkeit«).

Marshall, Thomas H., Staatsbürgerrechte und soziale Klassen, in: ders., Bürgerrechte und soziale Klassen. Zur Soziologie des Wohlfahrtsstaates, Frankfurt a.M. 1992, S. 33-94 (These, dass die drei Menschenrechtsklassen in sozialgeschichtlicher Stufenfolge erkämpft worden sind).

Shue, Henry, Basic Rights, Princeton 1980 (unterscheidet bei Grundrechten zwischen drei Ebenen staatlicher Verpflichtungen: »Unterlassungs-«, »Hilfs-« und »Schutzpflichten«).

Vasak, Karel, Le droit international des droits de l'homme, in: Revue de Droits de l'Homme, Heft V/1, 1972 (erstmalige historische Differenzierung dreier »Generationen« von Menschenrechten).

Kapitel 5: Der Inhalt der Würde

Damschen, Gregor/Schönecker, Dieter (Hg.), Der moralische Status menschlicher Embryonen, Berlin/New York 2003 (erhellende Gegenüberstellung wichtiger Pro- und Contra-Argumente im bioethischen Streit um die Würde menschlicher Embryonen).

Dürig, Günter, Der Grundrechtssatz von der Menschenwürde, in: Archiv des öffentlichen Rechts, Heft 2, 1956 (eine in verfassungsrechtlicher Hinsicht lange Zeit maßgebliche Interpretation des Art. 1 Abs. 1 GG).

Kant, Immanuel, Grundlegung zur Metaphysik der Sitten (1786), in: Werkausgabe (hg. von Wilhelm Weischedel), Bd. VII, Frankfurt a.M. 1977 (einschlägige Textquelle für Kants Auffassung, die Würde vernünftiger Lebewesen basiere auf dem Vermögen zu sittlich-moralischer Autonomie).

Kondylis, Panajotis/Pöschl, Viktor, Würde, in: Otto Brunner/Werner Conze/Reinhart Koselleck (Hg.), Geschichtliche Grundbegriffe, Bd. 7,

Stuttgart 1992, S. 637-677 (Überblick über die Geschichte des Würdebegriffs, in dem der Verdacht formuliert wird, der Würdebegriff sei heute zur »Leerformel« verkommen).

Luhmann, Niklas, Grundrechte als Institution, Berlin 1965, Kap. 4 (entwickelt eine »Leistungstheorie« der Würde auf dem Hintergrund der modernen Struktur sozialer Differenzierung).

Margalit, Avishai, Politik der Würde, Berlin 1997 (macht den Würdebegriff zum normativen Maßstab einer sozialphilosophischen Kritik »unanständiger« Gesellschaften).

Spaemann, Robert, Über den Begriff der Menschenwürde, in: ders., Das Natürliche und das Vernünftige, München 1987, S. 77-106 (wichtigster Vertreter eines »Kern«-Modells der Menschenwürde, nach dem sich Letztere unter den je gegebenen Lebensbedingungen erst noch entfalten können muss).

Vögele, Wolfgang, Menschenwürde zwischen Recht und Theologie, Gütersloh 2000 (untersucht den Einfluss der Würdeidee auf das Zustandekommen einiger zentraler Dokumente der neueren Menschenrechtsentwicklung).

Wetz, Franz Josef, Illusion Menschenwürde. Aufstieg und Fall eines Grundwerts, Stuttgart 2005 (eine ausführliche und kritische Begriffsgeschichte der Menschenwürde).

Kapitel 6: Das Recht der Würde

Bayertz, Kurt, Die Idee der Menschenwürde. Probleme und Paradoxien, in: Archiv für Rechts- und Sozialphilosophie, Heft 4, 1995, S. 465-481 (eine knappe, kritische Begriffsgeschichte der Menschenwürde im Blick auf den Zusammenhang mit neuzeitlicher Subjektivität).

Bielefeldt, Heiner, Philosophie der Menschenrechte. Grundlagen eines weltweiten Freiheitsethos, Darmstadt 1998 (Erläuterung des grundlegenden Unterschieds moderner und antiker Würdekonzepte am Beispiel Kants).

Brugger, Winfried, Menschenwürde, Menschenrechte, Grundrechte, Baden-Baden 1997 (erläutert das Verhältnis der drei Ebenen/Absätze in Art. 1 GG).

Buck, August, Der Begriff der Menschenwürde im Denken der Renaissance, in: Giannozzo Manetti, Über die Würde und Erhabenheit des Menschen (De dignitate et excellentia hominis, 1532), Hamburg 1990, S. VII-XXXIV (einführende Darstellung des Würdebegriffs der Renaissance).

Cancik, Hubert, ›Dignity of Man‹ and ›Persona‹ in Stoic Anthropology: Some Remarks on Cicero, De officiis I 105-107; in: David Kretzmer/Eckart Klein (Hg.), The Concept of Human Dignity in Human Rights Discourse, a.a.O., S. 19-40 (erläutert Ciceros Würdebegriff und seine Rezeption im 17. und 18. Jahrhundert).

Dworkin, Ronald, Rights as Trumps, in: Jeremy Waldron (Hg.), Theories of Rights, Oxford 1984, S. 153-167 (These von dem »übertrumpfenden« Charakter von Grund- oder Menschenrechten).

Herdegen, Matthias, Kommentar Art. 1, in: Theodor Maunz/Günter Dürig, Grundgesetz. Kommentar, Lfg. 44, München 2005 (plädiert für ein Verständnis von Grundrechten ohne Begründung in der Idee der Menschenwürde).

Nettesheim, Martin, Die Garantie der Menschenwürde zwischen metaphysischer Überhöhung und bloßem Abwägungstopos, in: Archiv des öffentlichen Rechts, Bd. 130, 2005, S. 71-113 (Rückblick auf die Inanspruchnahme des Würdebegriffs zur Begründung von Rechten seit Dürig im Licht von Herdegens Kritik).

Zarka, Yves Ch., L'invention du sujet de droit, in: ders., L'autre voie de la subjectivité, Paris 2000, S. 3-30 (Untersuchung des impliziten Subjektverständnisses subjektiver Rechte).

Kapitel 7: Menschenrechte und Demokratie

Balibar, Étienne, ›Menschenrechte‹ und ›Bürgerrechte‹. Zur modernen Dialektik von Freiheit und Gleichheit, in: ders., Die Grenzen der Demokratie, Hamburg 1993, S. 99-123 (zeigt, dass Menschen- und Bürgerrechte im Verständnis der Französischen Revolution wechselseitig aufeinander verweisen).

Balibar, Étienne, Is a Philosophy of Human Civic Rights Possible? New Reflections on Equaliberty, in: South Atlantic Quaterly, Heft 2/3,

2004, S. 311-322 (Fortentwicklung seiner Grundthese, dass die recht verstandene Demokratie einen »kosmopolitischen Horizont« hat).

Gauchet, Marcel, Die Erklärung der Menschenrechte. Die Debatte um die bürgerlichen Freiheiten 1789, Reinbek bei Hamburg 1991 (kritische Diskussion der unaufgelösten Spannung zwischen Volkssouveränität und Menschenrechten in der Französischen Revolution).

Gosepath, Stefan, Gleiche Gerechtigkeit. Grundlagen eines liberalen Egalitarismus, Frankfurt a.M. 2004 (Demokratie als einer der Inhalte der Menschenrechte und Primat der Menschenrechte vor der Demokratie).

Habermas, Jürgen, Über den internen Zusammenhang von Rechtsstaat und Demokratie, in: ders., Die Einbeziehung des Anderen, Frankfurt a.M. 1996, S. 293-305 (Begründung der Grund- und Menschenrechte in der Demokratie als deren Bedingung, nicht Begrenzung).

Lefort, Claude, Menschenrechte und Politik, in: Ulrich Rödel (Hg.), Autonome Gesellschaft und libertäre Demokratie, Frankfurt a.M. 1990, S. 239-280 (Kritik der marxistischen Kritik der Menschenrechte und Nachweis ihres internen Zusammenhangs mit radikaldemokratischer Emanzipation).

Marx, Karl, Zur Judenfrage, in: Karl Marx/Friedrich Engels, Werke, Bd. 1, Berlin 1977, S. 347-377 (Kritik der Menschenrechte als Ausdruck bürgerlicher Eigentums- und Rechtsverhältnisse).

Mill, John Stuart, Über die Freiheit (1859), Stuttgart 1974 (klassische liberale Position einer menschenrechtlichen Begrenzung demokratischer Herrschaft).

Schmitt, Carl, Verfassungslehre (1928), Berlin 1993 (These von der unauflösbaren Spannung zwischen Grundrechten und Demokratie).

Wellmer, Albrecht, Menschenrechte und Demokratie, in: Stefan Gosepath/Georg Lohmann (Hg.), Philosophie der Menschenrechte, Frankfurt a.M. 1998, S. 265-291 (differenzierte Diskussion des Verhältnisses zwischen demokratisch hervorgebrachten Bürger- und als moralisch verstandenen Menschenrechten).

Kapitel 8: Auf dem Wege zur Weltrepublik?

Brunkhorst, Hauke, Solidarität. Von der Bürgerfreundschaft zur globalen Rechtsgenossenschaft, Frankfurt a.M. 2002 (Plädoyer für eine globale solidarische Rechtsgemeinschaft, die als ein föderales Mehr-Ebenen-System organisiert wäre).

Chwaszcza, Christine/Kersting, Wolfgang (Hg.), Politische Philosophie der internationalen Beziehungen, Frankfurt a.M. 1998 (vielfältiger philosophischer Sammelband zu aktuellen Fragen internationaler Politik).

Habermas, Jürgen, Hat die Konstitutionalisierung des Völkerrechts noch eine Chance?, in: ders., Der gespaltene Westen, Frankfurt a.M. 2004, S. 113-193 (erneute Auseinandersetzung mit dem weltbürgerlichen Anliegen der kantschen Friedensschrift aus Anlass des gegenwärtigen US-amerikanischen Weltmachtstrebens).

Höffe, Otfried, Demokratie im Zeitalter der Globalisierung, München 2002 (der im deutschen Sprachraum am weitesten fortgeschrittene Versuch, Prinzipien und Institutionen einer demokratischen Weltrepublik auszuloten).

Kälin, Walter/Künzli, Jörg, Universeller Menschenrechtsschutz, Baden-Baden 2005 (rechtstheoretisches Lehr- und Handbuch zum völkerrechtlich etablierten Schutz, den das bereits vorhandene internationale Menschenrechtsregime gewährt).

Kant, Immanuel, Zum ewigen Frieden (1795), in: Werkausgabe (hg. von Wilhelm Weischedel), Bd. XI, Frankfurt a.M. 1977 (wichtigster ideengeschichtlicher Bezugspunkt der gegenwärtigen Debatte um Chancen und Risiken der Weltrepublik).

Lutz-Bachmann, Matthias/Bohman, James (Hg.), Weltstaat oder Staatenwelt? Für und wider die Idee einer Weltrepublik, Frankfurt a.M. 2002 (ein weiterer einschlägiger philosophischer Sammelband zur Aussicht auf eine supranationale Weltordnung).

Pogge, Thomas, World Poverty and Human Rights. Cosmopolitan Responsibilities and Reforms, Cambridge/Oxford/Malden 2002 (wichtiger Beitrag zu einer »globalistischen« Konzeption internationaler Gerechtigkeit).

Rancière, Jacques, Who Is the Subject of the Rights of Man?, in: The South Atlantic Quarterly, Heft 2/3, 2004, S. 297-310 (Kritik einer bloß »humanitären« internationalen Politik im Namen einer global verstandenen politischen Konzeption der Menschenrechte).

Risse, Thomas/Ropp, Stephen C./Sikkink Kathryn (Hg.), The Power of Human Rights. International Norms and Domestic Change, Cambridge 1999 (empirische Untersuchungen zu menschenrechtlichen Transformationsprozessen).

Rosenau, James N./Czempiel, Ernst-Otto (Hg.), Governance without Government. Order and Change in World Politics, Cambridge 1992 (einflussreiche englischsprachige Aufsatzsammlung zu einer Weltpolitik jenseits des Nationalstaates, aber doch unterhalb des Weltstaates).

Christoph Menke ist Professor für Philosophie und Ko-Direktor des Menschenrechtszentrums der Universität Potsdam. Veröffentlichungen u.a.: Tragödie im Sittlichen. Gerechtigkeit und Freiheit nach Hegel (1996); Spiegelungen der Gleichheit (2004); Die Gegenwart der Tragödie. Versuch über Urteil und Spiel (2005).

Arnd Pollmann ist Assistent am Institut für Philosophie der Universität Magdeburg und Gründungsmitglied der dortigen Arbeitsstelle Menschenrechte. Veröffentlichungen u.a.: (mit Georg Lohmann u.a.), Die Menschenrechte: unteilbar und gleichgewichtig? (2004); Integrität. Aufnahme einer sozialphilosophischen Personalie (2005); (Hg. mit Johann S. Ach), no body is perfect. Baumaßnahmen am menschlichen Körper (2006).